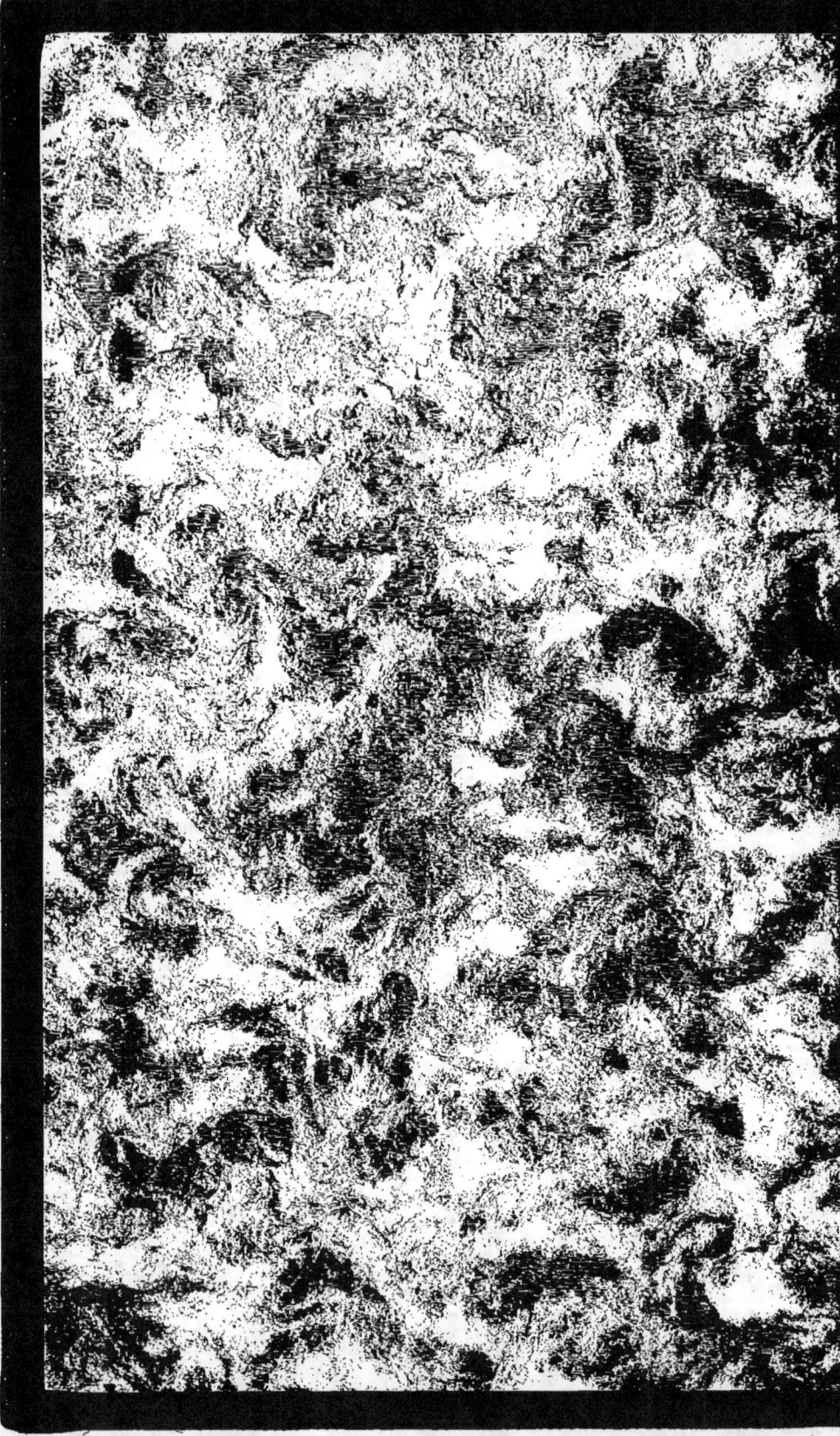

M. ARDOUIN 1972

ŒUVRES
DE
LAROCHEFOUCAULD

PRÉCÉDÉES D'UNE NOTICE
SUR SA VIE ET LE CARACTÈRE DE SES ÉCRITS

MAXIMES, MÉMOIRES ET LETTRES

TOURS
CATTIER, ÉDITEUR
M D CCC LXXV

OEUVRES

DE

LAROCHEFOUCAULD

ŒUVRES

DE

LAROCHEFOUCAULD

PRÉCÉDÉES D'UNE NOTICE
SUR SA VIE ET LE CARACTÈRE DE SES ÉCRITS

MAXIMES, MÉMOIRES ET LETTRES.

TOURS

CATTIER, LIBRAIRE-ÉDITEUR

M D CCC LXXV

NOTICE

SUR LE DUC DE LAROCHEFOUCAULD

ET

LE CARACTÈRE DE SES ÉCRITS.

François, duc de Larochefoucauld, connu d'abord sous le nom de *Prince de Marsillac*, naquit à Paris en 1613.

Son éducation fut négligée, et Madame de Maintenon nous apprend qu'il avait beaucoup d'esprit et peu de savoir. Il laissa des *Mémoires*, comme la plupart des grands personnages de cette époque, mais il est surtout célèbre, dans l'histoire des lettres, par ses *Réflexions ou Sentences et Maximes morales*, sortes de *paradoxes* incisifs, spirituels, mais où il est à regretter que l'expression toujours élégante, juste et concise, recouvre si souvent des pensées fausses.

Pour bien juger ce livre, il faut, croyons-nous, se mettre au point de vue où l'auteur s'est placé, et certes ce point de vue n'est pas beau.

La Fronde venait de se terminer ; il s'était jeté lui-même dans cette guerre d'intrigues, captivé par la duchesse de Longueville, comme il l'avoue, et l'on sait qu'il s'appliquait ces vers de l'*Alcyonée* de Leuryer :

Pour mériter son cœur, pour plaire à ses beaux yeux,
J'ai fait la guerre aux rois, je l'aurais faite aux dieux.

Plus tard, quand il se brouilla avec elle, il parodia ces vers à propos d'une blessure qu'il reçut au fameux combat du faubourg Saint-Antoine, et qui lui avait fait perdre momentanément la vue :

Pour ce cœur inconstant qu'enfin je connais mieux,
J'ai fait la guerre aux rois, j'en ai perdu les yeux.

Madame de Longueville était plus encore que son frère, le prince de Condé, l'inspiratrice de cette misérable guerre, dont quelques mémoires, au XVIIe siècle, ont essayé de déguiser l'importance pour excuser quelques-uns des chefs du parti. Mais quand on songe aux conséquences désastreuses qu'elle eut, et aux conséquences plus désastreuses encore qu'elle aurait pu avoir, on serait tenté de plaider les circonstances atténuantes en faveur de l'auteur des *Maximes*.

En effet, quel était l'état de la France ? Un roi encore enfant, neveu de cet infortuné Charles Ier que le Parlement anglais venait de décapiter, obligé de quitter Paris, avec sa mère, et d'errer dans son royaume ; et en face, deux femmes, surtout Madame de Longueville et Mademoiselle de Montpensier, que l'histoire appelle aussi la *grande Mademoiselle*, attiraient par galanterie, à leur suite, les Condé, les Turenne, tous les plus beaux noms de la noblesse française, et le Parlement lui-même pendant quelque temps, jaloux, ce semble, de la triste victoire du Parlement anglais. Toutes les passions démagogiques soulevées à Bordeaux et à Paris, et à la tête de ces précurseurs de 93 et de la Commune, un prince du sang, Condé, le vainqueur de Rocroi, allié aux Espagnols, et s'abaissant jusqu'à féliciter Cromwell, et à lui offrir ses services. En vérité, quand on songe que le duc de Larochefoucauld a vu tout cela, et qu'il en a fait partie, on l'excuse, jusqu'à un certain point, d'avoir confondu l'humanité en général avec la triste humanité qu'il avait sous les yeux. Quel égoïsme en effet de bouleverser un royaume, d'ébranler un trône, de chasser un roi pour des ambitions déçues ou un orgueil à assouvir ! Nous ne disons pas cela, encore une fois, pour excuser l'auteur des *Maximes*, mais nous croyons que c'est le point de vue où il faut se placer pour bien le juger.

Ce sont moins des *Maximes*, surtout des *Maximes morales*, que des portraits ou plutôt des critiques de certains personnages qu'il faut avoir sous les yeux, pour juger de la ressemblance : Mazarin, par exemple, Anne d'Autriche, le cardinal de Retz, la duchesse de Longueville et l'auteur même.

Cette observation générale est nécessaire, autant que la connaissance de la guerre de la Fronde, pour bien comprendre l'élégant et spirituel écrivain. Mais son tort a été de conclure du particulier au général, ce qui est un défaut de logique et de jugement, et de nous présenter l'humanité tout entière, comme il l'a vue dans les ambitieux ou les courtisans ; car chacun sait que si le cœur humain n'est pas beau à voir, c'est surtout à la cour, auprès des grands. Au reste, si la pensée mère de ces *Réflexions ou sentences* était vraie, à savoir que *l'amour-propre est le mobile de tout*, elle ne tendrait à rien moins qu'à nier la vertu, pour mettre toujours et partout à sa place un vil égoïsme. Le pauvre cœur humain, on ne peut pourtant le nier, à sa gloire, n'est pas incapable de vertu, mais s'il n'en est pas riche, c'est une raison de plus pour ne pas l'en dépouiller entièrement. Ce livre pèche donc par la base, si on le prend pour un traité de morale, mais le but de l'auteur a plutôt été d'écrire des critiques que des principes (1).

Après la première Fronde, Mademoiselle de Montpensier, rappelée de l'exil, réunit dans son hôtel, au Luxembourg, les esprits les plus distingués, et continua de jouer un rôle heureusement plus glorieux pour elle et pour la France que celui qu'elle avait joué dans la guerre. — C'est là que Larochefoucauld se rencontrait habituellement avec Madame de Sévigné, Madame de Lafayette et les beaux esprits du temps, et perfectionna ses *Réflexions ou sentences et maximes morales*, qu'il avait longtemps élaborées chez Madame de Sablé, à Port-Royal, ce qui ne contribua pas à lui faire voir la nature humaine par le beau côté.

Cet ouvrage parut d'abord anonyme, à l'insu de l'auteur. Il fut naturellement trouvé neuf et curieux, lu avec empressement, loué et critiqué à l'excès. Plus tard, l'auteur en donna lui-même plusieurs éditions, où il supprima plusieurs *maximes* pour les remplacer par d'autres.

Il ne sera pas sans intérêt de lire le jugement que porta, à l'apparition de ce livre, Madame de

---

(1) Aussi c'est surtout l'esprit satirique et l'expression concise, où chaque maxime est pour ainsi dire enchâssée qui ont fait la réputation de cet ouvrage. C'est un livre piquant et original, qui n'avait pas de modèle dans la langue française, où il révéla une grande richesse dans l'art de varier les nuances, et qui restera comme un type de souplesse dans l'art de bien dire.

Lafayette, pourtant si sympathique à l'auteur. Elle écrit à Madame de Sablé : « Voilà un billet que « je vous supplie de vouloir lire, il vous ins- « truira de ce que l'on demande de vous. Je « n'ai rien à y adjouster, sinon que l'homme qui « l'escrit est un des hommes du monde que j'ayme « autant, et qu'ainsi c'est une des plus grandes obli- « gations que je vous puisse avoir, que de luy ac- « corder ce qu'il souhaite pour son amy... Nous « avons lu les maximes de Larochefoucauld : ha ! « Madame, quelle corruption il faut avoir dans l'es- « prit et dans le cœur pour estre capable d'imaginer « tout cela ! J'en suis si espouvantée, que je vous « assure que si les plaisanteries estaient des choses « sérieuses, de telles maximes gasteraient plus ses « affaires que tous les potages qu'il mangea l'au- « tre jour chez vous. »

Heureusement l'homme valait mieux que l'écrivain, et il pratiquait la plupart des vertus naturelles qu'il critique, ou semble même nier dans ses Maximes ; autrement il faudrait lui appliquer ces paroles de Montaigne : « De tant d'âmes et esprits « qu'il juge, de tant de mouvements et conseils, il « n'en rapporte jamais un à la vertu, religion et cons- « cience ; comme si ces parties-là estaient de tout « esteinctes au monde ; et de toutes les actions, « pour belles par apparence qu'elles soient d'elles-

« mêmes, il en rejecte la cause à quelque occasion
« vicieuse ou à quelque proufit. Il est impossible
« d'imaginer que parmy cet infiny nombre d'actions
« de quoy il juge, il n'y en ayt eu quelqu'une pro-
« dulcte par la voye de la raison. Nulle corruption
« ne peult avoir saisi les hommes si universelle-
« ment que quelqu'une n'échappe à la contagion.
« Cela me fait craindre qu'il y aye un peu de vice de
« son goust, et peult-estre advenu qu'il ayt estimé
« d'aultres selon soy. (1) »

Madame de Sévigné, qui parle constamment de Larochefoucauld et qui était liée avec lui de la plus grande familiarité, comme on le voit dans ses lettres, nous apprend qu'il recevait chez lui tout ce qu'il y avait de remarquable à la cour et à la ville par le nom, l'esprit et le talent.

Il eut une vieillesse bien éprouvée. L'un de ses fils fut tué et l'autre blessé au passage du Rhin, et depuis ce temps, selon la remarque de Châteaubriand, « la guerre a cédé les Larochefoucauld aux lettres. » Il supporta ces terribles épreuves avec beaucoup de courage et de résignation. « J'ai vu
« son cœur à découvert, dans cette cruelle aventure,
« dit Mme de Sévigné; il est au premier rang de tout
« ce que je connais de courage, de mérite, de ten-

---

(1) Essais, liv. 2, chap. 10.

« dresse et de raison : je compte pour rien son es-
« prit et ses agréments. »

Il mourut en 1680 de la goutte, qui le fit horrible-
ment souffrir les dernières années de sa vie. Sur
son lit de mort, il fit heureusement des réflexions
autrement sérieuses et profitables que celles qu'il
nous a laissées. Il mourut noblement en chrétien,
comme tous les écrivains du grand siècle. « Son
« état, dit encore Madame de Sévigné, car on ne sau-
« rait mieux citer, est une chose digne d'admira-
« tion. Il est fortement disposé pour sa conscience :
« voilà qui est fait ; mais du reste, c'est la ma-
« ladie et la mort de son voisin dont il est question;
« il n'en est pas effleuré... Ce n'est pas inutilement
« qu'il a fait des réflexions toute sa vie ; il s'est ap-
« proché de telle sorte de ses derniers moments,
« qu'ils n'ont rien de nouveau ni d'étrange pour
« lui. »

A. S.

PORTRAIT

DU DUC DE LAROCHEFOUCAULD

Fait par lui-même, imprimé en 1658. (1)

Je suis d'une taille médiocre, libre et bien proportionnée. J'ai le teint brun, mais assez uni; le front élevé et d'une raisonnable grandeur; les yeux noirs, petits et enfoncés, et les sourcils noirs et épais, mais bien tournés. Je serais fort empêché de dire de quelle sorte j'ai le nez fait, car il n'est ni camus, ni aquilin, ni gros, ni pointu, au moins à ce que je crois; tout ce que je sais, c'est qu'il est plutôt grand que petit et qu'il descend un peu trop bas. J'ai la bouche grande, et les lèvres assez rouges d'ordinaire et ni bien ni mal taillées. J'ai les dents blanches et passablement rangées. On m'a dit autrefois que j'avais un peu trop de menton : je viens de me re-

---

(1) On sait que les portraits étaient alors à la mode, et plusieurs grands esprits de l'époque ont eu la faiblesse de céder à la manie de se peindre eux-mêmes. On faisait des *Portraits* comme depuis on a fait des *Confessions*.

garder dans le miroir pour savoir ce qui en est, et je ne sais pas trop bien qu'en juger. Pour le tour du visage, je l'ai ou carré ou en ovale : lequel des deux, il me serait fort difficile de le dire. J'ai les cheveux noirs, naturellement frisés, et avec cela assez épais et assez longs pour pouvoir prétendre en belle tête.

J'ai quelque chose de chagrin et de fier dans la mine : cela fait croire à la plupart des gens que je suis méprisant, quoique je ne le sois point du tout. J'ai l'action fort aisée, et même un peu trop, et jusqu'à faire beaucoup de gestes en parlant. Voilà naïvement comme je pense que je suis fait au dehors, et l'on trouvera, je crois, que ce que je pense de moi là-dessus n'est pas fort éloigné de ce qui en est. J'en userai avec la même fidélité dans ce qui me reste à faire de mon portrait : car je me suis assez étudié pour me bien connaître, et je ne manquerai ni d'assurance pour dire librement ce que je puis avoir de bonnes qualités, ni de sincérité pour avouer franchement ce que j'ai de défauts.

Premièrement, pour parler de mon humeur, je suis mélancolique, et je le suis à un point que, depuis trois ou quatre ans, à peine m'a-t-on vu rire trois ou quatre fois. J'aurais pourtant, ce me semble, une mélancolie assez supportable et assez douce, si je n'en avais point d'autre que celle qui me vient de mon tempérament ; mais il m'en vient tant d'ailleurs, et ce qui m'en vient me remplit de telle sorte l'imagination et m'occupe si fort l'esprit, que la plupart du temps, ou je rêve sans dire mot, ou je n'ai presque point d'attache à ce que je dis. Je suis fort resserré avec ceux que je ne connais pas, et je ne suis pas même extrêmement ouvert avec la plupart de ceux que je connais. C'est un défaut, je le sais bien, et je ne négligerai rien pour m'en corriger ; mais comme un certain air sombre que j'ai dans le visage contribue à me faire paraître encore plus réservé que je ne le suis, et qu'il n'est pas en notre pouvoir de nous défaire d'un méchant air qui nous vient de la disposition naturelle des traits, je pense qu'après m'être corrigé au dedans, il ne laissera pas de me demeurer toujours de mauvaises marques au dehors.

J'ai de l'esprit, et je ne fais point de difficulté de le dire : car à quoi bon façonner là-dessus ? Tant biaiser et tant apporter d'adoucissement pour dire les avantages que l'on a, c'est, ce me semble, cacher un peu de vanité sous une modestie apparente, et se servir d'une manière bien adroite pour faire croire de soi beaucoup plus de bien que l'on n'en dit. Pour moi, je suis content qu'on ne me croie ni plus beau que je me fais, ni de meilleure humeur que je me dépeins, ni plus spirituel et plus raisonnable que je le suis.

J'ai donc de l'esprit, encore une fois, mais un esprit que la mélancolie gâte : car, encore que je possède assez bien ma langue, que j'aie la mémoire heureuse, et que je ne pense pas les choses fort confusément, j'ai pourtant une si forte application à mon chagrin, que souvent j'exprime assez mal ce que je veux dire.

La conversation des honnêtes gens est un des plaisirs qui me touchent le plus. J'aime qu'elle soit sérieuse et que la morale en fasse la plus grande partie. Cependant je sais la goûter aussi lorsqu'elle est enjouée ; et si je ne dis pas beaucoup de petites choses pour rire, ce n'est pas du moins que je ne connaisse pas ce que valent les bagatelles bien dites, et que je ne trouve fort divertissante cette manière de badiner, où il y certains esprits prompts et aisés qui réussissent si bien. J'écris bien en prose, je fais bien en vers ; et si j'étais sensible à la gloire qui vient de ce côté-là, je pense qu'avec peu de travail je pourrais m'acquérir assez de réputation (1).

J'aime la lecture, en général ; celle où il se trouve quelque chose qui peut façonner l'esprit et fortifier l'âme est celle que j'aime le plus. Surtout j'ai une extrême satisfaction à lire avec une personne d'esprit : car, de cette sorte, on réfléchit à tout moment

---

(1) La Critique sans doute n'a pas pensé comme l'auteur des *Maximes*, car elle ne nous a pas conservé ses vers.

sur ce qu'on lit ; et des réflexions que l'on fait, il se forme une conversation la plus agréable du monde et la plus utile.

Je juge assez bien des ouvrages de vers et de prose que l'on me montre; mais j'en dis peut-être mon sentiment avec un peu trop de liberté. Ce qu'il y a encore de mal en moi, c'est que j'ai quelquefois une délicatesse trop scrupuleuse et une critique trop sévère. Je ne hais pas entendre disputer, et souvent aussi je me mêle assez volontiers dans la dispute : mais je soutiens d'ordinaire mon opinion avec trop de chaleur ; et lorsqu'on défend un parti injuste contre moi, quelquefois, à force de me passionner pour la raison, je deviens moi-même fort peu raisonnable.

J'ai les sentiments vertueux, les inclinations belles, et une si forte envie d'être tout à fait honnête homme, que mes amis ne me sauraient faire un plus grand plaisir que de m'avertir sincèrement de mes défauts. Ceux qui me connaissent un peu particulièrement, et qui ont eu la bonté de me donner quelquefois des avis là-dessus, savent que je les ai toujours reçus avec toute la joie imaginable et toute la soumission d'esprit que l'on saurait désirer.

J'ai toutes les passions assez douces et assez réglées : on ne m'a presque jamais vu en colère, et je n'ai jamais eu de haine pour personne. Je ne suis pas pourtant incapable de me venger si l'on m'avait offensé, et qu'il y allât de mon honneur à me ressentir de l'injure qu'on m'aurait faite. Au contraire, je suis assuré que le devoir ferait si bien en moi l'office de la haine, que je poursuivrais ma vengeance avec encore plus de vigueur qu'un autre.

L'ambition ne me travaille point. Je ne crains guère de choses, et ne crains aucunement la mort. Je suis peu sensible à la pitié, et je voudrais ne l'y être point du tout. Cependant il n'est rien que je ne fisse pour le soulagement d'une personne affligée ; et je crois effectivement que l'on doit tout faire, jusqu'à lui témoigner même beaucoup de compassion de son mal : car les misérables sont si sots, que cela leur fait le plus grand bien du monde. Mais je tiens aussi qu'il faut se contenter d'en témoigner, et se garder soigneusement d'en avoir. C'est une passion qui n'est bonne à rien au dedans d'une âme bien faite, qui ne sert qu'à affaiblir le cœur, et qu'on doit laisser au peuple, qui, n'exécutant jamais rien par raison, a besoin de passions pour le porter à faire les choses (1).

J'aime mes amis, et je les aime d'une façon que je ne balancerais pas un moment à sacrifier mes intérêts aux leurs. J'ai de la condescendance pour

---

(1) C'est la traduction d'une des plus vilaines pages de la philosophie païenne.

eux ; je souffre patiemment leur mauvaise humeur : seulement je ne leur fais pas beaucoup de caresses, et je n'ai pas non plus de grandes inquiétudes en leur absence.

J'ai naturellement fort peu de curiosité pour la plus grande partie de tout ce qui en donne aux autres gens. Je suis fort secret, et j'ai moins difficulté que personne à taire ce qu'on m'a dit en confidence. Je suis extrêmement régulier à ma parole ; je n'y manque jamais, de quelque conséquence que puisse être ce que j'ai promis, et je m'en suis fait toute ma vie une loi indispensable. J'ai une civilité fort exacte parmi les femmes ; et je ne crois pas avoir jamais rien dit devant elles qui leur ait pu faire de la peine. Quand elles ont l'esprit bien fait, j'aime mieux leur conversation que celle des hommes ; on y trouve une certaine douceur qui ne se rencontre point parmi nous ; et il me semble, outre cela, qu'elles s'expliquent avec plus de netteté, et qu'elles donnent un tour plus agréable aux choses qu'elles disent. Pour galant, je l'ai été un peu autrefois, présentement je ne le suis plus, quelque jeune que je sois. J'ai renoncé aux fleurettes, et je m'étonne seulement de ce qu'il y a encore tant d'honnêtes gens qui s'occupent à en débiter.

PORTRAIT

DU DUC DE LAROCHEFOUCAULD

Par le Cardinal de Retz

Il y a toujours eu du *je ne sais quoi* en M. de Larochefoucauld. Il a voulu se mêler d'intrigues dès son enfance, et en un temps où il ne sentait pas les petits intérêts, qui n'ont jamais été son faible, et où il ne connaissait pas les grands, qui, d'un autre sens, n'ont pas été son fort. Il n'a jamais été capable d'aucunes affaires, et je ne sais pourquoi ; car il avait des qualités qui eussent suppléé, en tout autre, celles qu'il n'avait pas. Sa vue n'était pas assez étendue, et il ne voyait pas même tout ensemble ce qui était à sa portée ; mais son bon sens, très-bon dans la spéculation, joint à sa douceur, à son insinuation, et à sa facilité de mœurs, qui est admirable, devait récompenser, plus qu'il n'a fait, le défaut de sa pénétration. Il a toujours eu une irrésolution habituelle ; mais je ne sais même à quoi attribuer cette irrésolution. Elle n'a pu venir en lui de la fécondité de son imagination, qui n'est rien moins que rien. Je ne la puis donner à la stérilité de son jugement; car, quoiqu'il ne l'ait pas exquis dans l'action, il a un bon fonds de raison. Nous voyons les effets de cette irrésolution, quoique nous n'en connaissions pas la cause. Il n'a jamais été guerrier, quoiqu'il fût très-soldat. Il n'a jamais été par lui-même bon courtisan, quoiqu'il eût toujours bonne intention de l'être. Il n'a jamais été bon homme de parti, quoique toute sa vie il y ait été engagé. Cet air de honte et de timidité que vous lui voyez dans la vie civile, s'était tourné dans les affaires en air d'apologie. Il croyait toujours en avoir besoin ; ce qui, joint à ses *Maximes*, qui ne marquent pas assez de bonne foi à la vertu, et à sa pratique qui a toujours été de sortir des affaires avec autant d'impatience qu'il y était entré, me fait conclure qu'il eût beaucoup mieux fait de se connaître, et de se réduire à passer, comme il eût pu, pour le courtisan le plus poli et le plus honnête homme, à l'égard de la vie commune, qui eût paru dans son siècle.

AVIS AU LECTEUR

De l'édition de 1665.

Voici un portrait du cœur de l'homme que je donne au public, sous le nom de *Réflexions* ou *Maximes morales*. Il court fortune de ne plaire pas à tout le monde, parce qu'on trouvera peut-être qu'il ressemble trop, et qu'il ne flatte pas assez. Il y a apparence que l'intention du peintre n'a jamais été de faire paraître cet ouvrage, et qu'il serait encore renfermé dans son cabinet, si une méchante copie qui en a couru, et qui a passé même depuis quelque temps en Hollande, n'avait obligé un de ses amis de m'en donner une autre, qu'il dit être tout à fait conforme à l'original; mais toute correcte qu'elle est, possible n'évitera-t-elle pas la censure de certaines personnes qui ne peuvent souffrir que l'on se mêle de pénétrer dans le fond de leur cœur, et qui croient être en droit d'empêcher que les autres les connaissent, parce qu'elles ne veulent pas se connaitre elles-mêmes. Il est vrai que, comme ces Maximes sont remplies de ces sortes de vérités dont l'orgueil humain ne se peut accommoder, il est presque impossible qu'il ne se soulève contre elles et qu'elles ne s'attirent des censeurs. Aussi, est-ce pour eux que je mets ici une *Lettre* (1) que l'on m'a donnée, et qui a été faite depuis que le manuscrit a paru, et dans le temps que chacun se mêlait d'en dire son avis. Elle m'a semblé assez propre pour répondre aux principales difficultés que l'on peut opposer aux *Réflexions*, et pour expliquer les sentiments de leur auteur; elle suffit pour faire voir que ce qu'elles contiennent n'est autre chose que l'abrégé d'une morale conforme aux pensées de plusieurs Pères de l'Église, et que celui qui les a écrites a eu beaucoup de raison de croire qu'il ne pouvait s'égarer en suivant de si bons guides, et qu'il lui était permis de parler de l'homme comme les Pères en ont parlé. Mais si le respect qui leur est dû n'est pas capable de retenir le chagrin des critiques, s'ils ne font point de scrupule de condamner l'opinion de ces grands hommes en condamnant ce livre, je prie le lecteur de ne les pas imiter, de ne laisser point entraîner son esprit au premier mouvement de son cœur, et de donner

---

(1) Cette lettre, que l'on croit de Segrais n'a paru que dans l'édition de 1665, l'auteur l'a supprimée dans les autres éditions qu'il a données de ses *Maximes*.

ordre, s'il est possible, que l'amour-propre ne se mêle point dans le jugement qu'il en fera; car, s'il le consulte, il ne faut pas s'attendre qu'il puisse être favorable à ces Maximes comme elles traitent l'amour-propre de corrupteur de la raison, il ne manquera pas de prévenir l'esprit contre elles. Il faut donc prendre garde que cette prévention ne la justifie, et se persuader qu'il n'y a rien de plus propre à établir la vérité de ces Réflexions que la chaleur et la subtilité que l'on témoignera pour les combattre. En effet, il sera difficile de faire croire à tout homme de bon sens que l'on les condamne par d'autres motifs que par celui de l'intérêt caché, de l'orgueil et de l'amour-propre. En un mot, le meilleur parti que le lecteur ait à prendre est de se mettre d'abord dans l'esprit qu'il n'y a aucune de ces Maximes qui le regarde en particulier, et qu'il est seul excepté, bien qu'elles paraissent générales. Après cela, je lui réponds qu'il sera le premier à y souscrire, et qu'il croira qu'elles font encore grâce au cœur humain. Voilà ce que j'avais à dire sur cet écrit en général. Pour ce qui est de la méthode que l'on y eût pu observer, je crois qu'il eût été à désirer que chaque Maxime eût un titre du sujet qu'elle traite, et qu'elles eussent été mises dans un plus grand ordre; mais je ne l'ai pu faire sans renverser entièrement celui de la copie qu'on m'a donnée, et comme il y a plusieurs Maximes sur une même matière, ceux à qui j'en ai demandé avis ont jugé qu'il était plus expédient de faire une Table à laquelle on aura recours pour trouver celles qui traitent d'une même chose.

AVIS AU LECTEUR

De l'édition de 1666

Mon cher lecteur,

Voici une seconde édition des *Réflexions morales* que vous trouverez sans doute plus correcte et plus exacte en toutes façons que n'a été la première. Ainsi vous pouvez maintenant en faire tel jugement que vous voudrez sans que je me mette en peine de tâcher à vous prévenir en leur faveur, puisque, si elles sont telles que je le crois, on ne pourrait leur faire plus de tort que de s'imaginer qu'elles eussent besoin d'apologie. Je me contenterai de vous avertir de deux choses : l'une, que par le mot d'intérêt on n'entend pas toujours un intérêt de bien, mais le plus souvent un intérêt d'honneur ou de gloire ; et l'autre, qui est la principale et comme le fondement de toutes ces *Réflexions* est que celui qui les a faites n'a considéré les hommes que dans cet état déplorable de la nature corrompue par le péché ; et qu'ainsi la manière dont il parle de ce nombre infini de défauts qui se rencontrent dans leurs vertus apparentes ne regarde point ceux que Dieu en préserve par une grâce particulière.

Pour ce qui est de l'ordre de ces *Réflexions*, vous n'aurez pas peine à juger, mon cher lecteur, que, comme elles sont toutes sur des matières différentes, il était difficile d'y en observer; et bien qu'il y en ait plusieurs sur un même sujet, on n'a pas cru les devoir toujours mettre de suite, de crainte d'ennuyer le lecteur, mais on les trouvera dans la Table.

RÉFLEXIONS

ou

SENTENCES ET MAXIMES MORALES

> Nos vertus ne sont, le plus souvent,
> que des vices déguisés.

I.

Ce que nous prenons pour des vertus, n'est souvent qu'un assemblage de diverses actions et de divers intérêts, que la fortune et notre industrie savent arranger.

II.

L'amour-propre est le plus grand de tous les flatteurs.

III.

Quelque découverte que l'on ait faite dans le pays

de l'amour-propre, il y reste encore bien des terres inconnues.

IV.

L'amour-propre est plus habile que le plus habile homme du monde.

V.

La passion fait souvent un fou du plus habile homme, et rend souvent les plus sots habiles.

VI.

Ces grandes et éclatantes actions qui éblouissent les yeux sont représentées par les politiques comme les effets des grands desseins, au lieu que ce sont d'ordinaire les effets de l'humeur et des passions. Ainsi la guerre d'Auguste et d'Antoine, qu'on rapporte à l'ambition qu'ils avaient de se rendre maîtres du monde, n'était peut-être qu'un effet de jalousie.

VII.

Les passions sont les seuls orateurs qui persuadent toujours. Elles sont comme un art de la nature dont les règles sont infaillibles ; et l'homme le plus simple, qui a de la passion, persuade mieux que le plus éloquent qui n'en a point.

VIII.

Les passions ont une injustice et un propre intérêt qui fait qu'il est dangereux de les suivre, et qu'on s'en doit défier, lors même qu'elles paraissent les plus raisonnables.

IX.

Il y a dans le cœur humain une génération perpétuelle de passions, en sorte que la ruine de l'une est presque toujours l'établissement d'une autre.

X.

Les passions en engendrent souvent qui leur sont contraires : l'avarice produit quelquefois la prodigalité, et la prodigalité l'avarice ; on est souvent ferme par faiblesse, et audacieux par timidité.

XI.

Quelque soin que l'on prenne de couvrir ses passions par des apparences de piété et d'honneur, elles paraissent toujours au travers de ces voiles.

XII.

Notre amour-propre souffre plus impatiemment la condamnation de nos goûts que de nos opinions.

XIII.

Les hommes ne sont pas seulement sujets à perdre

le souvenir des bienfaits et des injures ; ils haïssent même ceux qui les ont obligés, et cessent de haïr ceux qui leur ont fait des outrages. L'application à récompenser le bien et à se venger du mal, leur paraît une servitude à laquelle ils ont peine de se soumettre.

XIV.

La clémence des princes n'est souvent qu'une politique pour gagner l'affection des peuples.

XV.

Cette clémence, dont on fait une vertu, se pratique tantôt par vanité, quelquefois par paresse, souvent par crainte, et presque toujours par tous les trois ensemble.

XVI.

La modération des personnes heureuses vient du calme que la bonne fortune donne à leur humeur.

XVII.

La modération est une crainte de tomber dans l'envie et dans le mépris que méritent ceux qui s'enivrent de leur bonheur ; c'est une vaine ostentation de la force de notre esprit ; et enfin, la modération des hommes dans leur plus haute élévation est un désir de paraître plus grands que leur fortune.

XVIII.

Nous avons tous assez de force pour supporter les maux d'autrui.

XIX.

La constance des sages n'est que l'art de renfermer leur agitation dans leur cœur.

XX.

Ceux qu'on condamne au supplice affectent quelquefois une constance et un mépris de la mort qui n'est en effet que la crainte de l'envisager ; de sorte qu'on peut dire que cette constance et ce mépris sont à leur esprit ce que le bandeau est à leurs yeux.

XXI.

La philosophie triomphe aisément des maux passés et des maux à venir, mais les maux présents triomphent d'elle.

XXII.

Peu de gens connaissent la mort ; on ne la souffre pas ordinairement par résolution, mais par stupidité et par coutume ; et la plupart des hommes meurent parce qu'on ne peut s'empêcher de mourir.

XXIII.

Lorsque les grands hommes se laissent abattre par

la longueur de leurs infortunes, ils font voir qu'ils ne les soutenaient que par la force de leur ambition, et non par celle de leur âme ; et qu'à une grande vanité prés, les héros sont faits comme les autres hommes.

XXIV.

Il faut de plus grandes vertus pour soutenir la bonne fortune que la mauvaise.

XXV.

Le soleil ni la mort ne se peuvent regarder fixement.

XXVI.

On fait souvent vanité des passions, même les plus criminelles ; mais l'envie est une passion timide et honteuse que l'on n'ose jamais avouer.

XXVII.

La jalousie est, en quelque manière, juste et raisonnable, puisqu'elle ne tend qu'à conserver un bien qui nous appartient, ou que nous croyons nous appartenir : au lieu que l'envie est une fureur qui ne peut souffrir le bien des autres.

XXVIII.

Le mal que nous faisons ne nous attire pas tant de persécution et de haine que nos bonnes qualités.

XXIX.

Nous avons plus de force que de volonté ; et c'est souvent pour nous excuser à nous-mêmes, que nous nous imaginons que les choses sont impossibles.

XXX.

Si nous n'avions point de défauts, nous ne prendrions pas tant de plaisir à en remarquer dans les autres.

XXXI.

La jalousie se nourrit dans les doutes ; et elle devient fureur, ou elle finit, sitôt qu'on passe du doute à la certitude.

XXXII.

L'orgueil se dédommage toujours et ne perd rien, lors même qu'il renonce à la vanité.

XXXIII.

Si nous n'avions point d'orgueil, nous ne nous plaindrions point de celui des autres.

XXXIV.

L'orgueil est égal dans tous les hommes, et il n'y a de différence qu'aux moyens et à la manière de le mettre au jour.

XXXV.

Il semble que la nature, qui a si sagement disposé les organes de notre corps pour nous rendre heureux, nous ait aussi donné l'orgueil pour nous épargner la douleur de connaître nos imperfections.

XXXVI.

L'orgueil a plus de part que la bonté aux remontrances que nous faisons à ceux qui commettent des fautes ; et nous ne les reprenons pas tant pour les en corriger, que pour leur persuader que nous en sommes exempts.

XXXVII.

Nous promettons selon nos espérances, et nous tenons selon nos craintes.

XXXVIII.

L'intérêt parle toutes sortes de langues, et joue toutes sortes de personnages, même celui de désintéressé.

XXXIX.

L'intérêt, qui aveugle les uns, fait la lumière des autres.

XL.

Ceux qui s'appliquent trop aux petites choses deviennent ordinairement incapables des grandes.

XLI.

Nous n'avons pas assez de force pour suivre toute notre raison.

XLII.

L'homme croit souvent se conduire lorsqu'il est conduit; et pendant que, par son esprit, il tend à un but, son cœur l'entraîne insensiblement à un autre.

XLIII.

Le caprice de notre humeur est encore plus bizarre que celui de la fortune.

XLIV.

L'attachement ou l'indifférence que les philosophes avaient pour la vie, n'était qu'un goût de leur amour-propre, dont on ne doit non plus disputer que du goût de la langue ou du choix des couleurs.

XLV.

Notre humeur met le prix à tout ce qui nous vient de la fortune.

XLVI.

La félicité est dans le goût, et non pas dans les choses; et c'est par avoir ce qu'on aime qu'on est heureux, non par avoir ce que les autres trouvent aimable.

XLVII.

On n'est jamais si heureux ni si malheureux qu'on s'imagine.

XLVIII.

Ceux qui croient avoir du mérite se font un honneur d'être malheureux, pour persuader aux autres et à eux-mêmes qu'ils sont dignes d'être en butte à la fortune.

XLIX.

Rien ne doit tant diminuer la satisfaction que nous avons de nous-mêmes, que de voir que nous désapprouvons dans un temps ce que nous approuvions dans un autre.

L.

Quelque différence qui paraisse entre les fortunes, il y a néanmoins une certaine compensation de biens et de maux qui les rend égales.

LI.

Quelque grands avantages que la nature donne, ce n'est pas elle seule, mais la fortune avec elle qui fait les héros.

LII.

Le mépris des richesses était, dans les philosophes, un désir caché de venger leur mérite de l'injustice de la fortune, par le mépris des mêmes biens dont elle les privait : c'était un secret pour se garantir de l'avilissement de la pauvreté; c'était un chemin détourné pour aller à la considération qu'ils ne pouvaient avoir par les richesses.

LIII.

La haine pour les favoris n'est autre chose que l'amour de la faveur. Le dépit de ne la pas posséder se console et s'adoucit par le mépris que l'on témoigne de ceux qui la possèdent; et nous leur refusons nos hommages, ne pouvant pas leur ôter ce qui leur attire ceux de tout le monde.

LIV.

Pour s'établir dans le monde, on fait tout ce que l'on peut pour y paraître établi.

LV.

Quoique les hommes se flattent de leurs grandes actions, elles ne sont pas souvent les effets d'un grand dessein, mais des effets du hasard.

LVI.

Il semble que nos actions aient des étoiles heureuses ou malheureuses, à qui elles doivent une grande partie de la louange et du blâme qu'on leur donne.

LVII.

Il n'y a point d'accidents si malheureux dont les habiles gens ne tirent quelque avantage, ni de si heureux que les imprudents ne puissent tourner à leur préjudice.

LVIII.

La fortune tourne tout à l'avantage de ceux qu'elle favorise.

LIX.

Le bonheur et le malheur des hommes ne dépend pas moins de leur humeur que de leur fortune.

LX.

La sincérité est une ouverture de cœur : on la trouve en fort peu de gens; et celle que l'on voit d'ordinaire, n'est qu'une fine dissimulation pour attirer la confiance des autres.

LXI.

L'aversion du mensonge est souvent une imperceptible ambition de rendre nos témoignages considérables, et d'attirer à nos paroles un respect de religion.

LXII.

La vérité ne fait pas tant de bien dans le monde, que ses apparences y font de mal.

LXIII.

Il n'y a point d'éloges qu'on ne donne à la prudence; cependant elle ne saurait nous assurer du moindre événement.

LXIV.

Un habile homme doit régler le rang de ses intérêts, et les conduire chacun dans son ordre. Notre avidité se trouble souvent, en nous faisant courir à tant de choses à la fois, que pour désirer trop les moins importantes, on manque les plus considérables.

LXV.

La bonne grâce est au corps ce que le bon sens est à l'esprit.

LXVI.

S'il y a un amour pur et exempt du mélange de nos autres passions, c'est celui qui est caché au fond du cœur, et que nous ignorons nous-mêmes.

LXVII.

Il n'y a point de déguisement qui puisse longtemps cacher l'amour où il est, ni le feindre où il n'est pas.

LXVIII.

Il n'y a guère de gens qui ne soient honteux de s'être aimés, quand ils ne s'aiment plus.

LXIX.

Il en est du véritable amour comme de l'apparition des esprits : tout le monde en parle, mais peu de gens en ont vu.

LXX.

L'amour prête son nom à un nombre infini de commerces qu'on lui attribue, et où il n'a non plus de part que le doge à ce qui se fait à Venise.

LXXI.

L'amour de la justice n'est, en la plupart des hommes, que la crainte de souffrir l'injustice.

LXXII.

Le silence est le parti le plus sûr pour celui qui se défie de soi-même.

LXXIII.

Ce qui nous rend si changeants dans nos amitiés, c'est qu'il est difficile de connaître les qualités de l'âme, et facile de connaître celles de l'esprit.

LXXIV.

Nous ne pouvons rien aimer que par rapport à nous, et nous ne faisons que suivre notre goût et notre plaisir, quand nous préférons nos amis à nous-mêmes;

c'est néanmoins par cette préférence seule que l'amitié peut être vraie et parfaite.

LXXV.

La réconciliation avec nos ennemis n'est qu'un désir de rendre notre condition meilleure, une lassitude de la guerre, et une crainte de quelque mauvais événement.

LXXVI.

Ce que les hommes ont nommé amitié, n'est qu'une société, qu'un ménagement réciproque d'intérêts, et qu'un échange de bons offices ; ce n'est enfin qu'un commerce, où l'amour-propre se propose toujours quelque chose à gagner.

LXXVII.

Il est plus honteux de se défier de ses amis que d'en être trompé.

LXXVIII.

Nous nous persuadons souvent d'aimer les gens plus puissants que nous, et néanmoins c'est l'intérêt seul qui produit notre amitié ; nous ne nous donnons pas à eux pour le bien que nous leur voulons faire, mais pour celui que nous en voulons recevoir.

LXXIX.

Les hommes ne vivraient pas longtemps en société s'ils n'étaient les dupes les uns des autres.

LXXX.

L'amour-propre nous augmente ou nous diminue les bonnes qualités de nos amis, à proportion de la satisfaction que nous avons d'eux, et nous jugeons de leur mérite par la manière dont ils vivent avec nous.

LXXXI.

Tout le monde se plaint de sa mémoire, et personne ne se plaint de son jugement.

LXXXII.

Nous plaisons plus souvent, dans le commerce de la vie, par nos défauts que par nos bonnes qualités.

LXXXIII.

La plus grande ambition n'en a pas la moindre apparence, lorsqu'elle se rencontre dans une impossibilité absolue d'arriver où elle aspire.

LXXXIV.

Détromper un homme préoccupé de son mérite, c'est lui rendre un aussi mauvais office que celui que l'on rendit à ce fou d'Athènes, qui croyait que tous les vaisseaux qui arrivaient dans le port étaient à lui.

LXXXV.

Les vieillards aiment à donner de bons préceptes,

pour se consoler de n'être plus en état de donner de mauvais exemples.

LXXXVI.

Les grands noms abaissent au lieu d'élever ceux qui ne les savent pas soutenir.

LXXXVII.

La marque d'un mérite extraordinaire est de voir que ceux qui l'envient le plus sont contraints de le louer.

LXXXVIII.

Tel homme est ingrat qui est moins coupable de son ingratitude que celui qui lui a fait du bien.

LXXXIX.

On s'est trompé lorsqu'on a cru que l'esprit et le jugement étaient deux choses différentes : le jugement n'est que la grandeur de la lumière de l'esprit. Cette lumière pénètre le fond des choses ; elle y remarque tout ce qu'il faut remarquer, et aperçoit celles qui semblent imperceptibles. Ainsi il faut demeurer d'accord que c'est l'étendue de la lumière de l'esprit qui produit tous les effets qu'on attribue au jugement.

XC.

Chacun dit du bien de son cœur, et personne n'en ose dire de son esprit.

XCI.

La politesse de l'esprit consiste à penser des choses honnêtes et délicates.

XCII.

La galanterie de l'esprit est de dire des choses flatteuses et d'une manière agréable.

XCIII.

Il arrive souvent que des choses se présentent plus achevées à notre esprit qu'il ne les pourrait faire avec beaucoup d'art.

XCIV.

L'esprit est toujours la dupe du cœur.

XCV.

Tous ceux qui connaissent leur esprit, ne connaissent pas leur cœur.

XCVI.

Les hommes et les affaires ont leur point de perspective. Il y en a qu'il faut voir de près pour en bien juger, et d'autres dont on ne juge jamais si bien que quand on en est éloigné.

XCVII.

Celui-là n'est pas raisonnable à qui le hasard fait

trouver la raison, mais celui qui la connaît, qui la discerne et qui la goûte.

XCVIII.

Pour bien savoir les choses, il en faut savoir le détail; et, comme il est presque infini, nos connaissances sont toujours superficielles et imparfaites.

XCIX.

C'est une espèce de coquetterie de faire remarquer qu'on n'en fait jamais.

C.

L'esprit ne saurait jouer longtemps le personnage du cœur.

CI.

La jeunesse change ses goûts par l'ardeur du sang, et la vieillesse conserve les siens par l'accoutumance.

CII.

On ne donne rien si libéralement que ses conseils.

CIII.

Les défauts de l'esprit augmentent en vieillissant, comme ceux du visage.

CIV.

Il y a de bons mariages, mais il n'y en a point de délicieux.

CV.

On ne se peut consoler d'être trompé par ses ennemis et trahi par ses amis, et l'on est souvent satisfait de l'être par soi-même.

CVI.

Il est aussi facile de se tromper soi-même sans s'en apercevoir, qu'il est difficile de tromper les autres sans qu'ils s'en aperçoivent.

CVII.

Rien n'est moins sincère que la manière de demander et de donner des conseils. Celui qui en demande paraît avoir une déférence respectueuse pour les sentiments de son ami, bien qu'il ne pense qu'à lui faire approuver les siens, et à le rendre garant de sa conduite; et celui qui conseille paie la confiance qu'on lui témoigne d'un zèle ardent et désintéressé, quoiqu'il ne cherche le plus souvent, dans les conseils qu'il donne, que son propre intérêt ou sa gloire.

CVIII.

La plus subtile de toutes les finesses est de savoir bien feindre de tomber dans les piéges qu'on nous tend; et l'on n'est jamais si aisément trompé que quand on songe à tromper les autres.

CIX.

L'intention de ne jamais tromper nous expose à être souvent trompés.

CX.

Nous sommes si accoutumés à nous déguiser aux autres, qu'enfin nous nous déguisons à nous-mêmes.

CXI.

L'on fait plus souvent des trahisons par faiblesse que par dessein formé de trahir.

CXII.

On fait souvent du bien pour pouvoir impunément faire du mal.

CXIII.

Si nous résistons à nos passions, c'est plus par leur faiblesse que par notre force.

CXIV.

On n'aurait guère de plaisir, si on ne se flattait jamais.

CXV.

Les plus habiles affectent toute leur vie de blâmer les finesses, pour s'en servir en quelque occasion, et pour quelque grand intérêt.

CXVI.

L'usage ordinaire de la finesse est la marque d'un petit esprit; et il arrive presque toujours que celui qui s'en sert pour se couvrir en un endroit se découvre en un autre.

CXVII.

Les finesses et les trahisons ne viennent que du manque d'habileté.

CXVIII.

Le vrai moyen d'être trompé, c'est de se croire plus fin que les autres.

CXIX.

La trop grande subtilité est une fausse délicatesse, et la véritable délicatesse est une solide subtilité.

CXX.

Il suffit quelquefois d'être grossier pour n'être pas trompé par un habile homme.

CXXI.

La faiblesse est le seul défaut que l'on ne saurait corriger.

CXXII.

Il est plus aisé d'être sage pour les autres que de l'être pour soi-même.

CXXIII.

Les seules bonnes copies sont celles qui nous font voir le ridicule des méchants originaux.

CXXIV.

On n'est jamais si ridicule par les qualités que l'on a, que par celles que l'on affecte d'avoir.

CXXV.

On est quelquefois aussi différent de soi-même que des autres.

CXXVI.

On parle peu quand la vanité ne fait pas parler.

CXXVII.

On aime mieux dire du mal de soi-même que de n'en point parler.

CXXVIII.

Une des choses qui fait que l'on trouve si peu de gens qui paraissent raisonnables et agréables dans la conversation, c'est qu'il n'y a presque personne qui ne pense plutôt à ce qu'il veut dire, qu'à répondre précisément à ce qu'on lui dit. Les plus habiles et les plus complaisants se contentent de montrer seulement une mine attentive, au même temps que l'on voit dans leurs yeux et leur esprit un égarement pour ce qu'on leur dit, et une précipitation pour retourner à ce qu'ils veulent dire ; au lieu de considérer que c'est un mauvais moyen de plaire aux autres, ou de les persuader, que de chercher si fort à se plaire à soi-même, et que bien écouter et bien répondre est une des plus grandes perfections qu'on puisse avoir dans la conversation.

CXXIX.

Un homme d'esprit serait souvent bien embarrassé sans la compagnie des sots.

CXXX.

Nous nous vantons souvent de ne nous point ennuyer ; et nous sommes si glorieux, que nous ne voulons pas nous trouver de mauvaise compagnie.

CXXXI.

Comme c'est le caractère des grands esprits de faire entendre en peu de paroles beaucoup de choses, les petits esprits, au contraire, ont le don de beaucoup parler, et de ne rien dire.

CXXXII.

C'est plutôt par l'estime de nos propres sentiments que nous exagérons les bonnes qualités des autres, que par l'estime de leur mérite ; et nous voulons nous attirer des louanges, lorsqu'il semble que nous leur en donnons.

CXXXIII.

On n'aime point à louer, et on ne loue jamais personne sans intérêt. La louange est une flatterie habile, cachée et délicate, qui satisfait différemment celui qui la donne et celui qui la reçoit : l'un la prend comme une récompense de son mérite ; l'autre la donne pour faire remarquer son équité et son discernement.

CXXXIV.

Nous choisissons souvent des louanges empoisonnées, qui font voir par contre-coup, en ceux que nous louons, des défauts que nous n'osons découvrir d'une autre sorte.

CXXXV.

On ne loue d'ordinaire que pour être loué.

CXXXVI.

Peu de gens sont assez sages pour préférer le blâme qui leur est utile à la louange qui les trahit.

CXXXVII.

Il y a des reproches qui louent, et des louanges qui médisent.

CXXXVIII.

Le refus des louanges est un désir d'être loué deux fois.

CXXXIX.

Le désir de mériter les louanges qu'on nous donne fortifie notre vertu; et celles que l'on donne à l'esprit, à la valeur et à la beauté, contribuent à les augmenter.

CXL.

Il est plus difficile de s'empêcher d'être gouverné que de gouverner les autres.

CXLI.

Si nous ne nous flattions pas nous-mêmes, la flatterie des autres ne nous pourrait nuire.

CXLII.

La nature fait le mérite, et la fortune le met en œuvre.

CXLIII.

La fortune nous corrige de plusieurs défauts que la raison ne saurait corriger.

CXLIV.

Il y a des gens dégoûtants avec du mérite, et d'autres qui plaisent avec des défauts.

CXLV.

Il y a des gens dont tout le mérite consiste à dire et

à faire des sottises utilement, et qui gâteraient tout s'ils changeaient de conduite.

CXLVI.

La gloire des grands hommes se doit toujours mesurer aux moyens dont ils se sont servis pour l'acquérir.

CXLVII.

La flatterie est une fausse monnaie qui n'a de cours que par notre vanité.

CXLVIII.

Ce n'est pas assez d'avoir de grandes qualités, il en faut avoir l'économie.

CXLIX.

Quelque éclatante que soit une action, elle ne doit pas passer pour grande, lorsqu'elle n'est pas l'effet d'un grand dessein.

CL.

Il doit y avoir une certaine proportion entre les actions et les desseins, si on en veut tirer tous les effets qu'elles peuvent produire.

CLI.

L'art de savoir bien mettre en œuvre de médiocres

qualités, dérobe l'estime, et donne souvent plus de réputation que le véritable mérite.

CLII.

Il y a une infinité de conduites qui paraissent ridicules, et dont les raisons cachées sont très-sages et très-solides.

CLIII.

Il est plus facile de paraître digne des emplois qu'on n'a pas, que de ceux que l'on exerce.

CLIV.

Notre mérite nous attire l'estime des honnêtes gens, et notre étoile celle du public.

CLV.

Le monde récompense plus souvent les apparences du mérite que le mérite même.

CLVI.

L'avarice est plus opposée à l'économie que la libéralité.

CLVII.

L'espérance, toute trompeuse qu'elle est, sert au moins à nous mener à la fin de la vie par un chemin agréable.

CLVIII.

Pendant que la paresse et la timidité nous retiennent dans notre devoir, notre vertu en a souvent tout l'honneur.

CLIX.

Il est difficile de juger si un procédé net, sincère et honnête, est un effet de probité ou d'habileté.

CLX.

Les vertus se perdent dans l'intérêt, comme les fleuves se perdent dans la mer.

CLXI.

Si on examine bien les divers effets de l'ennui, on trouvera qu'il fait manquer à plus de devoirs que l'intérêt.

CLXII.

Il y a diverses sortes de curiosité : l'une d'intérêt, qui nous porte à désirer d'apprendre ce qui nous peut être utile ; et l'autre d'orgueil, qui vient du désir de savoir ce que les autres ignorent.

CLXIII.

Il vaut mieux employer notre esprit à supporter les infortunes qui nous arrivent, qu'à prévoir celles qui nous peuvent arriver.

CLXIV.

Ce qui nous fait aimer les nouvelles connaissances, n'est pas tant la lassitude que nous avons des vieilles, ou le plaisir de changer, que le dégoût de n'être pas assez admirés de ceux qui nous connaissent trop, et l'espérance de l'être davantage de ceux qui ne nous connaissent pas tant.

CLXV.

Nous nous plaignons quelquefois légèrement de nos amis, pour justifier par avance notre légèreté.

CLXVI.

Notre repentir n'est pas tant un regret du mal que nous avons fait qu'une crainte de celui qui nous en peut arriver.

CLXVII.

Il y a une inconstance qui vient de la légèreté de l'esprit, ou de sa faiblesse, qui lui fait recevoir toutes les opinions d'autrui ; et il y en a une autre, qui est plus excusable, qui vient du dégoût des choses.

CLXVIII.

Les vices entrent dans la composition des vertus, comme les poisons entrent dans la composition des remèdes. La prudence les assemble et les tempère, et elle s'en sert utilement contre les maux de la vie.

CLXIX.

Il faut demeurer d'accord, à l'honneur de la vertu, que les plus grands malheurs des hommes sont ceux où ils tombent par les crimes.

CLXX.

Nous avouons nos défauts pour réparer par notre sincérité le tort qu'ils nous font dans l'esprit des autres.

CLXXI.

Il y a des héros en mal comme en bien.

CLXXII.

On ne méprise pas tous ceux qui ont des vices, mais on méprise tous ceux qui n'ont aucune vertu.

CLXXIII.

Le nom de la vertu sert à l'intérêt aussi utilement que les vices.

CLXXIV.

La santé de l'âme n'est pas plus assurée que celle du corps, et quoique l'on paraisse éloigné des passions, on n'est pas moins en danger de s'y laisser emporter que de tomber malade quand on se porte bien.

CLXXV.

Il n'appartient qu'aux grands hommes d'avoir de grands défauts.

CLXXVI.

Quand les vices nous quittent, nous nous flattons de la créance que c'est nous qui les quittons.

CLXXVII.

Il y a des rechutes dans les maladies de l'âme comme dans celles du corps. Ce que nous prenons pour notre guérison, n'est le plus souvent qu'un relâche ou un changement de mal.

CLXXVIII.

Les défauts de l'âme sont comme les blessures du corps : quelque soin qu'on prenne de les guérir, la cicatrice paraît toujours, et elles sont à tout moment en danger de se rouvrir.

CLXXIX.

Nous oublions aisément nos fautes lorsqu'elles ne sont sues que de nous.

CLXXX.

Il y a des gens de qui l'on ne peut jamais croire du mal sans l'avoir vu ; mais il n'y en a point en qui il nous doive surprendre en le voyant.

CLXXXI.

Nous élevons la gloire des uns pour abaisser celle des autres : et quelquefois on louerait moins M. le Prince et M. de Turenne, si on ne les voulait point blâmer tous les deux.

CLXXXII.

Le désir de paraître habile empêche souvent de le devenir.

CLXXXIII.

Celui qui croit pouvoir trouver en soi-même de quoi se passer de tout le monde, se trompe fort ; mais celui qui croit qu'on ne peut se passer de lui, se trompe encore davantage.

CLXXXIV.

Les faux honnêtes gens sont ceux qui déguisent leurs défauts aux autres et à eux-mêmes ; les vrais honnêtes gens sont ceux qui les connaissent parfaitement et qui les confessent.

CLXXXV.

Le vrai honnête homme est celui qui ne se pique de rien.

CXXXVI.

La sévérité des femmes est un ajustement et un fard qu'elles ajoutent à leur beauté.

CLXXXVII.

C'est être véritablement honnête homme que de vouloir être toujours exposé à la vue des honnêtes gens.

CLXXXVIII.

La folie nous suit dans tous les temps de la vie. Si quelqu'un paraît sage, c'est seulement parce que ses folies sont proportionnées à son âge et à sa fortune.

CLXXXIX.

Il y a des gens niais qui se connaissent et qui emploient habilement leur niaiserie.

CXC.

Qui vit sans folie, n'est pas si sage qu'il croit.

CXCI.

En vieillissant, on devient plus fou et plus sage.

CXCII.

Il y a des gens qui ressemblent aux vaudevilles, qu'on ne chante qu'un certain temps.

CXCIII.

La plupart des gens ne jugent des hommes que par la vogue qu'ils ont, ou par leur fortune.

CXCIV.

L'amour de la gloire, la crainte de la honte, le dessein de faire fortune, le désir de rendre notre vie commode et agréable, et l'envie d'abaisser les autres, sont souvent les causes de cette valeur, si célèbre parmi les hommes.

CXCV.

La valeur est dans les simples soldats un métier périlleux qu'ils ont pris pour gagner leur vie.

CXCVI.

La parfaite valeur et la poltronnerie sont deux extrémités où l'on arrive rarement. L'espace qui est entre elles deux est vaste et contient toutes les autres espèces de courage. Il n'y pas moins de différence entre elles qu'entre les visages et les humeurs. Il y a des hommes qui s'exposent volontiers au commencement d'une action, et qui se relâchent et se rebutent aisément par sa durée. Il y en a qui sont contents quand ils ont satisfait à l'honneur du monde, et qui font fort peu de chose au delà. On en voit qui ne sont pas toujours également maîtres de leur peur. D'autres se laissent quelquefois entraîner à des terreurs générales ; d'autres vont à la charge, parce qu'ils n'osent demeurer dans leurs postes. Il s'en trouve à qui l'habitude des moindres périls affermit le courage, et les prépare à s'exposer à de plus grands. Il y en a qui sont braves à coups d'épée, et qui craignent les coups de mousquet ; d'autres sont assurés aux coups de mousquet, et appréhendent de se battre à coups d'épée. Tous ces courages de différentes espèces conviennent, en ce que la nuit augmentant la crainte et cachant les bonnes et les mauvaises actions, elle donne la liberté de se ménager. Il y a encore un autre ménagement plus général : car on ne voit point d'homme qui fasse tout ce qu'il serait capable de faire dans une occasion, s'il était assuré d'en revenir ; de sorte qu'il est visible que la crainte de la mort ôte quelque chose de la valeur.

CXCVII.

La parfaite valeur est de faire sans témoins ce qu'on serait capable de faire devant tout le monde.

CXCVIII.

L'intrépidité est une force extraordinaire de l'âme qui l'élève au-dessus des troubles, des désordres et des émotions que la vue des grands périls pourrait exciter en elle ; et c'est par cette force que les héros se maintiennent en un état paisible, et conservent l'usage libre de leur raison dans les accidents les plus surprenants et les plus terribles.

CXCIX.

L'hypocrisie est un hommage que le vice rend à la vertu.

CC.

La plupart des hommes s'exposent assez dans la guerre pour sauver leur honneur; mais peu se veulent toujours exposer autant qu'il est nécessaire pour faire réussir le dessein pour lequel ils s'exposent.

CCI.

On ne veut point perdre la vie, et on veut acquérir de la gloire : ce qui fait que les braves ont plus d'adresse et d'esprit pour éviter la mort, que les gens de chicane n'en ont pour conserver leur bien.

CCII.

Il n'y a guère de personnes qui, dans le premier penchant de l'âge, ne fassent connaître par où leur corps et leur esprit doivent défaillir.

CCIII.

Il est de la reconnaissance comme de la bonne foi des marchands : elle entretient le commerce; et nous ne payons pas parce qu'il est juste de nous acquitter, mais pour trouver plus facilement des gens qui nous prêtent.

CCIV.

Tous ceux qui s'acquittent des devoirs de la reconnaissance, ne peuvent pas pour cela se flatter d'être reconnaissants.

CCV.

Ce qui fait le mécompte dans la reconnaissance qu'on attend des grâces que l'on a faites, c'est que l'orgueil de celui qui donne, et l'orgueil de celui qui reçoit, ne peuvent convenir du prix du bienfait.

CCVI.

Le trop grand empressement qu'on a de s'acquitter d'une obligation, est une espèce d'ingratitude.

CCVII.

Les gens heureux ne se corrigent guère; ils croient toujours avoir raison, quand la fortune soutient leur mauvaise conduite.

CCVIII.

L'orgueil ne veut pas devoir, et l'amour-propre ne veut pas payer.

CCIX.

Le bien que nous avons reçu de quelqu'un veut que nous respections le mal qu'il nous fait.

CCX.

Rien n'est si contagieux que l'exemple, et nous ne faisons jamais de grands biens ni de grands maux qui n'en produisent de semblables. Nous imitons les bonnes actions par émulation, et les mauvaises par la malignité de notre nature, que la honte retenait prisonnière, et que l'exemple met en liberté.

CCXI.

C'est une grande folie de vouloir être sage tout seul.

CCXII.

Quelque prétexte que nous donnions à nos afflictions, ce n'est souvent que l'intérêt et la vanité qui les causent.

CCXIII.

Il y a dans les afflictions diverses sortes d'hypocrisie. Dans l'une, sous prétexte de pleurer la perte d'une personne qui nous est chère, nous nous pleurons nous-mêmes ; nous regrettons la bonne opinion qu'elle avait de nous ; nous pleurons la diminution de notre bien, de notre plaisir, de notre considération. Ainsi les morts ont l'honneur des larmes qui ne coulent que pour les vivants. Je dis que c'est une espèce d'hypocrisie, à cause que, dans ces sortes d'afflictions, on se trompe soi-même. Il y a une autre hypocrisie qui n'est pas si innocente, parce qu'elle impose à tout le monde :

c'est l'affliction de certaines personnes qui aspirent à la gloire d'une belle et immortelle douleur. Après que le temps, qui consume tout, a fait cesser celle qu'elles avaient en effet, elles ne laissent pas d'opiniâtrer leurs pleurs, leurs plaintes et leurs soupirs ; elles prennent un personnage lugubre, et travaillent à persuader, par toutes leurs actions, que leur déplaisir ne finira qu'avec la vie. Cette triste et fatigante vanité se trouve d'ordinaire dans les femmes ambitieuses. Comme leur sexe leur ferme tous les chemins qui mènent à la gloire, elles s'efforcent de se rendre célèbres par la montre d'une inconsolable affliction. Il y a encore une autre espèce de larmes qui n'ont que de petites sources qui coulent et se tarissent facilement. On pleure pour avoir la réputation d'être tendre ; on pleure pour être plaint ; on pleure pour être pleuré ; enfin on pleure pour éviter la honte de ne pleurer pas.

CCXIV.

C'est plus souvent par orgueil que par défaut de lumières, qu'on s'oppose avec tant d'opiniâtreté aux opinions les plus suivies : on trouve les premières places prises dans le bon parti, et on ne veut point des dernières.

CCXV.

Nous nous consolons aisément des disgrâces de nos amis, lorsqu'elles servent à signaler notre tendresse pour eux.

CCXVI.

Il semble que l'amour-propre soit la dupe de la bonté, et qu'il s'oublie lui-même lorsque nous travaillons pour l'avantage des autres. Cependant c'est prendre le chemin le plus assuré pour arriver à ses fins; c'est prêter à usure, sous prétexte de donner: c'est enfin s'acquérir tout le monde par un moyen subtil et délicat.

CCXVII.

Nul ne mérite d'être loué de sa bonté, s'il n'a pas la force d'être méchant. Toute autre bonté n'est le plus souvent qu'une paresse ou une impuissance de la volonté.

CCXVIII.

Il n'est pas si dangereux de faire du mal à la plupart des hommes que de leur faire trop de bien.

CCXIX.

Rien ne flatte plus notre orgueil que la confiance des grands, parce que nous la regardons comme un effet de notre mérite, sans considérer qu'elle ne vient le plus souvent que de vanité ou d'impuissance de garder le secret.

CCXX.

On peut dire de l'agrément séparé de la beauté, que

c'est une symétrie dont on ne sait point les règles, et un rapport secret des traits ensemble et des traits avec les couleurs et avec l'air de la personne.

CCXXI.

On incommode souvent les autres, quand on croit ne les pouvoir jamais incommoder.

CCXXII.

Il y a peu de choses impossibles d'elles-mêmes, et l'application pour les faire réussir nous manque plus que les moyens.

CCXXIII.

La souveraine habileté consiste à bien connaître le prix des choses.

CCXXIV.

C'est une grande habileté que de savoir cacher son habileté.

CCXXV.

Ce qui paraît générosité n'est souvent qu'une ambition déguisée qui méprise de petits intérêts pour aller à de plus grands.

CCXXVI.

La magnanimité méprise tout pour avoir tout.

CCXXVII.

Il n'y a pas moins d'éloquence dans le ton de la voix, dans les yeux et dans l'air de la personne que dans le choix des paroles.

CCXXVIII.

La véritable éloquence consiste à dire tout ce qu'il faut, et à ne dire que ce qu'il faut.

CCXXIX.

Il est aussi ordinaire de voir changer les goûts qu'il est extraordinaire de voir changer les inclinations.

CCXXX.

L'intérêt met en œuvre toutes sortes de vertus et de vices.

CCXXXI.

Tous les sentiments ont chacun un ton de voix, des gestes et des mines qui leur sont propres ; et ce rapport, bon ou mauvais, agréable ou désagréable, est ce qui fait que les personnes plaisent ou déplaisent.

CCXXXII.

Dans toutes les professions, chacun affecte une mine et un extérieur pour paraître ce qu'il veut qu'on le croie. Ainsi on peut dire que le monde n'est composé que de mines.

CCXXXIII.

La gravité est un mystère du corps, inventé pour cacher les défauts de l'esprit.

CCXXXIV.

Le bon goût vient plus du jugement que de l'esprit.

CCXXXV.

La civilité est un désir d'en recevoir et d'être estimé poli.

CCXXXVI.

Ce qu'on nomme libéralité n'est le plus souvent que la vanité de donner, que nous aimons mieux que ce que nous donnons.

CCXXXVII.

La petitesse de l'esprit fait l'opiniâtreté, et nous ne croyons pas aisément ce qui est au delà de ce que nous voyons.

CCXXXVIII.

C'est se tromper que de croire qu'il n'y ait que les violentes passions, comme l'ambition et l'amour, qui puissent triompher des autres. La paresse, toute languissante qu'elle est, ne laisse pas d'en être souvent la maîtresse; elle usurpe sur tous les desseins et sur toutes les actions de la vie ; elle y détruit et y consume insensiblement les passions et les vertus.

CCXXXIX.

La promptitude à croire le mal sans l'avoir assez examiné, est un effet de l'orgueil et de la paresse. On veut trouver des coupables, et on ne veut pas se donner la peine d'examiner les crimes.

CCXL.

Nous récusons des juges pour les plus petits intérêts, et nous voulons bien que notre réputation et notre gloire dépendent du jugement des hommes, qui nous sont tous contraires, ou par leur jalousie, ou par leur préoccupation, ou par leur peu de lumières, et ce n'est que pour les faire prononcer en notre faveur, que nous exposons en tant de manières notre repos et notre vie.

CCXLI.

Il n'y a guère d'homme assez habile pour connaître tout le mal qu'il fait.

CCXLII.

L'honneur acquis est caution de celui qu'on doit acquérir.

CCXLIII.

La jeunesse est une ivresse continuelle : c'est la fièvre de la raison.

CCXLIV.

Rien ne devrait plus humilier les hommes qui ont mérité de grandes louanges, que le soin qu'ils prennent encore de se faire valoir par de petites choses.

CCXLV.

Il y a des gens qu'on approuve dans le monde, qui n'ont pour tout mérite que les vices qui servent au commerce de la vie.

CCXLVI.

Le bon naturel, qui se vante d'être si sensible, est souvent étouffé par le moindre intérêt.

CCXLVII.

L'absence diminue les médiocres passions et augmente les grandes, comme le vent éteint les bougies et allume le feu.

CCXLVIII.

Ce qui fait que l'on est souvent mécontent de ceux qui négocient, est qu'ils abandonnent presque toujours l'intérêt de leurs amis pour l'intérêt du succès de la négociation, qui devient le leur, par l'honneur d'avoir réussi à ce qu'il avaient entrepris.

CCXLIX.

Quand nous exagérons la tendresse que nos amis ont

pour nous, c'est souvent moins par reconnaissance que par le désir de faire juger de notre mérite.

CCL.

L'approbation que l'on donne à ceux qui entrent dans le monde, vient souvent de l'envie secrète que l'on porte à ceux qui y sont établis.

CCLI.

L'orgueil, qui nous inspire tant d'envie, nous sert souvent aussi à la modérer.

CCLII.

Il y a des faussetés déguisées qui représentent si bien la vérité, que ce serait mal juger que de ne s'y pas laisser tromper.

CCLIII.

Il n'y a pas quelquefois moins d'habileté à savoir profiter d'un bon conseil qu'à se bien conseiller soi-même.

CCLIV.

Il y a des méchants qui seraient moins dangereux s'ils n'avaient aucune bonté.

CCLV.

La magnanimité est assez définie par son nom; néanmoins on pourrait dire que c'est le bon sens de l'orgueil, et la voie la plus noble pour recevoir des louanges.

CCLVI.

Il est impossible d'aimer une seconde fois ce qu'on a véritablement cessé d'aimer.

CCLVII.

Ce n'est pas tant la fertilité de l'esprit qui nous fait trouver plusieurs expédients sur une même affaire, que c'est le défaut de lumières qui nous fait arrêter à tout ce qui se présente à notre imagination, et qui nous empêche de discerner d'abord ce qui est le meilleur.

CCLVIII.

Il y a des affaires et des maladies que les remèdes aigrissent en certains temps, et la grande habileté consiste à connaître quand il est dangereux d'en user.

CCLIX.

La simplicité affectée est une imposture délicate.

CCLX.

Il y a plus de défauts dans l'humeur que dans l'esprit.

CCLXI.

Le mérite des hommes a sa saison aussi bien que les fruits.

CCLXII.

On peut dire de l'humeur des hommes comme de la plupart des bâtiments, qu'elle a diverses faces, les unes agréables et les autres désagréables.

CCLXIII.

La modération ne peut avoir le mérite de combattre l'ambition et de la soumettre; elles ne se trouvent jamais ensemble. La modération est la langueur et la paresse de l'âme, comme l'ambition en est l'activité et l'ardeur.

CCLXIV.

Nous aimons toujours ceux qui nous admirent, et nous n'aimons pas toujours ceux que nous admirons.

CCLXV.

Il s'en faut bien que nous connaissions toutes nos volontés.

CCLXVI.

Il est difficile d'aimer ceux que nous n'estimons point; mais il ne l'est pas moins d'aimer ceux que nous estimons beaucoup plus que nous.

CCLXVII.

La reconnaissance de la plupart des hommes n'est qu'une secrète envie de recevoir de plus grands bienfaits.

CCLXVIII.

Presque tout le monde prend plaisir à s'acquitter des petites obligations : beaucoup de gens ont de la reconnaissance pour les médiocres, mais il n'y a quasi personne qui n'ait de l'ingratitude pour les grandes.

CCLXIX.

Il y a des folies qui se prennent comme des maladies contagieuses.

CCLXX.

Assez de gens méprisent le bien, mais peu savent le donner.

CCLXXI.

Ce n'est d'ordinaire que dans de petits intérêts où nous prenons le hasard de ne pas croire aux apparences.

CCLXXII.

Quelque bien qu'on nous dise de nous, on ne nous apprend rien de nouveau.

CCLXXIII.

Nous pardonnons souvent à ceux qui nous ennuient, mais nous ne pouvons pardonner à ceux que nous ennuyons.

CCLXXVI.

L'intérêt, que l'on accuse de tous nos crimes, mérite souvent d'être loué de nos bonnes actions.

CCLXXV.

On ne trouve guère d'ingrats, tant qu'on est en état de faire du bien.

CCLXXVI.

Il est aussi honnête d'être glorieux avec soi-même qu'il est ridicule de l'être avec les autres.

CCLXXVII.

Il arrive quelquefois des accidents dans la vie, d'où il faut être un peu fou pour se bien tirer.

CCLXXVIII.

S'il y a des hommes dont le ridicule n'ait jamais paru, c'est qu'on ne l'a jamais bien cherché.

CCLXXIX.

Pourquoi faut-il que nous ayons assez de mémoire pour retenir jusqu'aux moindres particularités de ce qui nous est arrivé, et que nous n'en ayons pas assez pour nous souvenir combien de fois nous les avons contées à une même personne ?

CCLXXX.

L'extrême plaisir que nous prenons à parler de nous-mêmes, nous doit faire craindre de n'en donner guère à ceux qui nous écoutent.

CCLXXXI.

Ce qui nous empêche d'ordinaire de faire voir le fond de notre cœur à nos amis, n'est pas tant la défiance que nous avons d'eux que celle que nous avons de nous-mêmes.

CCLXXXII.

Les personnes faibles ne peuvent être sincères.

CCLXXXIII.

Ce n'est pas un grand malheur d'obliger des ingrats, mais c'en est un insupportable d'être obligé à un malhonnête homme.

CCLXXXIV.

On trouve des moyens pour guérir de la folie, mais on n'en trouve pas pour redresser un esprit de travers.

CCLXXXV.

On ne saurait conserver longtemps les sentiments qu'on doit avoir pour ses amis et pour ses bienfaiteurs, si on se laisse la liberté de parler souvent de leurs défauts.

CCLXXXVI.

Louer les princes des vertus qu'ils n'ont pas, c'est leur dire impunément des injures.

CCLXXXVII.

Nous sommes plus près d'aimer ceux qui nous haïssent, que ceux qui nous aiment plus que nous ne voulons.

CCLXXXVIII.

Il n'y a que ceux qui sont méprisables qui craignent d'être méprisés.

CCLXXXIX.

Notre sagesse n'est pas moins à la merci de la fortune que nos biens.

CCXC.

Il y a dans la jalousie plus d'amour-propre que d'amour.

CCXCI.

Nous nous consolons souvent par faiblesse des maux dont la raison n'a pas la force de nous consoler.

CCXCII.

Nous n'avouons de petits défauts que pour persuader que nous n'en avons pas de grands.

CCXCIII.

L'envie est plus irréconciable que la haine.

CCXCIV.

On croit quelquefois haïr la flatterie, mais on ne hait que la manière de flatter.

CCXCV.

Il en est de certaines bonnes qualités comme des sens : ceux qui en sont entièrement privés ne les peuvent apercevoir ni les comprendre.

CCXCVI.

Lorsque notre haine est trop vive, elle nous met au-dessous de ceux que nous haïssons.

CCXCVII.

Les passions de la jeunesse ne sont guère plus opposées au salut que la tiédeur des vieilles gens.

CCXCVIII.

L'accent du pays où l'on est né demeure dans l'esprit et dans le cœur comme dans le langage.

CCXCIX.

Pour être un grand homme, il faut savoir profiter de toute sa fortune.

CCC.

La plupart des hommes ont, comme les plantes, des propriétés cachées que le hasard fait découvrir.

CCCI.

Les occasions nous font connaître aux autres, et encore plus à nous-mêmes.

CCCII.

Nous ne trouvons guère de gens de bon sens que ceux qui sont de notre avis.

CCCIII.

Ce qui nous donne tant d'aigreur contre ceux qui nous font des finesses, c'est qu'ils croient être plus habiles que nous.

CCCIV.

On s'ennuie presque toujours avec les gens avec qui il n'est pas permis de s'ennuyer.

CCCV.

On perd quelquefois des personnes qu'on regrette plus qu'on en est affligé, et d'autres dont ont est affligé, et qu'on ne regrette guère.

CCCVI.

Nous ne louons d'ordinaire de bon cœur que ceux qui nous admirent.

CCCVII.

Les petits esprits sont trop blessés des petites choses ; les grands esprits les voient toutes et n'en sont point blessés.

CCCVIII.

L'humilité est la véritable preuve des vertus chrétiennes : sans elle nous conservons tous nos défauts, et ils sont seulement couverts par l'orgueil, qui les cache aux autres et souvent à nous-mêmes.

CCCIX.

On se décrie beaucoup plus auprès de nous par les moindres infidélités qu'on nous fait, que par les plus grandes qu'on fait aux autres.

CCCX.

Les violences qu'on nous fait nous font souvent moins de peine que celles que nous nous faisons à nous-mêmes.

CCCXI.

On sait assez qu'il ne faut guère parler de sa femme, mais on ne sait pas assez qu'on devrait encore moins parler de soi.

CCCXII.

Quelque défiance que nous ayons de la sincérité de ceux qui nous parlent, nous croyons toujours qu'ils nous disent plus vrai qu'aux autres.

CCCXIII.

Il n'y a guère de poltrons qui connaissent toujours toute leur peur.

CCCXIV.

La plupart des jeunes gens croient être naturels, lorsqu'ils ne sont que mal polis et grossiers.

CCCXV.

Il y a de certaines larmes qui nous trompent souvent nous-mêmes, après avoir trompé les autres.

CCCXVI.

Les esprits médiocres condamnent d'ordinaire tout ce qui passe leur portée.

CCCXVII.

Le plus grand défaut de la pénétration n'est pas de n'aller point jusqu'au but, c'est de le passer.

CCCXVIII.

On donne des conseils, mais on n'inspire point de conduite.

CCCXIX.

La fortune fait paraître nos vertus et nos vices, comme la lumière fait paraître les objets.

CCCXX.

Nos actions sont comme les bouts-rimés, que chacun fait rapporter à ce qu'il lui plaît.

CCCXXI.

L'envie de parler de nous, et de faire voir nos défauts du côté que nous voulons bien les montrer, fait une grande partie de notre sincérité.

CCCXXII.

On ne devrait s'étonner que de ne pouvoir encore s'étonner.

CCCXXIII.

Il n'y a point de gens qui aient plus souvent tort, que ceux qui ne peuvent souffrir d'en avoir.

CCCXXIV.

Un sot n'a pas assez d'étoffe pour être bon.

CCCXXV.

Si la vanité ne renverse pas entièrement les vertus, du moins elle les ébranle toutes.

CCCXXVI.

Ce qui nous rend la vanité des autres insupportable, c'est qu'elle blesse la nôtre.

CCCXXVII.

On renonce plus aisément à son intérêt qu'à son goût.

CCCXXVIII.

La fortune ne paraît jamais si aveugle qu'à ceux à qui elle ne fait pas de bien.

CCCXXIX.

Il faut gouverner la fortune comme la santé; en jouir quand elle est bonne, prendre patience quand elle est mauvaise, et ne faire jamais de grands remèdes sans un extrême besoin.

CCCXXX.

L'air bourgeois se perd quelquefois à l'armée, mais il ne se perd jamais à la cour.

CCCXXXI.

On peut être plus fin qu'un autre, mais non pas plus fin que tous les autres.

CCCXXXII.

Nous n'avons pas le courage de dire en général que

nous n'avons point de défauts, et que nos ennemis n'ont point de bonnes qualités; mais en détail nous ne sommes pas trop éloignés de le croire.

CCCXXXIII.

De tous nos défauts, celui dont nous demeurons le plus aisément d'accord, c'est de la paresse : nous nous persuadons qu'elle tient à toutes les vertus paisibles, et que, sans détruire entièrement les autres, elle en suspend seulement les fonctions.

CCCXXXIV.

Il y a une élévation qui ne dépend point de la fortune : c'est un certain air qui nous distingue, et qui semble nous destiner aux grandes choses ; c'est un prix que nous nous donnons imperceptiblement à nous-mêmes ; c'est par cette qualité que nous usurpons les déférences des autres hommes, et c'est elle d'ordinaire qui nous met plus au-dessus d'eux que la naissance, les dignités et le mérite même.

CCCXXXV.

Il y a du mérite sans élévation, mais il n'y a point d'élévation sans quelque mérite.

CCCXXXVI.

L'élévation est au mérite ce que la parure est aux belles personnes.

CCCXXXVII.

La fortune se sert quelquefois de nos défauts pour nous élever ; et il y a des gens incommodes dont le mérite serait mal récompensé, si on ne voulait acheter leur absence.

CCCXXXVIII.

Il semble que la nature ait caché dans le fond de notre esprit des talents et une habileté que nous ne connaissons pas ; les passions seules ont le droit de les mettre au jour, et de nous donner quelquefois des vues plus certaines et plus achevées que l'art ne saurait faire.

CCCXXXIX.

Nous arrivons tout nouveaux aux divers âges de la vie, et nous y manquons souvent d'expérience malgré le nombre des années.

CCCXL.

Il s'en faut bien que ceux qui s'attrapent à nos finesses, ne nous paraissent aussi ridicules que nous nous le paraissons à nous-mêmes, quand les finesses des autres nous ont attrapés.

CCCXLI.

Le plus dangereux ridicule des vieilles personnes qui ont été aimables, c'est d'oublier qu'elles ne le sont plus.

CCCXLII.

Nous aurions souvent honte de nos plus belles actions, si le monde voyait tous les motifs qui les produisent.

CCCXLIII.

Le plus grand effort de l'amitié n'est pas de montrer nos défauts à un ami, c'est de lui faire voir les siens.

CCCXLIV.

On n'a guère de défauts qui ne soient plus pardonnables que les moyens dont on se sert pour les cacher.

CCCXLV.

Quelque honte que nous ayons méritée, il est presque toujours en notre pouvoir de rétablir notre réputation.

CCCXLVI.

On ne plaît pas longtemps quand on n'a qu'une sorte d'esprit.

CCCXLVII.

Les fous et les sottes gens ne voient que par leur humeur.

CCCXLVIII.

L'esprit nous sert quelquefois hardiment à faire des sottises.

CCCXLIX.

La vivacité qui augmente en vieillissant ne va pas loin de la folie.

CCCL.

Nous pouvons paraître grands dans un emploi au-dessous de notre mérite; mais nous paraissons souvent petits dans un emploi plus grand que nous.

CCCLI.

Nous croyons souvent avoir de la constance dans les malheurs, lorsque nous n'avons que de l'abattement, et nous les souffrons sans oser les regarder, comme les poltrons se laissent tuer de peur de se défendre.

CCCLII.

La confiance fournit plus à la conversation que l'esprit.

CCCLIII.

Toutes les passions nous font faire des fautes, mais l'amour nous en fait faire de plus ridicules.

CCCLIV.

Peu de gens savent être vieux.

CCCLV.

Nous nous faisons honneur des défauts opposés à

ceux que nous avons; quand nous sommes faibles, nous nous vantons d'être opiniâtres.

CCCLVI.

La pénétration a un air de deviner qui flatte plus notre vanité que toutes les autres qualités de l'esprit.

CCCLVII.

La grâce de la nouveauté et la longue habitude, quelque opposées qu'elles soient, nous empêchent également de sentir les défauts de nos amis.

CCCLVIII.

Nous pardonnons aisément à nos amis les défauts qui ne nous regardent pas.

CCCLIX.

Rien n'empêche tant d'être naturel que l'envie de le paraître.

CCCLX.

C'est en quelque sorte se donner part aux belles actions que de les louer de bon cœur.

CCCLXI.

La plus véritable marque d'être né avec de grandes qualités, c'est d'être né sans envie.

CCCLXI.

Quand nos amis nous ont trompés, on ne doit que de l'indifférence aux marques de leur amitié ; mais on doit toujours de la sensibilité à leurs malheurs.

CCCLXIII.

La fortune et l'humeur gouvernent le monde.

CCCLXIV.

Il est plus aisé de connaître l'homme en général que de connaître l'homme en particulier.

CCCLXV.

On ne doit pas juger du mérite d'un homme par ses grandes qualités, mais par l'usage qu'il en sait faire.

CCCLXVI.

Il y a une certaine reconnaissance vive qui ne nous acquitte pas seulement des bienfaits que nous avons reçus, mais qui fait même que nos amis nous doivent en leur payant ce que nous leur devons.

CCCLXVII.

Nous ne désirerions guère de choses avec ardeur, si nous connaissions parfaitement ce que nous désirons.

CCCLXVIII.

Dans l'amitié, comme dans l'amour, on est souvent

plus heureux par les choses qu'on ignore que par celles que l'on sait.

CCCLXIX.

Nous essayons de nous faire honneur des défauts que nous ne voulons pas corriger.

CCCLXX.

Les passions les plus violentes nous laissent quelquefois du relâche, mais la vanité nous agite toujours.

CCCLXXI.

Les vieux fous sont plus fous que les jeunes.

CCCLXXII.

La faiblesse est plus opposée à la vertu que le vice.

CCCLXXIII.

Ce qui rend les douleurs de la honte et de la jalousie si aiguës, c'est que la vanité ne peut servir à les supporter.

CCCLXXIV.

La bienséance est la moindre de toutes les lois et la plus suivie.

CCCLXXV.

Un esprit droit a moins de peine de se soumettre aux esprits de travers que de les conduire.

CCCLXXVI.

Lorsque la fortune nous surprend en nous donnant une grande place, sans nous y avoir conduits par degrés, ou sans que nous nous y soyons élevés par nos espérances, il est presque impossible de s'y bien soutenir et de paraître digne de l'occuper.

CCCLXXVII.

Notre orgueil s'augmente souvent de ce que nous retranchons de nos autres défauts.

CCCLXXVIII.

Il n'y a point de sots si incommodes que ceux qui ont de l'esprit.

CCCLXXIX.

Il n'y a point d'homme qui se croie, en chacune de ses qualités, au-dessous de l'homme du monde qu'il estime le plus.

CCCLXXX.

Dans les grandes affaires, on doit moins s'appliquer à faire naître des occasions qu'à profiter de celles qui se présentent.

CCCLXXXI.

Il n'y a guère d'occasion où l'on fît un méchant marché de renoncer au bien qu'on dit de nous, à condition de n'en dire point de mal.

CCCLXXXII.

Quelque disposition qu'ait le monde à mal juger, il fait encore plus souvent grâce au faux mérite qu'il ne fait injustice au véritable.

CCCLXXXIII.

On est quelquefois un sot avec de l'esprit, mais on ne l'est jamais avec du jugement.

CCCLXXXIV.

Nous gagnerions plus de nous laisser voir tels que nous sommes, que d'essayer de paraître ce que nous ne sommes pas.

CCCLXXXV.

Nos ennemis approchent plus de la vérité dans les jugements qu'ils font de nous, que nous n'en approchons nous-mêmes.

CCCLXXXVI.

Il s'en faut bien que nous connaissions tout ce que nos passions nous font faire.

CCCLXXXVII.

La vieillesse est un tyran qui défend, sous peine de la vie, tous les plaisirs de la jeunesse.

CCCLXXXVIII.

Le même orgueil qui nous fait blâmer les défauts dont nous nous croyons exempts, nous porte à mépriser les bonnes qualités que nous n'avons pas.

CCCLXXXIX.

Il y a souvent plus d'orgueil que de bonté à plaindre les malheurs de nos ennemis; c'est pour leur faire sentir que nous sommes au-dessus d'eux que nous leur donnons des marques de compassion.

CCCXC.

Il y a un excès de biens et de maux qui passe notre sensibilité.

CCCXCI.

Il s'en faut bien que l'innocence trouve autant de protection que le crime.

CCCXCII.

La vanité nous fait faire plus de choses contre notre goût que la raison.

CCCXCIII.

On ne souhaite jamais ardemment ce qu'on ne souhaite que par raison.

CCCXCIV.

Toutes nos qualités sont incertaines et douteuses, en bien comme en mal, et elles sont presque toutes à la merci des occasions.

CCCXCV.

L'orgueil a ses bizarreries comme les autres passions: on a honte d'avouer que l'on ait de la jalousie, et on se fait honneur d'en avoir eu, et d'être capable d'en avoir.

CCCXCVI.

Quelque rare que soit le véritable amour, il l'est encore moins que la véritable amitié.

CCCXCVII.

L'envie d'être plaint ou d'être admiré fait souvent la plus grande partie de notre confiance.

CCCXCVIII.

Notre envie dure toujours plus longtemps que le bonheur de ceux que nous envions.

CCCXCIX.

L'imagination ne saurait inventer tant de diverses contrariétés qu'il y en a naturellement dans le cœur de chaque personne.

CD.

Il n'y a que les personnes qui ont de la fermeté qui puissent avoir une véritable douceur; celles qui paraissent douces n'ont d'ordinaire que de la faiblesse, qui se convertit aisément en aigreur.

CDI.

La timidité est un défaut dont il est dangereux de reprendre les personnes qu'on en veut corriger.

CDII.

Rien n'est plus rare que la véritable bonté; ceux mêmes qui croient en avoir, n'ont d'ordinaire que de la complaisance ou de la faiblesse.

CDIII.

L'esprit s'attache par paresse et par constance à ce qui lui est facile ou agréable. Cette habitude met toujours des bornes à nos connaissances, et jamais personne ne s'est donné la peine d'étendre et de conduire son esprit aussi loin qu'il pourrait aller.

CDIV.

On est d'ordinaire plus médisant par vanité que par malice.

CDV.

Quand on a le cœur encore agité par les restes d'une

passion, on est plus près d'en prendre une nouvelle que quand on est entièrement guéri.

CDVI.

Il y a encore plus de gens sans intérêt que sans envie.

CDVII.

Nous avons plus de paresse dans l'esprit que dans le corps.

CDVIII.

Le calme ou l'agitation de notre humeur ne dépend pas tant de ce qui nous arrive de plus considérable dans la vie, que d'un arrangement commode ou désagréable de petites choses qui arrivent tous les jours.

CDIX.

Quelque méchants que soient les hommes, ils n'oseraient paraître ennemis de la vertu ; et lorsqu'ils la veulent persécuter, ils feignent de croire qu'elle est fausse, ou ils lui supposent des crimes.

CDX.

On passe souvent de l'amour à l'ambition, mais on ne revient guère de l'ambition à l'amour.

CDXI.

L'extrême avarice se méprend presque toujours ; il n'y a point de passion qui s'éloigne plus souvent de son but, ni sur qui le présent ait tant de pouvoir, au préjudice de l'avenir.

CDXII.

L'avarice produit souvent des effets contraires : il y a un nombre infini de gens qui sacrifient tout leur bien à des espérances douteuses et éloignées ; d'autres méprisent de grands avantages à venir pour de petits intérêts présents.

CDXIII.

Il semble que les hommes ne se trouvent pas assez de défauts ; ils en augmentent encore le nombre par de certaines qualités singulières dont ils affectent de se parer, et ils les cultivent avec tant de soin, qu'elles deviennent à la fin des défauts naturels qu'il ne dépend plus d'eux de corriger.

CDXIV.

Ce qui fait voir que les hommes connaissent mieux leurs fautes qu'on ne le pense, c'est qu'ils n'ont jamais tort quand on les entend parler de leur conduite : le même amour-propre qui les aveugle d'ordinaire, les éclaire alors, et leur donne des vues si justes, qu'il leur fait supprimer ou déguiser les moindres choses qui peuvent être condamnées.

CDXV.

Les querelles ne dureraient pas longtemps si le tort n'était que d'un côté.

CDXVI.

Il ne sert de rien d'être jeune sans être belle, ni d'être belle sans être jeune.

CDXVII.

Il y a des personnes si légères et si frivoles, qu'elles sont aussi éloignées d'avoir de véritables défauts que des qualités solides.

CDXVIII.

Peu d'esprit avec de la droiture ennuie moins, à la longue, que beaucoup d'esprit avec du travers.

CDXIX.

La jalousie est le plus grand de tous les maux, et celui qui fait le moins de pitié aux personnes qui le causent.

CDXX.

Après avoir parlé de la fausseté de tant de vertus apparentes, il est raisonnable de dire quelque chose de la fausseté du mépris de la mort. J'entends parler de ce mépris de la mort que les païens se vantent de tirer de leurs propres forces, sans l'espérance d'une meilleure vie. Il y a différence entre souffrir la mort constamment et la mépriser. Le premier est assez ordinaire, mais je crois que l'autre n'est jamais sincère. On a écrit néanmoins tout ce qui peut le plus persuader que la mort n'est point un mal, et les hommes les plus faibles, aussi bien que les héros, ont donné mille exemples célèbres pour établir cette opinion. Cependant je doute que personne de bon sens l'ait jamais cru ; et la peine que l'on prend pour le persuader aux autres et à soi-même fait assez voir que cette entreprise n'est pas aisée. On peut avoir divers sujets de dégoût dans la vie, mais on n'a jamais raison de mépriser la mort. Ceux mêmes qui se la donnent volontairement, ne la comptent pas pour si peu de chose, et ils s'en étonnent, et la rejettent comme les autres, lorsqu'elle vient à eux par une autre voie que celle qu'ils ont choisie. L'inégalité que l'on remarque dans le courage d'un nombre infini de vaillants hommes, vient de ce que la mort se découvre différemment à leur imagination, et y paraît plus présente en un temps qu'en un autre. Ainsi il arrive qu'après avoir méprisé ce qu'ils ne connaissent pas, ils craignent enfin ce qu'ils connaissent. Il faut éviter de l'envisager avec toutes ses circonstances, si on ne veut pas croire qu'elle soit le plus grand de tous les maux. Les plus habiles et les plus braves sont ceux qui prennent de plus honnêtes prétextes pour s'empêcher de la considérer : mais tout homme qui la sait voir telle qu'elle est, prouve que c'est une chose épouvantable. La nécessité de mourir faisait toute la constance des philosophes. Ils croyaient qu'il fallait aller de bonne grâce où l'on ne saurait s'empêcher d'aller ; et, ne pouvant éterniser leur vie, il n'y avait rien qu'ils ne fissent pour éterniser leur réputation et sauver du naufrage ce qui en peut être garanti. Contentons-nous, pour faire bonne mine, de ne nous pas dire à nous-mêmes tout ce que nous en pensons, et espérons plus de notre tempérament que de ces faibles raisonnements qui nous font croire que nous pouvons approcher de la mort avec indifférence. La gloire de mourir avec fermeté, l'espérance d'être regretté, le désir de laisser une belle réputation, l'assurance d'être affranchi des misères de la vie, et de ne dépendre plus des caprices de la fortune, sont des remèdes qu'on ne doit pas rejeter; mais on ne doit pas croire aussi qu'ils soient infaillibles. Ils font pour nous assurer ce qu'une simple haie fait souvent à la guerre, pour assurer ceux qui doivent approcher d'un lieu d'où l'on tire. Quand on en est éloigné, on s'imagine qu'elle peut mettre à couvert; mais quand on en est proche, on trouve que c'est un faible secours. C'est nous flatter, de croire que la mort nous paraisse de près ce que nous en avons jugé de loin, et que nos sentiments, qui ne sont que faiblesse, soient d'une trempe assez forte pour ne point souffrir d'atteinte par la plus rude de toutes les épreuves. C'est aussi mal connaître les effets de l'amour-propre que de penser qu'ils puissent nous aider à compter pour rien ce qui le doit nécessairement détruire; et la raison, dans laquelle on croit trouver tant de ressources, est trop faible en cette rencontre pour nous persuader ce que nous voulons. C'est elle au contraire qui nous trahit le plus souvent, et qui, au lieu de nous inspirer le mépris de la mort, sert à nous découvrir ce qu'elle a d'affreux et de terrible. Tout ce qu'elle peut faire pour nous, est de nous conseiller d'en détourner les yeux pour les arrêter sur d'autres objets. Caton et Brutus en choisirent d'illustres. Un laquais se contenta, il y a quelque temps, de danser sur l'échafaud où il allait être roué. Ainsi, bien que les motifs soient différents, ils produisent les mêmes effets : de sorte qu'il est vrai que, quelque disproportion qu'il y ait entre les grands hommes et les gens du commun, on a vu mille fois les uns et les autres recevoir la mort d'un même visage ; mais ç'a toujours été avec cette différence, que, dans le mépris que les grands hommes font paraître de la mort, c'est l'amour de la gloire qui leur en ôte la vue ; et dans les gens du commun, ce n'est qu'un effet de leur peu de lumières qui les empêche de connaître la grandeur de leur mal, et leur laisse la liberté de penser à autre chose.

PENSÉES

Tirées des premières éditions; supprimées par l'auteur dans les éditions postérieures, et replacées dans l'ordre où elles s'y trouvent (1).

I.

L'amour-propre est l'amour de soi-même et de toutes choses pour soi; il rend les hommes idolâtres d'eux-mêmes, et les rendrait les tyrans des autres si la fortune leur en donnait les moyens. Il ne se repose jamais hors de soi, et ne s'arrête dans les sujets étrangers que comme les abeilles sur les fleurs, pour en tirer ce qui lui est propre. Rien n'est si impétueux que ses désirs, rien de si caché que ses desseins, rien de si habile que ses conduites; ses souplesses ne se peuvent représenter; ses transformations passent celles des métamorphoses, et ses raffinements ceux de la chimie. On ne peut sonder la profondeur ni percer les ténèbres de ses abîmes. Là, il est à couvert des yeux les plus pénétrants; il fait mille insensibles tours et retours. Là, il est souvent invisible à lui-même: il y conçoit, il y nourrit et y élève, sans le savoir, un grand

---

(1) Ces soixante et une pensées ont été supprimées par l'auteur à partir de la seconde édition. Elles n'ont pas seulement un vif intérêt de curiosité littéraire; on y retrouve la pénétration d'esprit du philosophe et le langage élevé et nerveux du grand écrivain.

nombre d'affections et de haines; il en forme de si monstrueuses, que lorsqu'il les a mises au jour, il les méconnaît, ou il ne peut se résoudre à les avouer. De cette nuit qui le couvre, naissent les ridicules persuasions qu'il a de lui-même; de là viennent ses erreurs, ses ignorances, ses grossièretés et ses niaiseries sur son sujet; de là vient qu'il croit que ses sentiments sont morts lorsqu'ils ne sont qu'endormis; qu'il s'imagine n'avoir plus envie de courir dès qu'il se repose, et qu'il pense avoir perdu tous les goûts qu'il a rassasiés. Mais cette obscurité épaisse qui le cache à lui-même n'empêche pas qu'il ne voie parfaitement ce qui est hors de lui; en quoi il est semblable à nos yeux qui découvrent tout, et sont aveugles seulement pour eux-mêmes. En effet, dans ses plus grands intérêts et dans ses plus importantes affaires, où la violence de ses souhaits appelle toute son attention, il voit, il sent, il entend, il imagine, il soupçonne, il pénètre, il devine tout; de sorte qu'on est tenté de croire que chacune de ses passions a une espèce de magie qui lui est propre. Rien n'est si intime et si fort que ses attachements, qu'il essaye de rompre inutilement à la vue des malheurs extrêmes qui le menacent. Cependant il fait quelquefois en peu de temps, et sans aucun effort, ce qu'il n'a pu faire avec tous ceux dont il est capable dans le cours de plusieurs années; d'où l'on pourrait conclure assez vraisemblablement que c'est par lui-même que ses désirs sont allumés, plutôt que par la beauté et par le mérite de ses objets; que son goût est le prix qui les relève et le fard qui les embellit; que c'est après lui-même qu'il court, et qu'il suit son gré lorsqu'il suit les choses qui sont à son gré. Il est tous les contraires: il est impérieux et obéissant, sincère et dissimulé, miséricordieux et cruel, timide et audacieux. Il a de différentes inclinations, selon la diversité des tempéraments qui le tourmentent, et le dévouent tantôt à la gloire, tantôt aux richesses, et tantôt aux plaisirs. Il en change selon le changement de nos âges, de nos fortunes et de nos expériences; mais il lui est indifférent d'en avoir plusieurs, ou de n'en avoir qu'une, parce qu'il se partage en plusieurs, et se ramasse en une quand il le faut, et comme il lui plaît. Il est inconstant; et, outre les changements qui viennent des causes étrangères, il y en a une infinité qui naissent de lui et de son propre fond. Il est inconstant d'inconstance, de légèreté, d'amour, de nouveauté, de lassitude et de dégoût. Il est capricieux, et on le voit quelquefois travailler avec le dernier empressement, et avec des travaux incroyables, à obtenir des choses qui ne lui sont point avantageuses, et qui même lui sont nuisibles, mais qu'il poursuit parce qu'il les veut. Il est bizarre et met souvent toute son application dans les emplois les plus frivoles; il trouve tout son plaisir dans les plus fades, et conserve toute sa fierté dans les plus méprisables. Il est dans tous les états de la vie et dans toutes les conditions; il vit partout, et il vit de tout; il vit de rien; il s'accommode des choses et de leur privation; il passe même dans le parti des gens qui lui font la guerre, il entre dans leurs desseins, et, ce qui est admirable, il se hait lui-même avec eux, il conjure sa perte, il travaille lui-même à sa ruine; enfin, il ne se soucie que d'être, et pourvu qu'il soit, il veut bien être son ennemi. Il ne faut donc pas s'étonner s'il se joint quelquefois à la plus rude austérité, et s'il entre si hardiment en société avec elle pour se détruire, parce que, dans le même temps qu'il se ruine en un endroit, il se rétablit en un autre. Quand on pense qu'il quitte son plaisir, il ne fait que le suspendre ou le changer, et lors même qu'il est vaincu, et qu'on croit en être défait, on le retrouve qui triomphe dans sa propre défaite. Voilà la peinture de l'amour-propre, dont toute la vie n'est qu'une grande et longue agitation. La mer en est une image sensible; et l'amour-propre trouve dans le flux et le reflux de ses vagues continuelles une fidèle expression de la succession turbulente de ses pensées et de ses éternels mouvements. (1665, N. 1.)

II.

La modération dans la bonne fortune n'est que l'appréhension de la honte qui suit l'emportement, ou la peur de perdre ce que l'on a. (1665, N. 18)

III.

Tout le monde trouve à redire en autrui ce qu'on trouve à redire en lui. (1665, N. 33.)

IV.

L'orgueil, comme lassé de ses artifices et de ses différentes métamorphoses, après avoir joué tout seul les personnages de la comédie humaine, se montre avec un visage naturel, et se découvre par la fierté; de sorte qu'à proprement parler, la fierté est l'éclat et la déclaration de l'orgueil. (1665, N. 37.)

V.

C'est une espèce de bonheur de connaître jusqu'à quel point on doit être malheureux. (1665, N. 53.)

VI.

Quand on ne trouve pas son repos en soi-même, il est inutile de le chercher ailleurs. (1665, N. 55.)

VII.

Il faudrait pouvoir répondre de sa fortune, pour pouvoir répondre de ce que l'on fera. (1665, N. 70.)

VIII.

Le premier mouvement de joie que nous avons du bonheur de nos amis ne vient ni de la bonté de notre naturel, ni de l'amitié que nous avons pour eux : c'est un effet de l'amour-propre qui nous flatte de l'espérance d'être heureux à notre tour, ou de retirer quelque utilité de leur bonne fortune. (1665, N. 97.)

IX.

Dans l'adversité de nos meilleurs amis, nous trouvons toujours quelque chose qui ne nous déplaît pas. (1665, N. 99.)

X.

Comment prétendons-nous qu'un autre garde notre secret, si nous n'avons pas pu le garder nous-même? (1665, N. 100.)

XI.

Comme si ce n'était pas assez à l'amour-propre d'avoir la vertu de se transformer lui-même, il a encore celle de transformer les objets; ce qu'il fait d'une manière fort étonnante : car non-seulement il les déguise si bien qu'il y est lui-même trompé, mais il change aussi l'état et la nature des choses. En effet, lorsqu'une personne nous est contraire, et qu'elle tourne sa haine et sa persécution contre nous, c'est avec toute la sévérité de la justice que l'amour-propre juge de ses actions : il donne à ses défauts une étendue qui les rend énormes, et il met ses bonnes qualités dans un jour si désavantageux qu'elles deviennent plus dégoûtantes que ses défauts. Cependant, dès que cette même personne nous devient favorable, ou que quelqu'un de nos intérêts la réconcilie avec nous, notre seule satisfaction rend aussitôt à son mérite le lustre que notre aversion venait de lui ôter. Les mauvaises qualités s'effacent, et les bonnes paraissent avec plus d'avantage qu'auparavant ; nous rappelons même toute notre indulgence pour la forcer à justifier la guerre qu'elle nous a faite. (1665, N. 101.)

XII.

Il n'y en a point qui pressent tant les autres que les paresseux, lorsqu'ils ont satisfait à leur paresse, afin de paraître diligents. (1665, N. 91.)

XIII.

L'aveuglement des hommes est le plus dangereux effet de leur orgueil : il sert à le nourrir et à l'augmenter, et nous ôte la connaissance des remèdes qui pourraient soulager nos misères et nous guérir de nos défauts. (1665, N. 102.)

XIV.

On n'a plus de raison, quand on n'espère plus d'en trouver aux autres. (1665, N. 103.)

XV.

Les philosophes, et Sénèque surtout, n'ont point ôté les crimes par leurs préceptes, ils n'ont fait que les employer au bâtiment de l'orgueil. (1665, N. 105.)

XVI.

C'est une preuve de peu d'amitié de ne s'apercevoir

pas du refroidissement de celle de nos amis (1665, N. 97.)

XVII.

Les plus sages le sont dans les choses indifférentes, mais ils ne le sont jamais dans leurs plus sérieuses affaires. (1665, N. 132.)

XVIII.

La plus subtile folie se fait de la plus subtile sagesse. (1665, N. 134.)

XIX.

On n'oublie jamais mieux les choses que quand on s'est lassé d'en parler. (1665. N. 144.)

XX.

La louange qu'on nous donne sert au moins à nous fixer dans la pratique des vertus. (1665, N. 155.)

XXI.

L'amour-propre empêche bien que celui qui nous flatte ne soit jamais celui qui nous flatte le plus. (1665, N. 157.)

XXII.

On ne blâme le vice et on ne loue la vertu que par intérêt. (1665, N. 151.)

XXIII.

On ne fait point de distinction dans les espèces de colère, bien qu'il y en ait une légère et quasi innocente, qui vient de l'ardeur de la complexion, et une autre très-criminelle, qui est à proprement parler la fureur de l'orgueil. (1665, N. 159).

XXIV.

Les grandes âmes ne sont pas celles qui ont moins de passions et plus de vertus que les âmes communes, mais celles seulement qui ont de plus grands desseins. (1665, N. 161).

XXV.

Les rois font des hommes comme des pièces de monnaie : ils les font valoir ce qu'ils veulent, et l'on est forcé de les recevoir selon leur cours, et non pas selon leur véritable prix. (1665, N. 165).

XXVI.

La férocité naturelle fait moins de cruels que l'amour-propre. (1665, N. 174.)

XXVII.

Il y a des crimes qui deviennent innocents et même glorieux par leur éclat, leur nombre et leur excès ; de là vient que les voleries publiques sont des habiletés, et que prendre des provinces injustement s'appelle faire des conquêtes. (1665, N. 192).

XXVIII.

On ne trouve point dans l'homme le bien ni le mal dans l'excès. (1665, N. 201).

XXIX.

Ceux qui sont incapables de commettre de grands crimes n'en soupçonnent pas facilement les autres. (1665, N. 208).

XXX.

La pompe des enterrements regarde plus la vanité des vivants que l'honneur des morts. (1665, N. 213).

XXXI.

Quelque incertitude et quelque variété qui paraissent dans le monde, on y remarque néanmoins un certain enchaînement secret, et un ordre réglé de tout temps par la Providence, qui fait que chaque chose marche en son rang et suit le cours de sa destinée. (1665, N. 225).

XXXII.

L'intrépidité doit soutenir le cœur dans les conjurations, au lieu que la seule valeur lui fournit toute la fermeté qui lui est nécessaire dans les périls de la guerre. (1665, N. 231.)

XXXIII.

Ceux qui voudraient définir la victoire par sa naissance seraient tentés, comme les poètes, de l'appeler la fille du ciel, puisqu'on ne trouve point son origine sur la terre. En effet, elle est produite par une infinité d'actions qui, au lieu de l'avoir pour but, regardent seulement les intérêts particuliers de ceux qui les font, puisque tous ceux qui composent une armée, allant à leur propre gloire et à leur élévation, procurent un bien si grand et si général. (1665, N. 232.)

XXXIV.

On ne peut répondre de son courage quand on n'a jamais été dans le péril. (1665, N. 236.)

XXXV.

On donne plus souvent des bornes à sa reconnaissance qu'à ses désirs et à ses espérances. (1665, N. 241.)

XXXVI.

L'imitation est toujours malheureuse, et tout ce qui est contrefait déplaît avec les mêmes choses qui charment lorsqu'elles sont naturelles. (1665, N. 245.)

XXXVII.

Nous ne regrettons pas la perte de nos amis selon leur mérite, mais selon nos besoins, et selon l'opinion que nous croyons leur avoir donnée de ce que nous valons. (1665, N. 248.)

XXXVIII.

Il est bien malaisé de distinguer la bonté générale et répandue sur tout le monde, de la grande habileté. (1665, N. 252.)

XXXIX.

Pour pouvoir être toujours bon, il faut que les autres croient qu'ils ne peuvent jamais nous être impunément méchants. (1665, N. 254.)

XL.

La confiance de plaire est souvent un moyen de déplaire infailliblement. (1665, N. 256.)

XLI.

La confiance que l'on a en soi fait naître la plus grande partie de celle que l'on a aux autres. (1665, N. 258.)

XLII.

Il y a une révolution générale qui change le goût des esprits, aussi bien que les fortunes du monde. (1665, N. 259.)

XLIII.

La vérité est le fondement et la raison de la perfection et de la beauté; une chose, de quelque nature qu'elle soit, ne saurait être belle et parfaite, si elle n'est véritablement tout ce qu'elle doit être, et si elle n'a tout ce qu'elle doit avoir. (1665, N. 260.)

XLIV.

Il y a de belles choses qui ont plus d'éclat quand elles demeurent imparfaites que quand elles sont trop achevées. (1665, N. 262.)

XLV.

La magnanimité est un noble effort de l'orgueil, par lequel il rend l'homme maître de lui-même, pour le rendre maître de toutes choses. (1665, N. 271.)

XLVI.

Le luxe et la trop grande politesse dans les États sont le présage assuré de leur décadence, parce que, tous les particuliers s'attachant à leurs intérêts propres, ils se détournent du bien public. (1665, N. 282.)

XLVII.

De toutes les passions, celle qui est la plus inconnue à nous-mêmes, c'est la paresse; elle est la plus ardente et la plus maligne de toutes, quoique sa violence soit insensible, et que les dommages qu'elle cause soient très-cachés. Si nous considérons attentivement son pouvoir, nous verrons qu'elle se rend en toutes rencontres maîtresse de nos sentiments, de nos intérêts et de nos plaisirs : c'est la rémore qui a la force d'arrêter les plus grands vaisseaux ; c'est une bonace plus dangereuse aux plus importantes affaires que les écueils et que les plus grandes tempêtes. Le repos de la paresse est un charme secret de l'âme qui suspend soudainement les plus ardentes poursuites et les plus opiniâtres résolutions. Pour donner enfin la véritable idée de cette passion, il faut dire que la paresse est comme une béatitude de l'âme qui la console de toutes ses pertes, et qui lui tient lieu de tous les biens. (1665, N. 290.)

XLVIII.

On aime bien à deviner les autres, mais on n'aime pas à être deviné. (1665, N. 296.)

XLIX.

C'est une ennuyeuse maladie que de conserver sa santé par un trop grand régime. (1665, N. 298.)

L.

La plus juste comparaison qu'on puisse faire de l'amour, c'est celle de la fièvre; nous n'avons non plus de pouvoir sur l'un que sur l'autre, soit pour sa violence ou pour sa durée. (1665, N. 305.)

LI.

La plus grande habileté des moins habiles est de

savoir se soumettre à la bonne conduite d'autrui. (1665, N. 309.)

LII.

On doit se consoler de ses fautes, quand on a la force de les avouer. (1665, N. 375.)

FIN DU SUPPLÉMENT.

RÉFLEXIONS DIVERSES [1]

I.

DE LA CONFIANCE.

Bien que la sincérité et la confiance aient du rapport, elles sont néanmoins différentes en plusieurs choses.

La sincérité est une ouverture de cœur qui nous montre tels que nous sommes ; c'est un amour de la vérité, une répugnance à se déguiser, un désir de se dédommager de ses défauts, et de les diminuer même par le mérite de les avouer.

La confiance ne nous laisse pas tant de liberté : ses règles sont plus étroites ; elle demande plus de prudence et de retenue, et nous ne sommes pas toujours libres d'en disposer. Il ne s'agit pas de nous uniquement, et nos intérêts sont mêlés d'ordinaire avec les intérêts des autres ; elle a besoin d'une grande justesse

---

[1] Bien que ces Réflexions n'aient pas été publiées du vivant de l'auteur, nous les joignons ici, parce qu'elles ont presque toujours été imprimées à la suite des *Réflexions morales*, dans les meilleures éditions.

pour ne pas livrer nos amis en nous livrant nous-mêmes, et pour ne pas faire des présents de leur bien, dans la vue d'augmenter le prix de ce que nous donnons.

La confiance plaît toujours à celui qui la reçoit : c'est un tribut que nous payons à son mérite ; c'est un dépôt que l'on commet à sa foi ; ce sont des gages qui lui donnent un droit sur nous et une sorte de dépendance où nous nous assujettissons volontairement.

Je ne prétends pas détruire, par ce que je dis, la confiance si nécessaire entre les hommes, puisqu'elle est le lien de la société et de l'amitié ; je prétends seulement y mettre des bornes, et la rendre honnête et fidèle. Je veux qu'elle soit toujours prudente et qu'elle n'ait ni faiblesse ni intérêt. Je sais bien qu'il est malaisé de donner de justes limites à la manière de recevoir toute sorte de confiance de nos amis, et de leur faire part de la nôtre.

On se confie le plus souvent par vanité, par envie de parler, par le désir de s'attirer la confiance des autres, et pour faire échange de secrets.

Il y a des personnes qui peuvent avoir raison de se fier en nous, vers qui nous n'aurions pas raison d'avoir la même conduite ; et on s'acquitte avec ceux-ci en leur gardant le secret, et en les payant de légères confidences.

Il y en a d'autres dont la fidélité nous est connue, qui ne ménagent rien avec nous, et à qui on peut se confier par choix et par estime. On doit ne leur rien cacher de ce qui ne regarde que nous ; se montrer à eux toujours vrais dans nos bonnes qualités et dans nos défauts mêmes, sans exagérer les unes et sans diminuer les autres ; se faire une loi de ne leur faire jamais des demi-confidences : elles embarrassent toujours ceux qui les font, et ne contentent jamais ceux qui les reçoivent. On leur donne des lumières confuses de ce qu'on veut cacher, on augmente leur curiosité, on les met en droit de vouloir en savoir davantage, et ils se croient en liberté de disposer de ce qu'ils ont pénétré. Il est plus sûr et plus honnête de ne leur rien dire, que de se taire quand on a commencé à parler. Il y a d'autres règles à suivre pour les choses qui nous ont été confiées : plus elles sont importantes, plus la prudence et la fidélité y sont nécessaires.

Tout le monde convient que le secret doit être inviolable ; mais on ne convient pas toujours de la nature et de l'importance du secret. Nous ne consultons le plus souvent que nous-même sur ce que nous devons dire, et sur ce que nous devons taire. Il y a peu de secrets de tous les temps, et le scrupule de le révéler ne dure pas toujours.

On a des liaisons étroites avec des amis dont on connaît la fidélité ; ils nous ont toujours parlé sans réserve, et nous avons toujours gardé les mêmes mesures avec eux. Ils savent nos habitudes et nos commerces, et ils nous voient de trop près pour ne pas s'apercevoir du moindre changement. Ils peuvent savoir par ailleurs ce que nous nous sommes engagés de ne dire jamais à personne. Il n'a pas été en notre pouvoir de les faire entrer dans ce qu'on nous a confié, ils ont peut-être même quelque intérêt de le savoir ; on est assuré d'eux comme de soi, et on se voit réduit à la cruelle nécessité de perdre leur amitié, qui nous est précieuse, ou de manquer à la foi du secret. Cet état est sans doute la plus rude épreuve de la fidélité, mais il ne doit pas ébranler un honnête homme : c'est alors qu'il lui est permis de se préférer aux autres. Son premier devoir est de conserver indispensablement ce dépôt en son entier. Il doit non-seulement ménager ses paroles et ses tons, il doit encore ménager ses conjectures, et ne laisser rien voir dans ses discours ni dans son air qui puisse tourner l'esprit des autres vers ce qu'il ne veut pas dire.

On a souvent besoin de force et de prudence pour les opposer à la tyrannie de la plupart de nos amis, qui se font un droit sur notre confiance, et qui veulent tout savoir de nous : on ne doit jamais leur laisser établir ce droit sans exception. Il y a des rencontres et des circonstances qui ne sont pas de leur juridiction ; s'ils s'en plaignent, on doit souffrir leurs plaintes, et s'en justifier avec douceur ; mais s'ils demeurent injustes, on doit sacrifier leur amitié à son devoir, et choisir entre deux maux inévitables, dont l'un se peut réparer et l'autre est sans remède.

II.

DE LA DIFFÉRENCE DES ESPRITS.

Bien que toutes les qualités de l'esprit se puissent rencontrer dans un grand génie, il y en a néanmoins qui lui sont propres et particulières : ses lumières n'ont point de bornes; il agit toujours également et avec la même activité; il discerne les objets éloignés comme s'ils étaient présents; il comprend, il imagine les plus grandes choses; il voit et connaît les plus petites; ses pensées sont relevées, étendues, justes et intelligibles; rien n'échappe à sa pénétration, et elle lui fait souvent découvrir la vérité au travers des obscurités qui la cachent aux autres.

Un bel esprit pense toujours noblement; il produit avec facilité des choses claires, agréables et naturelles; il les fait voir dans leur plus beau jour, et il les pare de tous les ornements qui leur conviennent; il entre dans le goût des autres, et retranche de ses pensées ce qui est inutile, ou ce qui peut déplaire.

Un esprit adroit, facile, insinuant, sait éviter et surmonter les difficultés. Il se plie aisément à ce qu'il veut; il sait connaître l'esprit et l'humeur de ceux avec qui il traite; et, en ménageant leurs intérêts, il avance et il établit les siens.

Un bon esprit voit toutes choses comme elles doivent être vues; il leur donne le prix qu'elles méritent; il les fait tourner du côté qui lui est le plus avantageux, et il s'attache avec fermeté à ses pensées, parce qu'il en connaît toute la force et toute la raison.

Il y a de la différence entre un esprit utile et un esprit d'affaires ; on peut entendre les affaires, sans s'appliquer à son intérêt particulier : il y a des gens habiles dans tout ce qui ne les regarde pas, et très-malhabiles dans tout ce qui les regarde ; et il y en a d'autres au contraire qui ont une habileté bornée à ce qui les touche, et qui savent trouver leur avantage en toutes choses.

On peut avoir tout ensemble un air sérieux dans l'esprit, et dire souvent des choses agréables et enjouées. Cette sorte d'esprit convient à toutes personnes et à tous les âges de la vie. Les jeunes gens ont d'ordinaire l'esprit enjoué et moqueur, sans l'avoir sérieux ; et c'est ce qui les rend souvent incommodes.

Rien n'est plus aisé à soutenir que le dessein d'être toujours plaisant ; et les applaudissements qu'on reçoit quelquefois, en divertissant les autres, ne valent pas que l'on s'expose à la honte de les ennuyer souvent, quand ils sont de méchante humeur.

La moquerie est une des plus agréables et des plus dangereuses qualités de l'esprit. Elle plaît toujours quand elle est délicate, mais on craint aussi toujours ceux qui s'en servent trop souvent. La moquerie peut néanmoins être permise quand elle n'est mêlée d'aucune malignité, et quand on y fait entrer les personnes mêmes dont on parle.

Il est malaisé d'avoir un esprit de raillerie sans affecter d'être plaisant, ou sans aimer à se moquer : il faut une grande justesse pour railler longtemps sans tomber dans l'une ou l'autre de ces extrémités.

La raillerie est un air de gaieté qui remplit l'imagination, et qui lui fait voir en ridicule les objets qui se présentent : l'humeur y mêle plus ou moins de douceur ou d'âpreté.

Il y a une manière de railler, délicate et flatteuse, qui touche seulement les défauts que les personnes dont on parle veulent bien avouer, qui sait déguiser les louanges qu'on leur donne sous des apparences de blâme, et qui découvre ce qu'elles ont d'aimable, en feignant de le vouloir cacher.

Un esprit fin et un esprit de finesse sont très-différents. Le premier plaît toujours : il est délié, il pense des choses délicates, et voit les plus imperceptibles. Un esprit de finesse ne va jamais droit : il cherche des biais et des détours pour faire réussir ses desseins. Cette conduite est bientôt découverte ; elle se fait toujours craindre, et ne mène presque jamais aux grandes choses.

Il y a quelque différence entre un esprit de feu et un esprit brillant : un esprit de feu va plus loin et avec plus de rapidité ; un esprit brillant a de la vivacité, de l'agrément et de la justesse.

La douceur de l'esprit est un air facile et accommodant, et qui plaît toujours quand il n'est point fade.

Un esprit de détail s'applique avec de l'ordre et de

la règle à toutes les particularités des sujets qu'on lui présente. Cette application le renferme d'ordinaire à de petites choses ; elle n'est pas néanmoins toujours incompatible avec de grandes vues, et quand ces deux qualités se trouvent ensemble dans un même esprit, elles l'élèvent infiniment au-dessus des autres.

On a abusé du terme de *bel esprit*; et bien que tout ce qu'on vient de dire des différentes qualités de l'esprit puisse convenir à un bel esprit, néanmoins, comme ce titre a été donné à un nombre infini de mauvais poètes et d'auteurs ennuyeux, on s'en sert plus souvent pour tourner les gens en ridicule que pour les louer.

Bien qu'il y ait plusieurs épithètes pour l'esprit, qui paraissent une même chose, le ton et la manière de les prononcer y mettent de la différence ; mais comme les tons et les manières ne se peuvent écrire, je n'entrerai point dans un détail qu'il serait impossible de bien expliquer. L'usage ordinaire le fait assez entendre, et en disant qu'un homme a de l'esprit, qu'il a beaucoup d'esprit, et qu'il a un bon esprit, il n'y a que les tons et les manières qui puissent mettre la différence entre ces expressions, qui paraissent semblables sur le papier et qui expriment néanmoins différentes sortes d'esprit.

On dit encore qu'un homme n'a qu'une sorte d'esprit, qu'il a de plusieurs sortes d'esprit, et qu'il a toutes sortes d'esprit.

On peut être sot avec beaucoup d'esprit, et on peut n'être pas sot avec peu d'esprit.

Avoir beaucoup d'esprit est un terme équivoque. Il peut comprendre toutes les sortes d'esprit dont on vient de parler, mais il peut aussi n'en marquer aucune distinctement. On peut quelquefois faire paraître de l'esprit dans ce qu'on dit, sans en avoir dans sa conduite. On peut avoir de l'esprit, et l'avoir borné. Un esprit peut être propre à de certaines choses, et ne l'être pas à d'autres : on peut avoir beaucoup d'esprit, et n'être propre à rien ; et avec beaucoup d'esprit on est souvent fort incommode. Il semble néanmoins que le plus grand mérite de cette sorte d'esprit est de plaire quelquefois dans la conversation.

Bien que les productions d'esprit soient infinies, on peut, ce me semble, les distinguer de cette sorte :

Il y a des choses si belles, que tout le monde est capable d'en voir et d'en sentir la beauté.

Il y en a qui ont de la beauté, et qui ennuient.

Il y en a qui sont belles, et que tout le monde sent, bien que tous n'en sachent pas la raison.

Il y en a qui sont si fines et si délicates, que peu de gens sont capables d'en remarquer toutes les beautés.

Il y en a d'autres qui ne sont pas parfaites, mais qui sont dites avec tant d'art, et qui sont soutenues et conduites avec tant de raison et tant de grâce, qu'elles méritent d'être admirées.

III.

DES GOUTS.

Il y a des personnes qui ont plus d'esprit que de goût, et d'autres qui ont plus de goût que d'esprit. Il y a plus de variété et de caprice dans le goût que dans l'esprit.

Ce terme de *goût* a diverses significations, et il est aisé de s'y méprendre. Il y a différence entre le goût qui nous porte vers les choses, et le goût qui nous en fait connaître et discerner les qualités en nous attachant aux règles.

On peut aimer la comédie sans avoir le goût assez fin et assez délicat pour en bien juger; et on peut avoir le goût assez bon pour bien juger de la comédie sans l'aimer. Il y a des goûts qui nous approchent imperceptiblement de ce qui se montre à nous, et d'autres nous entraînent par leur force ou par leur durée.

Il y a des gens qui ont le goût faux en tout, d'autres ne l'ont faux qu'en de certaines choses, et ils l'ont droit et juste dans tout ce qui est de leur portée. D'autres ont des goûts particuliers, qu'ils connaissent mauvais, et ne laissent pas de les suivre. Il y en a qui ont le goût incertain; le hasard en décide : ils changent par légèreté, et sont touchés de plaisir ou d'ennui sur la parole de leurs amis. D'autres sont toujours prévenus; ils sont esclaves de tous leurs goûts, et les respectent en toutes choses. Il y en a qui sont sensibles à ce qui est bon, et choqués de ce qui ne l'est pas; leurs vues sont nettes et justes, et ils trouvent la raison de leur goût dans leur esprit et dans leur discernement.

Il y en a qui, par une sorte d'instinct dont ils ignorent la cause, décident de ce qui se présente à eux, et prennent toujours le bon parti. Ceux-ci font paraître plus de goût que d'esprit, parce que leur amour-propre et leur humeur ne prévalent point sur leurs lumières naturelles. Tout agit de concert en eux, tout y est sur un même ton. Cet accord les fait juger sainement des objets, et leur en forme une idée véritable; mais, à parler généralement, il y a peu de gens qui aient le goût fixe et indépendant de celui des autres : ils suivent l'exemple et la coutume, et ils en empruntent presque tout ce qu'ils ont de goût.

Dans toutes ces différences de goûts qu'on vient de marquer, il est très-rare et presque impossible de rencontrer cette sorte de bon goût qui sait donner le prix à chaque chose, qui en connaît toute la valeur, et qui se porte généralement sur tout. Nos connaissances sont trop bornées, et cette juste disposition de qualités qui font bien juger, ne se maintient d'ordinaire que sur ce qui ne nous regarde pas directement.

Quand il s'agit de nous, notre goût n'a plus cette justesse si nécessaire : la préoccupation la trouble; tout ce qui a du rapport à nous paraît sous une autre figure. Personne ne voit des mêmes yeux ce qui le touche et ce qui ne le touche pas. Notre goût n'est conduit alors que par la pente de l'amour-propre et de l'humeur, qui nous fournissent des vues nouvelles, et nous assujettissent à un nombre infini de changements et d'incertitudes. Notre goût n'est plus à nous, nous n'en disposons plus. Il change sans notre consentement, et les mêmes objets nous paraissent par tant de côtés différents, que nous méconnaissons enfin ce que nous avons vu et ce que nous avons senti.

IV.

DE LA SOCIÉTÉ.

Mon dessein n'est pas de parler de l'amitié en parlant de la société; bien qu'elles aient quelque rapport, elles sont néanmoins très-différentes : la première a plus d'élévation et d'humilité, et le plus grand mérite de l'autre est de lui ressembler.

Je ne parlerai donc présentement que du commerce particulier que les honnêtes gens doivent avoir ensemble. Il serait inutile de dire combien la société est nécessaire aux hommes; tous la désirent, et tous la cherchent, mais peu se servent des moyens de la rendre agréable et de la faire durer.

Chacun veut trouver son plaisir et ses avantages aux dépens des autres. On se préfère toujours à ceux avec qui on se propose de vivre, et on leur fait presque toujours sentir cette préférence ; c'est ce qui trouble et ce qui détruit la société. Il faudrait du moins savoir cacher ce désir de préférence, puisqu'il est trop naturel en nous pour nous en pouvoir défaire. Il faudrait faire son plaisir de celui des autres, ménager leur amour-propre, et ne le blesser jamais.

L'esprit a beaucoup de part à un si grand ouvrage ; mais il ne suffit pas seul pour nous conduire dans les divers chemins qu'il faut tenir. Le rapport qui se rencontre entre les esprits ne maintiendrait pas longtemps la société, si elle n'était réglée et soutenue par le bon sens, par l'humeur, et par les égards qui doivent être entre les personnes qui veulent vivre ensemble.

S'il arrive quelquefois que des gens opposés d'humeur et d'esprit paraissent unis, ils tiennent sans doute par des raisons étrangères qui ne durent pas longtemps. On peut être aussi en société avec des personnes sur qui nous avons de la supériorité par la naissance, ou par des qualités personnelles ; mais ceux qui ont cet avantage n'en doivent pas abuser : ils doivent rarement le faire sentir, et ne s'en servir que pour instruire les autres. Ils doivent leur faire apercevoir qu'ils ont besoin d'être conduits, et les mener par la raison, en s'accommodant, autant qu'il est possible, à leurs sentiments et à leurs intérêts.

Pour rendre la société commode, il faut que chacun conserve sa liberté. Il ne faut point se voir, ou se voir sans sujétion, et pour se divertir ensemble. Il faut pouvoir se séparer sans que cette séparation apporte de changement. Il faut se pouvoir passer les uns des autres, si on ne veut pas s'exposer à embarrasser quelquefois ; et on doit se souvenir qu'on incommode souvent quand on croit ne pouvoir jamais incommoder. Il faut contribuer autant qu'on le peut au divertissement des personnes avec qui on veut vivre ; mais il ne faut pas être toujours chargé du soin d'y contribuer.

La complaisance est nécessaire dans la société, mais elle doit avoir des bornes : elle devient une servitude quand elle est excessive. Il faut du moins qu'elle paraisse libre, et qu'en suivant le sentiment de nos amis, ils soient persuadés que c'est le nôtre aussi que nous suivons.

Il faut être facile à excuser nos amis, quand leurs défauts sont nés avec eux, et qu'ils sont moindres que leurs bonnes qualités. Il faut souvent éviter de leur faire voir qu'on les ait remarqués, et qu'on en soit choqué. On doit essayer de faire en sorte qu'ils puissent s'en apercevoir eux-mêmes, pour leur laisser le mérite de s'en corriger.

Il y a une sorte de politesse qui est nécessaire dans le commerce des honnêtes gens : elle leur fait entendre raillerie, et elle les empêche d'être choqués, et de choquer les autres par de certaines façons de parler trop sèches et trop dures, qui échappent souvent sans y penser, quand on soutient son opinion avec chaleur.

Le commerce des honnêtes gens ne peut subsister sans une certaine sorte de confiance ; elle doit être commune entre eux ; il faut que chacun ait un air de sûreté et de discrétion qui ne donne jamais lieu de craindre qu'on puisse rien dire par imprudence.

Il faut de la variété dans l'esprit ; ceux qui n'ont que d'une sorte d'esprit ne peuvent pas plaire longtemps : on peut prendre des routes diverses, n'avoir pas les mêmes talents, pourvu qu'on aide au plaisir de la société, et qu'on y observe la même justesse que les différentes voix et les divers instruments doivent observer dans la musique.

Comme il est malaisé que plusieurs personnes puissent avoir les mêmes intérêts, il est nécessaire, au moins pour la douceur de la société, qu'ils n'en aient pas de contraires.

On doit aller au devant de ce qui peut plaire à ses amis, chercher les moyens de leur être utile, leur épargner des chagrins, leur faire voir qu'on les partage avec eux quand on ne peut les détourner, les effacer insensiblement sans prétendre de les arracher tout d'un coup, et mettre à la place des objets agréables, ou du moins qui les occupent. On peut leur parler de choses qui les regardent, mais ce n'est qu'autant qu'ils le permettent, et on y doit garder beaucoup de mesure. Il y a de la politesse, et quelquefois même de l'humanité, à ne pas entrer trop avant dans les replis de leur cœur ; ils ont souvent de la peine à laisser voir tout ce qu'ils en connaissent, et ils en ont encore davantage quand on pénètre ce qu'ils ne connaissent pas bien : que le commerce que les honnêtes gens ont ensemble leur donne de la familiarité, et leur fournisse un nombre infini de sujets de se parler sincèrement.

Personne presque n'a assez de docilité et de bon sens pour bien recevoir plusieurs avis qui sont nécessaires pour maintenir la société. On veut être averti jusqu'à un certain point, mais on ne veut pas l'être en toutes choses, et on craint de savoir toutes sortes de vérités.

Comme on doit garder des distances pour voir les objets, il en faut garder aussi pour la société; chacun a son point de vue d'où il veut être regardé. On a raison le plus souvent de ne vouloir pas être éclairé de trop près ; et il n'y a presque point d'homme qui veuille en toutes choses se laisser voir tel qu'il est.

V.

DE LA CONVERSATION.

Ce qui fait que peu de personnes sont agréables dans la conversation, c'est que chacun songe plus à ce qu'il a dessein de dire qu'à ce que les autres disent, et que l'on n'écoute guère quand on a bien envie de parler.

Néanmoins il est nécessaire d'écouter ceux qui parlent. Il faut leur donner le temps de se faire entendre, et souffrir même qu'ils disent des choses inutiles. Bien loin de les contredire et de les interrompre, on doit au contraire entrer dans leur esprit et dans leur goût, montrer qu'on les entend, louer ce qu'ils disent autant qu'il mérite d'être loué, et faire voir que c'est plutôt par choix qu'on les loue que par complaisance.

Pour plaire aux autres, il faut parler de ce qu'ils aiment et de ce qui les touche, éviter les disputes sur des choses indifférentes, leur faire rarement des questions, et ne leur laisser jamais croire qu'on prétend avoir plus de raison qu'eux.

On doit dire les choses d'un air plus ou moins sérieux, et sur des sujets plus ou moins relevés, selon l'humeur et la capacité des personnes que l'on entretient, et leur céder aisément l'avantage de décider, sans les obliger de répondre, quand ils n'ont pas envie de parler.

Après avoir satisfait de cette sorte aux devoirs de la politesse, on peut dire ses sentiments, en montrant qu'on cherche à les appuyer de l'avis de ceux qui écoutent, sans marquer de présomption ni d'opiniâtreté.

Évitons surtout de parler souvent de nous-même, et de nous donner pour exemple. Rien n'est plus désagréable qu'un homme qui se cite lui-même à tout propos.

On ne peut aussi apporter trop d'application à connaître la pente et la portée de ceux à qui l'on parle, pour se joindre à l'esprit de celui qui en a le plus, sans blesser l'inclination ou l'intérêt des autres par cette préférence.

Alors on doit faire valoir toutes les raisons qu'il a dites, ajoutant modestement nos propres pensées aux siennes, et lui faisant croire autant qu'il est possible que c'est de lui qu'on les prend.

Il ne faut jamais rien dire avec un air d'autorité, ni montrer aucune supériorité d'esprit. Fuyons les expressions trop recherchées, les termes durs ou forcés, et ne nous servons point de paroles plus grandes que les choses.

Il n'est pas défendu de conserver ses opinions, si elles sont raisonnables. Mais il faut se rendre à la raison aussitôt qu'elle paraît, de quelque part qu'elle vienne ; elle seule doit régner sur nos sentiments : mais suivons-la sans heurter les sentiments des autres, et sans faire paraître du mépris de ce qu'ils ont dit.

Il est dangereux de vouloir être toujours le maître de la conversation et de pousser trop loin une bonne raison quand on l'a trouvée. L'honnêteté veut que l'on cache quelquefois la moitié de son esprit, et qu'on ménage un opiniâtre qui se détend mal, pour lui épargner la honte de céder.

On déplaît sûrement quand on parle trop longtemps et trop souvent d'une même chose, et que l'on cherche à détourner la conversation sur des sujets dont on se croit plus instruit que les autres. Il faut entrer indifféremment sur tout ce qui leur est agréable, s'y arrêter autant qu'ils le veulent, et s'éloigner de tout ce qui ne leur convient pas.

Toute sorte de conversation, quelque spirituelle qu'elle soit, n'est pas également propre à toutes sortes de gens d'esprit. Il faut choisir ce qui est de leur goût, et ce qui est convenable à leur condition, à leur sexe, à leurs talents, et choisir même le temps de le dire.

Observons le lieu, l'occasion, l'humeur où se trouvent les personnes qui nous écoutent : car s'il y a beaucoup d'art à savoir parler à propos, il n'y en a pas moins à savoir se taire. Il y a un silence éloquent qui sert à approuver et à condamner, il y a un silence de discrétion et de respect. Il y a enfin des tons, des airs et des manières qui font tout ce qu'il y a d'agréable ou de désagréable, de délicat ou de choquant dans la conversation.

Mais le secret de s'en bien servir est donné à peu de personnes. Ceux-mêmes qui en font des règles s'y méprennent souvent, et la plus sûre qu'on en puisse donner, c'est : Écouter beaucoup, parler peu, et ne rien dire dont on puisse avoir sujet de se repentir.

Nous donnons ici une variante de ce chapitre, tirée de l'édition Fortia :

« Ce qui fait que si peu de personnes sont agréables dans la conversation, c'est que chacun songe plus à ce qu'il veut dire qu'à ce que les autres disent. Il faut écouter ceux qui parlent si on veut être écouté ; il faut leur laisser la liberté de se faire entendre, et même de dire des choses inutiles. Au lieu de les contraindre et de les interrompre, comme on fait souvent, on doit, au contraire, entrer dans leur esprit et dans leur goût, montrer qu'on les entend, leur parler de ce qui les touche, louer ce qu'ils disent, autant qu'il mérite d'être loué, et faire voir que c'est plus par choix qu'on les loue que par complaisance.

« Il faut éviter de contester sur des choses indifférentes, faire rarement des questions inutiles, ne laisser jamais croire qu'on prétend avoir plus de raison que les autres, et céder aisément l'avantage de décider.

« On doit dire des choses naturelles, faciles et plus ou moins sérieuses, selon l'humeur ou l'inclination des personnes que l'on entretient; ne les presser pas d'approuver ce qu'on dit, ni même d'y répondre.

« Quand on a satisfait de cette sorte aux devoirs de la politesse, on peut dire ses sentiments sans prévention et sans opiniâtreté, en faisant paraître qu'on cherche à les appuyer de l'avis de ceux qui écoutent.

« Il faut éviter de parler longtemps de soi-même, et de se donner souvent pour exemple. On ne saurait avoir trop d'application à connaître la pente et la pensée de ceux à qui on parle, pour se joindre à l'esprit de celui qui en a le plus, et pour ajouter ses pensées aux siennes, en lui faisant croire, autant qu'il est possible, que c'est de lui qu'on les prend.

« Il y a de l'habileté à n'épuiser pas les sujets qu'on traite, et à laisser toujours aux autres quelque chose à penser et à dire.

« On ne doit jamais parler avec des airs d'autorité, ni se servir de paroles ni de termes plus grands que les choses. On peut conserver ses opinions si elles sont raisonnables; mais, en les conservant, il ne faut jamais blesser les sentiments des autres, ni paraître choqué de ce qu'ils ont dit.

« Il est dangereux de vouloir être toujours le maître de la conversation et de parler trop souvent de la même chose. On doit entrer indifféremment sur les sujets agréables qui se présentent, et ne faire jamais voir qu'on veut entraîner la conversation sur ce qu'on a envie de dire.

« Il est nécessaire d'observer que toute sorte de conversation, quelque honnête et quelque spirituelle qu'elle soit, n'est pas également propre à toute sorte d'honnêtes gens ; il faut choisir ce qui convient à chacun, et choisir même le temps de le dire.

« Mais, s'il y a beaucoup d'art à parler, il n'y en a pas moins à se taire. Il y a un silence éloquent : il sert quelquefois à approuver et à condamner ; il y a un silence moqueur, il y a un silence respectueux.

« Il y a des airs, des tours et des manières qui font souvent ce qu'il y a d'agréable ou de désagréable, de délicat ou de choquant dans la conversation. Le secret de s'en bien servir est donné à peu de personnes, ceux mêmes qui en font les règles s'y méprennent quelquefois ; la plus sûre, à mon avis, c'est de n'en point avoir qu'on ne puisse changer, de laisser plutôt voir des négligences dans ce qu'on dit que de l'affectation, d'écouter, de ne parler guère, de ne se forcer jamais à parler. »

VI.

DU FAUX.

On est faux en différentes manières. Il y a des hommes faux qui veulent toujours paraître ce qu'ils ne sont pas. Il y en a d'autres de meilleure foi qui sont nés faux, qui se trompent eux-mêmes, et qui ne voient jamais les choses comme elles sont. Il y en a dont l'esprit est droit et le goût faux ; d'autres ont l'esprit faux, et quelque droiture dans le goût ; et il y en a qui n'ont rien de faux dans le goût ni dans l'esprit. Ceux-ci sont très-rares, puisqu'à parler généralement, il n'y a personne qui n'ait de la fausseté dans quelque endroit de l'esprit ou du goût.

Ce qui fait cette fausseté si universelle, c'est que nos qualités sont incertaines et confuses, et que nos goûts le sont aussi. On ne voit point les choses précisément comme elles sont ; on les estime plus ou moins qu'elles ne valent, et on ne les fait point rapporter à nous en la manière qui leur convient, et qui convient à notre état et à nos qualités.

Ce mécompte met un nombre infini de faussetés dans le goût et dans l'esprit ; notre amour-propre est flatté de tout ce qui se présente à nous sous les apparences du bien.

Mais comme il y a plusieurs sortes de biens qui touchent notre vanité ou notre tempérament, on les suit souvent par coutume ou par commodité. On les suit parce que les autres les suivent, sans considérer qu'un même sentiment ne doit pas être également embrassé par toutes sortes de personnes, et qu'on s'y doit attacher plus ou moins fortement, selon qu'il convient plus ou moins à ceux qui le suivent.

On craint encore plus de se montrer faux par le goût que par l'esprit. Les honnêtes gens doivent approuver sans prévention ce qui mérite d'être approuvé, suivre ce qui mérite d'être suivi, et ne se piquer de rien ; mais il y faut une grande proportion et une grande justesse. Il faut savoir discerner ce qui est bon en général, et ce qui nous est propre, et suivre alors avec raison la pente naturelle qui nous porte vers les choses qui nous plaisent.

Si les hommes ne voulaient exceller que par leurs propres talents, et en suivant leurs devoirs, il n'y aurait rien de faux dans leur goût et dans leur conduite : ils se montreraient tels qu'ils sont; ils jugeraient des choses par leurs lumières, et s'y attacheraient par raison. Il y aurait de la proportion dans leurs vues, dans leurs sentiments : leur goût serait vrai, il viendrait d'eux, et non pas des autres; et ils le suivraient par choix, et non pas par coutume et par hasard. Si on est faux en approuvant ce qui ne doit pas être approuvé, on ne l'est pas moins le plus souvent par l'envie de se faire valoir par des qualités qui sont bonnes de soi, mais qui ne nous conviennent pas. Un magistrat est faux quand il se pique d'être brave, bien qu'il puisse être hardi dans de certaines rencontres. Il doit être ferme et assuré dans une sédition qu'il a droit d'apaiser, sans craindre d'être faux, et il serait faux et ridicule de se battre en duel.

Une femme peut aimer les sciences, mais toutes les sciences ne lui conviennent pas : et l'entêtement de certaines sciences ne lui convient jamais et est toujours faux.

Il faut que la raison et le bon sens mettent le prix aux choses, et qu'elles déterminent notre goût à leur donner le rang qu'elles méritent, et qu'il nous convient de leur donner. Mais presque tous les hommes se trompent dans ce prix et dans ce rang, et il y a toujours de la fausseté dans ce mécompte.

VII.

DE L'AIR ET DES MANIÈRES.

Il y a un air qui convient à la figure et aux talents de chaque personne : on perd toujours quand on le quitte pour en prendre un autre.

Il faut essayer de connaître celui qui nous est naturel, n'en point sortir, et le perfectionner autant qu'il nous est possible.

Ce qui fait que la plupart des petits enfants plaisent, c'est qu'ils sont encore renfermés dans cet air et dans ces manières que la nature leur a donnés et qu'ils n'en connaissent point d'autres. Ils les changent et les corrompent quand ils sortent de l'enfance; ils croient qu'il faut imiter ce qu'ils voient, et ils ne le peuvent parfaitement imiter; il y a toujours quelque chose de faux et d'incertain dans cette imitation. Ils n'ont rien de fixe dans leurs manières ni dans leurs sentiments; au lieu d'être en effet ce qu'ils veulent paraître, ils cherchent à paraître ce qu'ils ne sont pas.

Chacun veut être un autre et n'être plus ce qu'il est; ils cherchent une contenance hors d'eux-mêmes et un autre esprit que le leur; ils prennent des tons et des manières au hasard; ils en font des expériences sur eux, sans considérer que ce qui convient à quelques-uns ne convient pas à tout le monde, qu'il n'y a point de règle générale pour les tons et les manières, et qu'il n'y a point de bonnes copies.

Deux hommes néanmoins peuvent avoir du rapport en plusieurs choses, sans être copie l'un de l'autre, si chacun suit son naturel; mais personne presque ne le suit entièrement : on aime à imiter. On imite souvent, même sans s'en apercevoir, et on néglige ses propres biens pour des biens étrangers, qui d'ordinaire ne nous conviennent pas.

Je ne prétends pas, par ce que je dis, nous renfermer tellement en nous-mêmes, que nous n'ayons pas la liberté de suivre des exemples, et de joindre à nous des qualités utiles ou nécessaires que la nature ne nous a pas données. Les arts et les sciences conviennent à la plupart de ceux qui s'en rendent capables. La bonne grâce et la politesse conviennent à tout le monde ; mais ces qualités acquises doivent avoir un certain rapport et une certaine union avec nos propres qualités, qui les étende et les augmente imperceptiblement.

Nous sommes élevés à un rang et à des dignités au-dessus de nous ; nous sommes souvent engagés dans une profession nouvelle, où la nature ne nous avait pas destinés. Tous ces états ont chacun un air qui leur convient, mais qui ne convient pas toujours avec notre air naturel. Ce changement de notre fortune change souvent notre air et nos manières, et y ajoute l'air de la dignité, qui est toujours faux quand il est trop marqué, et qu'il n'est pas joint et confondu avec l'air que la nature nous a donné. Il faut les unir et les mêler ensemble, et faire en sorte qu'ils ne paraissent jamais séparés.

On ne parle pas de toutes choses sur un même ton, et avec les mêmes manières. On ne marche pas à la tête d'un régiment comme on marche en se promenant. Mais il faut qu'un même air nous fasse dire naturellement des choses différentes et qu'il nous fasse marcher différemment, mais toujours naturellement et comme il convient de marcher à la tête d'un régiment et à une promenade.

Il y en a qui ne se contentent pas de renoncer à leur air propre et naturel pour suivre celui du rang et des dignités où ils sont parvenus. Il y en a même qui prennent par avance l'air des dignités et du rang où ils aspirent. Combien de lieutenants généraux apprennent à être maréchaux de France ! combien de gens de robe répètent inutilement l'air de chancelier, et combien de bourgeoises se donnent l'air de duchesses !

Ce qui fait qu'on déplaît souvent, c'est que personne ne sait accorder son air et ses manières avec sa figure, ni ses tons et ses paroles avec ses pensées et ses sentiments : on s'oublie soi-même, et on s'en éloigne insensiblement ; tout le monde presque tombe par quelque endroit dans ce défaut ; personne n'a l'oreille assez juste pour entendre parfaitement cette sorte de cadence.

Mille gens déplaisent avec des qualités aimables ; mille gens plaisent avec de moindres talents. C'est que les uns veulent paraître ce qu'ils ne sont pas, les autres sont ce qu'ils paraissent ; et enfin, quelques avantages ou quelques désavantages que nous ayons reçus de la nature, on plaît à proportion de ce qu'on suit l'air, les tons, les manières et les sentiments qui conviennent à notre état et à notre figure, et on déplaît à proportion de ce qu'on s'en éloigne.

FIN DES RÉFLEXIONS DIVERSES.

MÉMOIRES DE LAROCHEFOUCAULD

PREMIÈRE PARTIE. (1)

[1642.] La persécution que j'avais soufferte, durant l'autorité du cardinal de Richelieu, étant finie avec sa vie, je crus devoir retourner à la cour. La mauvaise santé du roi et le peu de disposition où il était de confier ses enfants et son État à la Reine, me faisaient espérer de trouver bientôt des occasions considérables de la servir, et de lui donner, dans l'état présent des choses, les mêmes marques de fidélité qu'elle avait reçues de moi, dans toutes les rencontres où ses intérêts et ceux de Mme de Chevreuse avaient été contraires à ceux du cardinal de Richelieu. J'arrivai à la cour, que je trouvai aussi soumise à ses volontés après sa mort, qu'elle l'avait été durant sa vie. Ses parents et ses créatures y avaient les mêmes avantages qu'il leur avait procurés; et par un effet de sa fortune, dont on trouvera peu d'exemples, le roi qui le haïssait et qui

---

(1) Nous donnons ici le plan définitif adopté par l'auteur qui avait d'abord écrit cette première partie dans un style moins digne de l'histoire. Au reste, cette première partie ferait double emploi avec celle-ci, et elle ne se trouve pas dans l'édition d'Amsterdam.

souhaitait sa perte, fut contraint non-seulement de dissimuler ses sentiments, mais même d'autoriser la disposition qu'il avait faite par son testament, des principales charges et des plus importantes places de son royaume. Richelieu avait encore choisi le cardinal Mazarin pour lui succéder au gouvernement des affaires ; et ainsi il fut assuré de régner bien plus absolument après sa mort, que le roi son maître n'avait pu faire depuis trente-trois ans qu'il était parvenu à la couronne. Néanmoins, comme la santé du roi était désespérée, il y avait apparence que les choses changeraient bientôt de face, et que la reine ou Monsieur, venant à la régence, se vengeraient sur les restes du cardinal de Richelieu, des outrages qu'ils avaient reçus de lui.

[1643.] Le cardinal Mazarin, M. de Chavigny et M. des Noyers, qui avaient alors le plus de part aux affaires, voulurent prévenir ce mal-là, et se servir du pouvoir qu'ils avaient sur l'esprit du roi, pour l'obliger à déclarer la reine régente, et pour se réconcilier avec elle par ce service, qui devait paraître d'autant plus considérable à la reine, qu'elle croyait le roi très-éloigné de cette pensée, par le peu d'inclination qu'il avait toujours eue pour elle, et par la liaison qu'il croyait qu'elle avait encore avec les Espagnols, par le moyen de Mme de Chevreuse, qui s'était réfugiée en Espagne et qui était alors à Bruxelles.

M. des Noyers fut le premier qui donna des espérances à la reine de pouvoir porter le roi, par son confesseur (1), à l'établir régente, croyant par là faire une liaison étroite avec elle, à l'exclusion de M. de Chavigny, qu'elle avait considéré davantage du vivant du cardinal de Richelieu. Mais M. des Noyers se trouva peu de temps après bien éloigné de ses desseins, car le confesseur eut ordre de se retirer, et lui-même fut chassé ensuite. Il me parut que ce changement-là n'avait rien diminué des espérances de la reine, et qu'elle attendait du cardinal Mazarin et de M. de Chavigny le même service que M. Desnoyers avait eu dessein de lui rendre. Ils lui donnaient tous les jours l'un et l'autre toutes les assurances qu'elle pouvait désirer de leur fidélité, et elle en attendait des preuves, lorsque la maladie du roi, augmentant à un point qu'il ne lui restait aucune espérance de guérison, leur donna lieu de lui proposer de régler toutes choses, pendant que sa santé lui pouvait permettre de choisir lui-même une forme de gouvernement qui pût exclure des affaires toutes les personnes qui lui étaient suspectes.

Cette proposition, quoiqu'elle fût apparemment contre les intérêts de la reine, lui sembla néanmoins trop favorable pour elle. Il ne pouvait consentir à la déclarer régente, et ne se pouvait aussi résoudre à partager l'autorité entre elle et Monsieur. Les intelligences dont il l'avait soupçonnée, et le pardon qu'il venait d'accorder à Monsieur, pour le traité d'Espagne (2), le tenaient dans une irrésolution qu'il n'eût

(1) Le père Sirmond, de la Compagnie de Jésus.
(2) Conclu le 13 mars 1642.

peut-être pas surmontée si les conditions de la déclaration que le cardinal Mazarin et M. de Chavigny lui proposèrent, ne lui eussent fourni l'expédient qu'il souhaitait pour diminuer la puissance de la reine, et pour la rendre en quelque façon dépendante du conseil qu'il voulait établir. Cependant, la reine et Monsieur, qui avaient eu trop de marques de l'aversion du roi, et qui le soupçonnaient presque également de les vouloir exclure du maniement des affaires, cherchaient toutes sortes de voies pour y parvenir. J'ai su de M. de Chavigny même qu'étant allé trouver le roi de la part de la reine, pour lui demander pardon de ce qu'elle avait jamais fait, et même de ce qu'elle lui avait déplu dans sa conduite, le suppliant particulièrement de ne point croire qu'elle eût eu aucune part dans l'affaire de Chalais (1), ni qu'elle eût trempé dans le dessein d'épouser Monsieur après que Chalais aurait fait mourir le roi, il répondit sur cela à M. de Chavigny sans s'émouvoir : « En l'état où je suis, je lui dois pardonner, mais je ne la dois pas croire. » Chacun croyait d'abord avoir droit de prétendre la régence à l'exclusion l'un de l'autre ; et si Monsieur ne demeura pas longtemps dans cette pensée, pour le moins crut-il devoir être déclaré régent avec la reine. Les espérances de la cour et de tout le royaume étaient trop différentes, et tout l'État qui avait presque également souffert, durant la

---

(1) Henri de Talleyrand, comte de Chalais, favori de Louis XIII, conspira contre Richelieu, avec la duchesse de Chevreuse. Il fut traité en criminel d'Etat, et exécuté à Nantes, en 1626, à l'âge de 26 ans.

faveur du cardinal de Richelieu, attendait un changement avec trop d'impatience, pour ne recevoir pas avec joie une nouveauté dont chaque particulier espérait de profiter. Les intérêts différents des principaux du royaume et des plus considérables du parlement, les obligèrent bientôt à prendre parti entre la reine et Monsieur ; et si les brigues qu'on faisait pour eux n'éclataient pas davantage, c'est que la santé du roi, qui semblait se rétablir, leur faisait craindre qu'il ne fût averti de leurs pratiques et qu'il ne fît passer pour un crime les précautions qu'ils prenaient d'établir leur autorité après sa mort. Ce fut dans cette conjoncture-là que je crus qu'il importait à la reine d'être assurée du duc d'Enghien. Elle approuva la proposition que je lui fis de se l'acquérir ; et m'étant rencontré dans une liaison très-particulière d'amitié avec Coligny, en qui le duc d'Enghien avait toute confiance, je leur représentai à l'un et à l'autre les avantages que la reine et le duc d'Enghien rencontreraient à être unis ; et qu'outre l'intérêt particulier qu'ils avaient de s'opposer à l'autorité de Monsieur, celui de l'État les y obligeait encore. Cette proposition était assez avantageuse au duc d'Enghien pour qu'il la reçût agréablement. Il m'ordonna donc de contribuer à la faire réussir ; et comme le commerce que j'aurais eu avec lui eût peut-être été suspect au roi ou à Monsieur, principalement dans un temps où l'on venait de lui donner le commandement de l'armée, et qu'en toutes façons il importait grandement de le tenir en secret, il désira que ce fût à

Coligny seul que je rendisse les réponses de la reine, et que nous fussions les seuls témoins de leur intelligence. Il n'y eut aucune condition par écrit, et Coligny et moi fûmes dépositaires de la parole que la reine donnait au duc d'Enghien de le préférer à Monsieur, non-seulement par des marques de son estime et de sa confiance, mais aussi dans tous les emplois d'où elle pourrait exclure Monsieur par des biais dont ils conviendraient ensemble, et qui ne pourraient point porter Monsieur à une rupture ouverte avec la reine. Le duc d'Enghien promettait de son côté d'être inséparablement attaché aux intérêts de la reine, et de ne prétendre que par elle toutes les grâces qu'il désirerait de la cour.

Le duc d'Enghien partit peu de temps après pour aller commander l'armée en Flandre, et donner commencement aux grandes choses qu'il a depuis si glorieusement exécutées. Le roi, de qui la maladie augmentait tous les jours, voulant donner dans la fin de sa vie quelques marques de clémence, soit par dévotion ou pour témoigner que le cardinal de Richelieu avait eu plus de part que lui à toutes les violences qui s'étaient faites depuis la disgrâce de la reine sa mère, consentit de faire revenir à la cour les plus considérables de ceux qui avaient été persécutés; et il s'y disposa d'autant plus volontiers, que les ministres, prévoyant beaucoup de désordres, essayaient d'obliger des personnes de condition, pour s'assurer contre tout ce qui pouvait arriver dans une révolution comme celle qui les menaçait.

Presque tout ce qui avait été banni revint, et comme il y en avait beaucoup d'attachés à la reine par des services qu'ils lui avaient rendus, ou par la liaison que la disgrâce fait d'ordinaire entre les personnes persécutées, il y en eut peu qui n'eussent pas assez bonne opinion de leurs services pour n'en attendre pas une récompense proportionnée à leur ambition, et beaucoup crurent que la reine, leur ayant promis toutes choses, conserverait dans la souveraine autorité les mêmes sentiments qu'elle avait eus dans sa disgrâce.

Le duc de Beaufort était celui qui avait conçu les plus grandes espérances : il avait été depuis très-longtemps particulièrement attaché à la reine, et elle lui avait donné une preuve si publique de sa confiance, en le choisissant pour garder M. le Dauphin et M. d'Anjou un jour que l'on croyait que le roi allait mourir, que ce ne fut pas sans fondement que l'on commença à considérer son crédit, et à trouver beaucoup d'apparence à l'opinion qu'il essayait d'en donner.

L'évêque de Beauvais, qui était le seul des serviteurs de la reine que le cardinal de Richelieu avait trop peu considéré pour l'ôter d'auprès d'elle, et qui par son assiduité avait trouvé occasion d'y détruire presque tous ceux qu'elle avait considérés, crut ne se devoir point opposer à la faveur du duc de Beaufort, et souhaita de faire une liaison avec lui pour ruiner de concert le cardinal Mazarin qui commençait de s'établir. Ils crurent d'en venir facilement à bout, non-seulement par l'opinion qu'ils avaient de leur crédit, et par l'expérience que l'évêque de Beauvais avait faite de la facilité avec laquelle il avait ruiné des personnes qui devaient être plus considérables à la reine par leurs services que le cardinal Mazarin, mais encore parce qu'étant créature du cardinal de Richelieu, ils croyaient que cette raison-là seule lui devait donner l'exclusion, et que la reine avait condamné trop publiquement la conduite du cardinal de Richelieu pour conserver dans les affaires une personne qui y était mise de sa main, et qui était auteur de la déclaration que le roi venait de faire, dont la reine paraissait aigrie au dernier point.

Cette confiance fit négliger au duc de Beaufort et à l'évêque de Beauvais beaucoup de précautions durant les derniers jours de la vie du roi, qui leur eussent été bien nécessaires après sa mort, et la reine était encore assez irrésolue en ce temps-là pour recevoir les impressions que l'on eût voulu lui donner.

Elle me cachait moins l'état de son esprit qu'aux autres, parce que, n'ayant point eu d'autres intérêts que les siens, elle ne me soupçonnait pas d'appuyer d'autre parti que celui qu'elle choisirait.

C'était elle qui avait voulu que je fusse ami du duc de Beaufort dans une querelle qu'il eut contre le maréchal de la Meilleraye, et qui m'avait ordonné de voir le cardinal Mazarin, afin d'éviter un sujet de plainte au roi, qui était persuadé qu'elle empêchait ses serviteurs de voir ceux en qui il avait confiance; de sorte que, ne lui étant point suspect, je pouvais connaître plus facilement que personne l'impression que les raisons de l'un et de l'autre parti faisaient dans son esprit.

Elle commençait à craindre l'humeur impétueuse et altière du duc de Beaufort, qui, ne se contentant pas d'appuyer les prétentions du duc de Vendôme, son père, sur le gouvernement de Bretagne, appuyait encore celles de tous ceux qui avaient souffert sous l'autorité du cardinal de Richelieu, non-seulement pour attirer presque toutes les personnes de condition par leur intérêt particulier dans une cause qui leur paraissait juste, mais encore pour avoir un prétexte de choquer par là le cardinal Mazarin, et, en remplissant les principales charges de l'Etat, se faire des créatures, et donner des marques si éclatantes de sa faveur, que l'on en pût attribuer la cause à tout ce qui eût été de plus capable de satisfaire son ambition et même sa vanité.

D'un autre côté, la reine considérait qu'après avoir confié ses enfants au duc de Beaufort, ce serait une légèreté que tout le monde condamnerait, que de la voir passer en si peu de temps d'une extrémité à l'autre sans aucun sujet apparent.

La fidélité du cardinal Mazarin et de M. de Chavigny ne lui était pas assez connue pour être assurée qu'ils n'eussent point de part à la déclaration; et ainsi, trouvant des doutes de tous côtés, il lui était malaisé de prendre une résolution sans s'en repentir. La mort du roi l'y obligea néanmoins, et on connut bientôt que les soins du cardinal Mazarin avaient eu le succès qu'il désirait : car, dans le temps que l'on croyait que la reine le considérait comme l'auteur de la déclaration, toute l'aigreur en tomba sur M. de Chavigny ; et soit que le cardinal Mazarin fût innocent, ou qu'il se fût justifié aux dépens de son ami, qui apparemment n'était pas plus coupable que lui, enfin il demeura dans le conseil.

Or, comme je ne prétends pas écrire toutes les particularités de ce qui s'est passé en ce temps-là, et que ce que j'en fais présentement est plutôt pour ne pas oublier quelques circonstances que j'ai vues, dont quelqu'un de mes amis a eu curiosité, que pour les faire voir, je me contenterai de rapporter seulement ce qui me regarde ou au moins les choses dont j'ai été témoin.

Peu de temps après la mort du roi, il me fut bien aisé de connaître l'augmentation du crédit du cardinal Mazarin, et la diminution de celui du duc de Beaufort; l'un et l'autre paraissaient dans la confiance que la reine témoignait avoir pour le cardinal Mazarin, puisque ce dernier étant directement opposé au duc de Beaufort, la puissance de l'un était entièrement la ruine de l'autre.

La cour était néanmoins encore fort partagée, et on attendait le retour de Mme de Chevreuse comme la décision de toutes choses : on ne la considérait pas comme une personne qui voulût se contenter d'appuyer l'un des deux partis, mais qui détruirait certainement celui qui dépendrait le moins d'elle. J'avais moins de sujet que les autres de juger si avantageusement de son autorité.

La reine, qui m'avait toujours témoigné l'amitié qu'elle avait pour elle, m'en avait parlé depuis quelque temps avec assez de froideur, et l'incertitude où je la vis si elle la ferait revenir à la cour, me tira de celle où j'étais que les mauvais offices de l'évêque de Beauvais n'eussent point fait autant d'impression contre elle que contre tout le reste qu'il avait essayé de détruire.

La reine m'avait déjà ordonné de voir le cardinal Mazarin, et bien qu'elle eût approuvé la déclaration que je lui fis, que je ne pouvais être son ami et son serviteur qu'autant que je le verrais attaché au service de Sa Majesté, et qu'il ferait dans les grandes et dans les petites choses ce qu'on devait attendre d'un homme de bien et digne de l'emploi qu'il avait, je sus toutefois qu'elle eût souhaité que je lui eusse parlé avec moins de réserve, et qu'elle eût désiré que je lui eusse promis toutes choses aussi facilement que plusieurs autres personnes qui s'y étaient engagées d'autant plus aisément, qu'elles étaient résolues de n'en tenir aucune qu'en tant que leurs intérêts les y obligeraient. Elle me parut néanmoins satisfaite de ma visite, et ne me témoigna pas désirer rien de moi de plus que ce que j'avais fait.

On eut avis en ce temps-là que Mme de Chevreuse revenait en France, et la reine me parut plus irrésolue que jamais sur son retour à la cour; non pas, comme je crois, qu'elle en fût retenue par aucune difficulté qu'il y eût à lui accorder cette grâce, mais seulement afin que le cardinal Mazarin s'entremît pour la lui faire obtenir, et que Mme de Chevreuse lui fût obligée de ce qu'il aurait porté la reine à surmonter les raisons qui la retenaient, qui était une clause particulière de la déclaration, et une aversion étrange que le roi avait témoignée contre elle en mourant.

Je demandai permission à la reine d'aller au-devant de Mme de Chevreuse, et elle me l'accorda d'autant plus volontiers, qu'elle crut que je disposerais son esprit à souhaiter l'amitié du cardinal Mazarin, puisque je voyais bien que c'était une des choses que la reine désirait le plus.

Montaigu avait été envoyé vers elle pour lui faire des propositions qui étaient davantage dans les intérêts du cardinal Mazarin; et c'était ensuite de quelques autres qu'on lui avait fait faire en Flandre, par le même homme, deux ou trois mois avant la mort du roi.

Je rencontrai Mme de Chevreuse à Brie, et Montaigu, qui était arrivé quelque temps devant moi, avait eu tout celui qu'il avait désiré pour faire réussir ses projets. Elle me témoigna d'abord qu'il lui était suspect, soit que véritablement elle manqua de confiance pour lui, ou qu'elle crût que je ne serais pas bien aise de partager la sienne avec une personne que je ne connaissais point par moi, et que je n'avais pas grand sujet d'estimer sur le rapport des autres.

Elle désira donc que je ne lui parlasse point devant lui; mais comme il lui importait d'être informée de l'état de la cour et de l'esprit de la reine, et que je vis bien qu'elle se méprendrait indubitablement à l'un et à l'autre si elle en jugeait par ses propres connaissances et par les sentiments que la reine avait eus autrefois pour elle, je crus être obligé de lui représenter les choses comme elles me paraissaient, et de l'assurer que les pensées de la reine étant fort différentes de ce qu'elle les avait vues, il était nécessaire de prendre d'autres précautions que celles dont elle-même s'était servie ;

Que la reine était certainement résolue de retenir auprès d'elle le cardinal Mazarin ; qu'il était malaisé de juger d'autre sorte que par les événements, si c'était là un bon ou un mauvais conseil, pour ce qu'étant créature du cardinal de Richelieu et uni avec ses parents, il était à craindre qu'il n'autorisât ses maximes ; mais aussi que, n'ayant point eu de part à ses violences, et étant presque le seul qui eût connaissance des affaires étrangères, je doutais que, dans le besoin où étaient la reine et l'État d'un homme capable de les ménager, on pût facilement obtenir d'elle d'en exclure le cardinal Mazarin, outre que je ne voyais personne dont la capacité ou la fidélité fussent assez connues pour souhaiter de l'établir dans un emploi aussi difficile et aussi important que celui-là ;

Que ma pensée était donc de ne point témoigner à la reine qu'elle revînt auprès d'elle avec dessein de la gouverner, puisque apparemment ses ennemis s'étaient servis de ce prétexte-là pour lui nuire ;

Qu'il fallait, par ses soins et par sa complaisance, se remettre au même point où elle avait été ; et qu'ainsi, étant unie avec Mme de Senecey, Mme de Hautefort, et le reste de ceux en qui la reine se confiait, qui m'avaient tous donné parole d'être entièrement dans ses intérêts, elle serait en état de détruire ou protéger le cardinal Mazarin, selon que sa conservation ou sa ruine seraient utiles au public.

Mme de Chevreuse me témoigna d'approuver mes pensées, et me promit affirmativement de les suivre ; elle arriva auprès de la reine dans cette résolution-là ; et quoiqu'elle en fût reçue avec beaucoup de marques d'amitié, je n'eus pas grande peine à remarquer la différence de la joie qu'elle avait de la voir, à celle qu'elle avait eue autrefois de m'en parler ; et je connus, par de certains défauts qu'elle remarqua en sa personne, que les mauvais offices qu'on lui avait rendus avaient fait une assez grande impression sur son esprit.

Mme de Chevreuse les méprisa tous néanmoins, et crut que sa présence détruirait en un moment tout ce que ses ennemis avaient fait contre elle pendant son absence.

Elle fut fortifiée dans cette opinion par le duc de Beaufort, et ils crurent l'un et l'autre qu'étant unis, ils pourraient facilement détruire le cardinal Mazarin devant qu'il eût eu le temps de s'établir.

Cette pensée fit recevoir à Mme de Chevreuse toutes les avances du cardinal Mazarin comme des marques de sa faiblesse ; et elle crut que c'était assez y répondre que de ne pas se déclarer ouvertement de vouloir sa ruine, mais seulement de la procurer en établissant M. de Châteauneuf dans les affaires.

Elle crut aussi être obligée d'appuyer mes intérêts, et voyant la reine dans le dessein de me donner quelque établissement considérable, elle insista fort pour me faire avoir le gouvernement du Havre de Grâce, qui est entre les mains du duc de Richelieu, afin qu'en me procurant du bien, elle pût commencer la persécution et la ruine de cette maison-là.

Cependant le cardinal Mazarin, voyant bien que la reine n'était plus en état d'entreprendre une affaire de cette importance sans sa participation, crut que, pour l'empêcher, il suffisait de dire qu'il approuverait toujours avec beaucoup de soumission toutes les volontés de la reine ; mais qu'il croyait être obligé, non-seulement pour la reconnaissance qu'il lui devait, mais aussi pour l'intérêt du service de la reine, de lui représenter les raisons qu'elle avait de maintenir la maison de Richelieu ; qu'il souhaiterait toujours qu'elle les approuvât, mais qu'il ne croirait point avoir sujet de se plaindre quand on ne suivrait pas son avis. Il ne se déclara pas si ouvertement sur le retour de M. de Châteauneuf, soit qu'il le crût si ruiné dans l'esprit de la reine qu'il s'imaginât lui pouvoir donner cette marque de sa modération sans aucun péril, et qu'elle était assez éloignée de le remettre dans les affaires par son propre sentiment, sans qu'il essayât de faire quelque effort pour cela ; mais enfin il se contenta de laisser agir M. le chancelier, qui, étant obligé pour sa propre conservation d'exclure M. de Châteauneuf, qui ne pouvait revenir à la cour sans lui ôter les sceaux, avait pris toutes les précautions imaginables auprès de la reine, par le moyen d'une de ses sœurs qui était religieuse à Pontoise, et de ce même Montaigu dont j'ai déjà parlé.

Cependant tous ces retardements aigrissaient au dernier point Mme de Chevreuse ; elle les considérait comme des artifices du cardinal Mazarin, qui non-seulement accoutumaient par là la reine à ne lui accorder pas d'abord les choses qu'elle en désirait, mais qui diminuaient beaucoup dans l'esprit du monde la bonne opinion qu'elle y voulait donner de son crédit. Elle témoignait souvent sa mauvaise satisfaction à la reine, et dans ses plaintes elle y mêlait toujours quelque chose de piquant contre le cardinal Mazarin ; elle ne pouvait souffrir d'être obligée de lui parler de ce qu'elle désirait de la reine, et elle faisait paraître qu'elle aimait mieux n'en recevoir point de grâces, que d'en devoir une partie à l'entremise du cardinal. Lui, au contraire, qui voyait que cette conduite de Mme de Chevreuse persuadait mieux à la reine qu'elle avait dessein de la gouverner que tout ce qu'il avait employé jusque-là pour le lui faire croire, prit des voies bien différentes pour la ruiner.

DEUXIÈME PARTIE.

[1646.] Il est presque impossible d'écrire une relation bien juste des mouvements passés, parce que ceux qui les ont causés, ayant agi par de mauvais principes, ont pris soin d'en dérober la connaissance, de peur que la postérité ne leur imputât d'avoir dévoué à leurs intérêts la félicité de leur patrie. Outre cette raison, il est assez malaisé à celui qui écrit des affaires de son temps, qu'il conserve ses passions si pures qu'il ne s'abandonne à la haine ou à la flatterie, qui sont les écueils ordinaires où la vérité fait naufrage. Quant à moi, je me propose de faire un récit désintéressé de ce qui s'est passé, pour laisser à ceux qui le liront la liberté entière du blâme ou de la louange.

La France avait déclaré la guerre en l'année 1635 à la maison d'Autriche, et la fortune avait favorisé une si haute entreprise par tant d'heureux succès, qu'elle était victorieuse par tous les endroits où elle portait ses armes. Nous avions pénétré dans le cœur de la Flandre, ayant assujetti toute la rivière du Lys; l'on avait porté en Allemagne la victoire jusqu'au Danube, par la fameuse bataille de Nordlingen (1), le Milanais

---

(1) Remportée sur Merci en 1645 par Condé et Turenne.

était le théâtre de la guerre d'Italie, et, du côté d'Espagne, nos conquêtes n'auraient pas été bornées par le Roussillon et la Catalogne sans Lérida, qui en était le terme fatal.

Ces prospérités, qui avaient commencé du temps du feu roi, avaient encore continué avec plus d'éclat pendant les cinq premières années de la régence, qui s'étaient rendues fameuses par de si belles et célèbres victoires ; non sans admiration que, dans un temps de minorité, d'ordinaire exposé aux guerres civiles et domestiques, l'on eût remporté des avantages si considérables sur les étrangers.

Mais comme c'est l'étoile de notre nation de se lasser de son propre bonheur, et de se combattre elle-même quand elle ne trouve pas de résistance au dehors, ou bien que Dieu ait prescrit aux empires de certaines limites de puissance et de durée qui sont hors de la juridiction des hommes, nous avons perdu dans une campagne, par nos divisions, la plupart des conquêtes que nous avions faites pendant le cours heureux de plusieurs années (1). Mais avant que d'entrer dans la narration de ces troubles, il est à propos de dire comme les choses se gouvernaient dans le cabinet.

Le conseil du roi, pendant la régence de la reine, était composé de M. le duc d'Orléans, de M. le Prince et du cardinal Mazarin.

Les autres ministres, comme le chancelier, M. de

---

(1) Hélas! comme ces réflexions simples et profondes ont été trop souvent justifiées, surtout de nos jours!

Longueville, le surintendant Chavigny et Servien, y avaient peu de considération.

Les principales affaires se réglaient du conseil des princes et du cardinal, qui en avait l'entière direction par la confiance que la reine prenait en lui.

Les princes du sang étaient fort unis à la reine, et cette union produisait le bonheur public, d'autant que par là toutes les espérances des nouveautés étant ôtées, auxquelles notre nation a une pente naturelle chacun aspirait par des services légitimes à quelque accroissement en sa fortune.

Le cardinal Mazarin entretenait cette bonne intelligence, avantageuse à sa conservation; et lorsque l'un des princes voulait s'élever, il le modérait par l'opposition de l'autre, et, balançant leur puissance, la sienne était sans comparaison la plus respectée.

D'ailleurs il avait procuré au duc d'Orléans le gouvernement du Languedoc, et s'était si fort rendu dépendant l'abbé de la Rivière, son premier ministre, qu'il envisageait toutes les voies hors des bonnes grâces du cardinal, pour son élévation au cardinalat, comme des précipices.

Pour le duc d'Enghien, le cardinal satisfaisait à son ambition par le gouvernement de Champagne et de Stenay, et par le commandement des armées qu'il lui procurait : joint que Mazarin étant étranger, sans parents, sans établissement, d'une nature assez douce, il était moins appréhendé ; et les princes, moins appliqués aux affaires, s'en déchargeaient sans envie sur lui.

Or, comme il prévoyait que la liaison des princes et de leur autorité affaiblirait celle de la reine, il jetait adroitement dans leurs esprits des soupçons de jalousie et de défiance l'un de l'autre, lesquels il dissipait à propos, de crainte qu'ils ne vinssent à une rupture : ainsi, étant l'auteur de leurs différends, il lui était aisé d'être l'arbitre de leur réconciliation, et même de s'en attirer le mérite. Pour les autres grands du royaume, comme ils étaient sans pouvoir, leur bonne ou mauvaise volonté n'était pas regardée.

Telle était l'assiette de la cour, lorsque des événements rompant cette union si nécessaire à l'État, lui causèrent des maux très-funestes.

Avant que de les dire, je remarquerai la mort du prince de Condé, arrivée à la veille de ces mouvements (1), d'autant plus considérables que l'opinion publique est que, s'il eût vécu, il les aurait prévenus par sa prudence et son autorité, qui donnait de la retenue aux ministres et à laquelle le parlement aurait déféré.

[1647.] L'union de ces puissances était un gage si solide de la tranquillité du royaume, qu'elle donnait trop de confiance aux ministres, et ne retenait point Émery, surintendant des finances, de faire de grandes levées de deniers.

Or, comme cette conduite, quoique colorée de la guerre étrangère et de la défense de l'État, avait été

(1) Le 26 décembre 1646.

introduite durant le ministère du cardinal de Richelieu, et qu'elle n'en était qu'une suite, il ne sera pas inutile d'en parler.

Ce ministre, dont la politique absolue avait violé les anciennes lois du royaume pour établir l'autorité immodérée de son maître, dont il était le dispensateur, avait considéré tous les règlements de cet État comme des concessions forcées et des bornes imposées à la puissance des rois, plutôt que des fondements solides pour bien régner, et comme son administration trop longue avait été autorisée par de grands succès pendant la vie du feu roi, il renversa toutes les formes de la justice et des finances, et introduisit, pour le souverain tribunal de la vie et des biens des hommes, la volonté royale.

Ce gouvernement si violent subsista jusqu'à sa mort, et le roi ne lui ayant survécu que peu de mois après, laissa à la reine, avec la régence, l'établissement de ses ordres de finances, qui semblaient nécessaires pour subvenir aux dépenses de la guerre.

Sa Majesté, dans les premiers jours de sa régence, pressée de faire ses libéralités, épuisa l'épargne des plus clairs deniers; et par là Émery fut obligé de mettre en pratique tous les expédients que son esprit lui fournissait, sans être retenu ni par la justice, ni par la pitié, ni par le désespoir où il portait le monde.

[1648.] Pour cet effet, après avoir consommé la substance des peuples par des subsides nouveaux, il porta ses soins dans les villes, taxa les aisés et malaisés, fit de nouvelles créations d'offices, prit les gages des anciens officiers, saisit les rentes publiques, exigea des emprunts, prépara encore de nouveaux édits, et par cette inquisition rigoureuse sur les biens de toute nature, il poussa dans une révolte secrète les compagnies, les communautés et les corps de ville; enfin, toutes ressources étant épuisées, il voulut prendre les gages des chambres des comptes, des cours des aides et grand conseil, qui firent leurs plaintes au parlement, qui donna ce célèbre arrêt d'union.

Cet arrêt fut un signal pour tous les mécontents, les rentiers, les trésoriers de France, les secrétaires du roi, les élus, les officiers des tailles et des gabelles. Enfin les peuples de toutes conditions se rallièrent, exposant leurs griefs au parlement et en demandant la réparation.

Les noms des partisans et d'Émery tombèrent dans l'exécration publique; chacun déclama contre l'exaction violente des traitants, la puissance démesurée des intendants, la cruauté des fusiliers, les contraintes rigoureuses contre le pauvre peuple, par la vente de leurs biens, l'emprisonnement de leurs personnes, la solidité réelle des tailles; bref, cette oppression dernière, nuisible à la vie, à la liberté et aux biens de tous les sujets du roi.

Le parlement, paraissant touché des misères publiques, reçut les supplications des malheureux, offrit de leur faire justice, et par la part qn'il témoigna prendre aux souffrances des peuples, acquit leur bienveillance en un point qu'ils furent respectés comme leurs dieux vengeurs et libérateurs.

Je ne prétends pas faire un récit des assemblées des chambres, des matières que l'on y a traitées, des avis et résultats, et des remontrances de la compagnie, portées par le premier président Molé à Leurs Majestés : assez de mémoires en sont remplis ; il me suffit de dire qu'il y avait trois sortes de partis dans le parlement.

Le premier était des frondeurs, nom donné par raillerie à ceux qui étaient contre les sentiments de la cour. Ces gens-là étant touchés du désir d'arrêter le cours des calamités présentes, avaient le même objet, quoique par un différent motif que ceux qui étaient intéressés par leur fortune ou par leur haine particulière contre le principal ministre.

Le deuxième parti était des mazarins, qui étaient persuadés que l'on devait une obéissance aveugle à la cour, les uns par conscience, pour entretenir le repos de l'État, les autres par les liaisons qu'ils avaient avec les ministres, ou par intérêt avec les gens d'affaires.

Et le dernier était de ceux qui blâmaient l'emportement des premiers, et n'approuvaient pas aussi la retenue des seconds, et qui se tenaient dans un parti mitoyen, pour agir dans les occasions ou selon leur intérêt ou selon leur devoir.

C'était la disposition du parlement, dont la plupart, qui au commencement n'avaient point d'amour pour les nouveautés, parce que l'expérience des affaires du monde leur manquait, étaient bien aises d'être commis pour régler des abus qui s'étaient glissés dans l'administration de l'État, et de se voir médiateurs entre la cour et le peuple.

On leur insinuait que cet emploi donnerait de la considération et de l'éclat à leurs personnes; que la charité les obligeait de secourir les malheureux dans leurs pressantes nécessités, et que le devoir de leurs charges, qui sont instituées pour modérer l'extrême puissance des rois et s'opposer à leurs déréglements, les y conviait; qu'ils devaient savoir que, depuis quelques années, les ministres de France sont persuadés que c'est régner précairement quand leur empire ne s'étend que sur les choses permises; que les lois sont étouffées par la crainte, et la justice par la force; que pour notre infortune nos derniers rois leur ont si fort abandonné la conduite de l'État, qu'ils se sont rendus la proie de leurs passions; que le temps est venu qu'il faut remettre les anciens ordres et cette relation harmonique qui doit exister entre un commandement légitime et une obéissance raisonnable; que pour cet effet les peuples réclamaient leur justice comme le seul asile pour prévenir leur dernière oppression; qu'une si sainte mission étant approuvée du ciel et suivie des acclamations publiques, les mettrait à couvert de toute crainte; mais quand il y aurait du péril, que c'est le propre d'une rare vertu de se signaler plutôt dans la tempête que dans le calme, et que la mort, qui est égale pour tous les hommes, n'est distinguée que par l'oubli ou par la gloire.

Ces discours empoisonnés firent d'autant plus d'impression sur leurs esprits, que les hommes ont une inclination naturelle à croire ce qui flatte leur grandeur; si bien qu'ils se laissèrent charmer par ces douces voix de dieux tutélaires de la patrie et de restaurateurs de la liberté publique.

Celui qui leur inspirait ce venin avec plus d'artifice était Longueil, conseiller en la grand'chambre, lequel, poussé d'un esprit d'ambition de rendre sa fortune meilleure dans les divisions publiques, avait depuis quelques années, en des assemblées secrètes, préparé plusieurs de ses confrères à combattre la domination des favoris, sous couleur du bien du royaume : de sorte que dans la naissance de ces mouvements et dans leurs progrès, il était consulté comme l'oracle de la Fronde, tant qu'il a été constant dans son parti.

Cependant le parlement, paraissant appliqué à la réformation de l'État, s'assemblait tous les jours; il avait déjà supprimé des édits et des droits nouveaux; il avait révoqué les intendants des provinces et rétabli les trésoriers de France et les élus en la fonction de leurs charges; il prétendait encore faire rendre compte de l'emploi des deniers levés depuis la régence, et insensiblement il attaquait l'administration du cardinal.

D'ailleurs la cour n'oubliait aucun moyen qui servît à faire cesser les assemblées : M. le duc d'Orléans, le premier président (1) et le président de Mesmes, en

(1) Mathieu Molé.

représentaient la conséquence préjudiciable à la paix générale; que les ennemis s'en figuraient un triomphe qui les rétablirait de leurs pertes passées : et néanmoins le roi avait autorisé tous les arrêts que la compagnie avait donnés; mais les voies de douceur étaient mal interprétées et passaient pour des marques de faiblesse et de crainte, qui rendaient les ennemis du cardinal plus fiers et plus actifs à le pousser.

En ce temps-là, M. le Prince commandait l'armée du roi en Flandre, il avait pris Ypres; mais durant ce siége, les Espagnols avaient repris Courtray et remporté d'autres petits avantages : or, comme son génie est puissant et heureux à la guerre, il trouva l'armée d'Espagne le vingt et unième jour d'août dans les plaines d'Arras et de Lens, la combattit, et obtint une victoire célèbre.

Le duc de Châtillon, qui s'y était glorieusement signalé, vint de sa part en porter les nouvelles à la cour.

Le conseil du roi regarda ce grand succès comme un coup du ciel, dont il se fallait prévaloir pour arrêter le cours des désordres que le temps et la patience augmentaient, et résolut de s'assurer de ceux du parlement qui étaient les plus animés, principalement de Broussel, conseiller en la grand'chambre, personnage d'une ancienne probité, de médiocre suffisance, et qui avait vieilli dans la haine des favoris.

Ce bon homme, inspiré par ses propres sentiments et par les persuasions de Longueil, et d'autres qui avaient pris créance dans son esprit, ouvrait les avis les plus rigoureux qui étaient suivis par la cabale des frondeurs; de sorte que son nom faisait bruit dans les assemblées des chambres, et il s'était rendu chef de ce parti dans le parlement, d'autant plus accrédité que son âge et sa pauvreté le mettaient hors des atteintes de l'envie.

Or, comme le peuple, qui ne bougeait du palais, était informé qu'il s'intéressait puissamment pour son soulagement, il le prit en affection, et lui donna ce beau titre de son père. L'arrêter était un coup bien hardi, et pouvait être très-salutaire s'il eût réussi ; mais aussi il pouvait avoir des suites dangereuses, comme nous verrons : pourtant il fut heureusement exécuté par Comminges (1), le matin que l'on chanta le *Te Deum*, à Notre-Dame, de la victoire de Lens, durant que les compagnies des gardes étaient en haie dans les rues ; et il fut conduit en sûreté hors de la ville avec le président de Blancmesnil pour être transféré à Sedan.

Deux heures après que le bruit de l'enlèvement de Broussel se fut répandu, les bourgeois du quartier

---

(1) On lit, dans une relation manuscrite concernant la journée des Barricades, les détails suivants :

« Le matin du 26 août 1648, M. de Comminges, lieutenant des gardes de la reine, accompagné de quinze ou seize de ses gardes, alla chercher M. de Broussel, conseiller de la grand'chambre, en sa maison au port Saint-Landry, proche Notre-Dame. Ce magistrat achevait de dîner; on ne lui donna pas le temps de prendre son manteau; il eut seulement celui de dire à ses enfants ces paroles remarquables : « Mes enfants, je « n'espère pas vous revoir jamais, je vous donne ma bénédiction ; je ne « vous laisse point de bien, mais je vous laisse un peu d'honneur ; ayez « soin de le conserver. »

Notre-Dame et des rues Saint-Denis, Saint-Martin et Saint-Honoré, et des autres endroits, fermèrent leurs boutiques et prirent tumultuairement les armes, chacun ressentant avec douleur ce qui était arrivé en la personne de Broussel, qu'ils réclamaient comme leur martyr. D'un autre côté, les grands, les ministres et toutes les personnes les plus qualifiées se rendirent au Palais-Royal, où l'on dissimulait l'excès du désordre ; et ceux qui avaient eu grande peur en y allant, avaient la complaisance de dire à la reine que ce n'était que quelques canailles que l'on mettrait bientôt à la raison.

Le coadjuteur de Paris, qui jusqu'alors n'avait point paru sur le théâtre du monde, s'était renfermé dans l'étendue de sa profession, fut offrir son service à la reine, à qui il ne déguisa rien de ce qui se passait : ses offres et ses avis furent également mal reçus ; il ne laissa pas apparemment d'employer la dignité de son caractère et ses persuasions pour calmer les orages, et puis vint rendre compte de la sédition au Palais-Royal, où, n'ayant pas reçu la satisfaction qu'il prétendait, il conçut du dépit contre le cardinal, qui fut la cause ou le prétexte qu'il prit pour, avec le refus qu'on lui avait fait de traiter le gouvernement de Paris, s'intéresser si avant dans le parti opposé à la cour.

Cependant, la reine, naturellement incapable de peur, commanda aux maréchaux de la Meilleraye et de l'Hôpital de monter à cheval avec leurs amis, d'aller par les rues et de contenir le peuple par quelque exemple de justice. Ils trouvèrent le mal tel qu'ils ne purent exécuter cet ordre : si bien que l'on était réduit à espérer que le tumulte s'apaiserait par la nuit, comme il arriva ; mais un accident alluma le lendemain matin le feu qui s'allait éteindre.

Le chancelier s'en allant au palais porter une déclaration du roi, qui défendait les assemblées des chambres, fut aperçu par quelque reste de populace mutinée : sa personne, odieuse au public, et sa mission animèrent force gens à courir après son carrosse, qui le firent fuir jusqu'à l'hôtel de Luynes, où ils le cherchaient pour immoler, se disaient-ils, cette âme vénale, ce protecteur des maltôtes, à tant de peuples ruinés par les édits qu'il avait scellés.

L'avis de l'état auquel il était parvint au Palais-Royal, d'où le maréchal de la Meilleraye partit avec quelques compagnies des gardes, qui firent une décharge sur ces séditieux, et délivrèrent le chancelier. Mais ce fut un signal pour toute la ville de prendre les armes ; car en même temps le peuple ferma les boutiques, tendit les chaînes par les rues, et fit des barricades jusque fort près du Palais-Royal.

Pendant cette émeute, le parlement délibérait sur la détention de leurs confrères avec d'autant plus de courage qu'il voyait le peuple se soulever en sa faveur : sans doute que si le chancelier fût arrivé au palais avec sa commission, on l'aurait retenu pour représaille.

Il fut arrêté, d'un commun consentement, que le parlement irait encore à l'heure même supplier Leurs

Majestés de mettre en liberté leurs confrères. Ils trouvèrent le peuple par les rues sous les armes ; les uns les menaçaient s'ils ne ramenaient Broussel, les autres les conjuraient de ne rien craindre, et qu'ils périraient pour leur conservation, et tous ensemble protestaient de ne point mettre les armes bas qu'ils n'eussent vu le père de la patrie.

Le parlement, après avoir été introduit dans le grand cabinet du Palais-Royal où étaient Leurs Majestés, accompagnées de M. le duc d'Orléans, du prince de Conti, du cardinal Mazarin, des grands du royaume et des ministres d'État, le premier président représenta la douleur de la compagnie de la détention de leurs confrères, et exposa leurs très-humbles supplications pour leur liberté, qui étaient appuyées des vœux de cent mille hommes armés qui demandaient M. de Broussel. La reine répondit qu'elle s'étonnait que l'on fît tant de bruit pour un simple conseiller, et que le parlement à la détention de feu M. le Prince n'avait rien dit. Le premier président et le président de Mesmes répliquèrent que, dans le point où les choses étaient venues, il n'y avait plus lieu de délibérer, et que c'était une nécessité absolue de fléchir sous la volonté des peuples qui n'écoutaient plus la voix du magistrat, et qui avaient perdu le respect et l'obéissance, enfin qui étaient les maîtres. La reine dit qu'elle ne se relâcherait point, et qu'ayant en main le sacré dépôt de l'autorité du roi son fils, elle ne consentirait jamais qu'on le violât en cédant aux passions d'une multitude ; que le parlement remontrât aux mutins leur devoir ; que ceux qui avaient excité la sédition s'employassent à l'apaiser, et qu'un jour le roi saurait faire la différence des gens de bien d'avec les ennemis de sa couronne. Ces messieurs firent encore des instances, mais en vain, Sa Majesté demeurant toujours dans une négative absolue ; si bien qu'ils s'en retournèrent au palais pour opiner sur ce refus. Lorsqu'ils furent arrivés à la première barricade, le peuple leur demande s'ils ont obtenu la liberté de M. de Broussel ; et voyant à leur visage qu'ils ne l'avaient pas obtenue, les renvoie avec furie au Palais-Royal, menaçant que, si dans deux heures on ne la leur accorde, deux cent mille hommes iront en armes en supplier la reine, et qu'ils extermineront les ministres auteurs de la sédition. Ces messieurs retournent représenter ce qu'ils ont vu et ouï ; enfin ajoutent que, puisqu'on ne peut vaincre leur désobéissance, ni par la raison, ni par la force, il faut recevoir la loi si on ne veut mettre la couronne en péril. Là-dessus on tint conseil, où M. le duc d'Orléans et le cardinal furent d'avis, contre les sentiments de la reine, d'accorder la liberté aux prisonniers, ce qui fut incontinent déclaré au parlement. On le fit savoir au peuple, lequel, nonobstant toutes les assurances qu'on lui en donna, soupçonnant que l'on ne l'exécuterait pas de bonne foi, persista encore à demeurer sous les armes, attendant l'arrivée de Broussel, qui n'eut pas sitôt paru qu'il fut salué de toute la mousqueterie, et accompagné des acclamations publiques jusqu'au palais, où lui et Blancmesnil reçurent les compliments de la compagnie, et de là il fut conduit par le peuple jusqu'à son logis, avec des démonstrations de joie si grande, qu'il semblait qu'en la liberté de Broussel chacun eût remporté ce jour-là une grande victoire.

Voilà la fameuse journée des Barricades, qui a été moins causée par l'affection que le public avait pour Broussel, que par une haine démesurée dont il était prévenu depuis quelques années contre le ministère, telle qu'il n'attendait qu'une occasion pour la manifester. Il est malaisé de décider si le conseil de rendre les prisonniers a été salutaire : car d'une part, qui considérera l'irrévérence des peuples, pour ne pas dire leur emportement, tel qu'il y avait à craindre un attentat contre la majesté royale, il semblera que la prudence ne pouvait conseiller un autre parti que celui de la douceur, puisque la force manquait pour les réduire ; d'autre part, c'était une plaie mortelle à l'autorité du prince, et un triomphe que l'on préparait aux peuples sur la dignité souveraine, que d'acquiescer à leur fureur ; là-dessus quelques-uns disaient qu'il aurait mieux valu mener le roi à Saint-Germain, y attendre toute sorte d'événements, que de prostituer la dignité royale aux caprices d'une multitude ; mais M. le duc d'Orléans et le cardinal, naturellement amis des conseils tempérés, ne pensaient qu'à se délivrer du péril présent. Quoi qu'il en soit, il est constant que depuis ce jour le parlement prit de nouvelles forces contre la cour, et force gens de qualité, ou par intérêt, ou par le désir des choses nouvelles, s'engagèrent sérieusement pour la perte du premier ministre.

Or, comme il a été pendant tous ces mouvements l'objet de l'invective publique, et que les plumes et les langues se sont déchaînées dans la dernière licence, il est à propos de rapporter les accusations les mieux fondées, et aussi ses légitimes défenses. On disait, contre le cardinal Mazarin, qu'il était inouï et honteux à la France qu'un étranger, encore sujet originaire d'Italie, en fût le principal ministre, même avec un pouvoir si absolu qu'il était l'arbitre de la guerre et de la paix; que de son pur mouvement il distribuait les honneurs, les offices, les bénéfices, enfin toutes les grâces, non pas au mérite, au service, ni à la condition, mais à l'attachement que l'on avait à sa personne, qui était le véritable titre pour les obtenir; que pour son ambition il avait porté les armes de la France dans la Toscane avec une extrême dépense et sans avantage, et qu'il n'avait pas assisté le duc de Guise dans la révolte de Naples; que par ses propres intérêts, il n'avait pas voulu accepter le traité de paix fait à Munster, et qu'il l'avait éludé par le ministère de Servien, sa créature; que par sa jalousie il voulait perdre le maréchal de Gassion lors de sa mort, et même M. le Prince en Catalogne, parce que sa naissance et sa réputation lui donnaient de l'ombrage; qu'il avait épuisé la France d'argent par des édits pour l'envoyer en

Italie ; qu'il s'était attribué la même puissance sur mer que sur terre, après la mort du duc de Brézé ; qu'il ne savait que les affaires étrangères, encore avait-il perdu la confiance et l'opinion de la bonne foi parmi nos alliés, que le cardinal de Richelieu avait établie pendant son ministère ; et pour celles du dedans, qu'il n'en avait aucune lumière, dont était une preuve certaine la confusion où elles étaient tombées, puisque d'un État tranquille il l'avait rendu divisé et plein de révolte ; qu'il voulait gouverner le royaume par des maximes étrangères, nullement propres à notre nation, et la cour par des adresses si fort reconnues, qu'elles lui tournaient à mépris ; bref, qu'il n'était pas capable d'un si grand fardeau, et qu'il avait perdu son crédit dans l'esprit des peuples.

A ces accusations on répondait que ce n'est pas d'aujourd'hui que les étrangers ont part au gouvernement de l'État, témoin les cardinaux de Lorraine et de Birague, le duc de Nevers, le maréchal de Retz ; que le cardinal Mazarin a été nommé au cardinalat par la France, après des services considérables qu'il a rendus ; que le cardinal de Richelieu, qui connaissait son intelligence, l'avait destiné pour son successeur à son ministère, prévoyant les avantages que l'État en tirerait ; que le feu roi, qui était juste estimateur du mérite des hommes, après la mort du cardinal, l'avait fait chef du conseil ; que la reine venant à la régence par la seule nécessité des affaires, et conformément aux dernières volontés du feu roi, l'y avait laissé ; que ce choix avait été approuvé par tous les gens sages du royaume, et même des princes alliés de la couronne ; qu'ayant répondu par ses services à l'attente que Sa Majesté en avait conçue, elle ne le pouvait abandonner sans manquer à l'État, et de reconnaissance envers un si utile serviteur ; de plus, que toutes les grâces se départaient du consentement des princes, et que bien loin de favoriser ceux qui étaient attachés aux intérêts de la cour, la plainte commune était que dans la distribution il considérait préférablement les serviteurs de M. le duc d'Orléans et de M. le Prince, et que toutes les affaires se proposent au conseil, et que les résolutions s'y prennent ; que l'accusation de s'être opposé à la conclusion de la paix est chimérique, puisque, outre l'intérêt général, le sien particulier l'obligeait à couronner un ministère glorieux de tant de grands événements, par un traité qui l'aurait éternisé dans les affections du public ; mais qu'en effet les Espagnols l'avaient toujours traversé, dont il prenait à témoin M. le duc de Longueville, et même les princes ; que l'expédition d'Orbitello et de Porto-Longone était la plus avantageuse que la France pût faire, et qui aurait plutôt porté les ennemis à une prompte paix, parce que ces places tenaient en sujétion les États du roi d'Espagne qui sont en Italie ; que l'indépendance que le duc de Guise affectait à Naples ne l'avait pas sollicité à le secourir puissamment ; que le maréchal de Gassion voulait s'établir un empire particulier en Flandre, et relever fort peu de la cour, et que M. le Prince ne s'est jamais plaint qu'il ne l'ait assisté en Catalogne et en toutes ses campagnes autant qu'il a pu ; qu'il avait été contraint de chercher des secours par des édits pour fournir aux dépenses de la guerre, que pourtant on avait diminué les tailles, et que le temps n'avait que trop vérifié que ce transport d'argent en Italie était une invention fabuleuse pour le décréditer ; au reste, qu'il avait manié avec assez de bonheur tous les intérêts des princes de l'Europe depuis vingt ans, et que si la bonne intelligence entre la France et les Provinces-Unies avait cessé, c'était par la corruption de quelques particuliers qui avaient été subornés par l'argent d'Espagne ; et quant à l'administration de l'État, il avait suivi les maximes du cardinal de Richelieu, hors qu'il en avait banni la cruauté des supplices ; et que s'il a été obligé de promettre plus qu'il n'a donné, c'est que le nombre de ceux qui servent en France est grand, et que celui des prétendants l'est encore davantage (1) ; que l'État n'a jamais eu plus de prospérité que pendant son ministère, et que si, dans les grandes expéditions, la gloire de l'exécution est due aux généraux, celle du projet lui appartient ; que la France aurait conservé sa tranquillité si chacun y eût conspiré selon son devoir, si les peuples ne se fussent détachés de l'obéissance par la suggestion des gens malintentionnés, ou plutôt si le parlement, qui devait être le modèle de l'obéissance, ne leur eût frayé et ouvert le chemin de la révolte ; que

---

(1) Remarque plus vraie encore de nos jours que du temps de Larochefoucauld.

le poste où il est aujourd'hui a toujours été exposé aux atteintes de la haine et de l'envie dans tous les États, et que ce n'est pas une chose extraordinaire si l'on attaque tantôt son ambition, tantôt son insuffisance; qu'au moins il est heureux que la calomnie, dans ses traits les plus envenimés, n'ait pas jeté le moindre soupçon sur sa fidélité.

Pendant le temps de cette émotion, trois choses arrivèrent qui eurent des suites assez fâcheuses : la première fut l'évasion du duc de Beaufort du donjon de Vincennes, où il était prisonnier depuis le commencement de la régence, pour des raisons qui sont hors de ce sujet ; mais comme il a tenu une place considérable dans ces guerres par les affections du peuple de Paris, il n'est pas hors de propos de la remarquer ; la seconde fut que sur un démêlé qui arriva aux Feuillants entre les gardes du corps et les archers du grand prévôt, le marquis de Gêvres en usa d'une façon qui déplut au cardinal, qui lui fit donner ordre de se retirer, et à Charost et à Chaudenier celui de prendre le bâton, qui s'en excusèrent : sur ce refus on donna leurs charges à Gersé et à Novailles, et par là on obligea les proches et les amis des disgraciés de se porter contre le cardinal, dans un temps où personne ne le ménageait ni en effet ni par discours ; la troisième fut l'emprisonnement de Chavigny, qui mérite un récit particulier.

Ce ministre, si considérable pendant le règne du feu roi, s'était lié avec le cardinal Mazarin, pour leurs intérêts communs, qui est la véritable liaison de la cour et la règle la plus certaine de l'amitié (1). Après la mort du cardinal de Richelieu, Sa Majesté partagea ses affaires à eux deux et à des Noyers, qu'ils ruinèrent incontinent, et demeurèrent dans une étroite union jusqu'à la régence. La reine, qui avait été persécutée par le feu cardinal de Richelieu, prit en aversion Chavigny, et voulut sa perte ; le cardinal Mazarin, ou par une heureuse rencontre d'étoiles, ou par son adresse, ou plutôt par l'entremise de milord Montaigu et de Beringhen, fut non-seulement conservé auprès de sa majesté, mais elle lui donna l'entière direction des affaires : or, quoique Chavigny en attendît une grande protection dans sa chute, il ne s'employa qu'à l'adoucir et à le défendre de tomber dans le précipice, parce que la faveur aussi bien que l'amour ne se partage pas, et ne souffre aucun compétiteur. En effet, on dépouilla son père de la surintendance, et lui de la charge de secrétaire d'État ; seulement on lui laissa ce vain titre de ministre avec l'entrée dans le conseil d'en haut, sans aucun emploi ni considération : voilà ce que le cardinal donna à l'ancienne amitié, et aux étroites obligations auxquelles on fait assez souvent banqueroute dans le monde. Chavigny, piqué de ce traitement qu'il dissimula pendant cinq ans avec beaucoup de prudence, conçut dessein de profiter des conjonctures présentes, et pour se venger, et pour s'élever sur les ruines du cardinal. Pour cela, jugeant que M. le

---

(1) On reconnaît bien là l'auteur des *Maximes*.

Prince, après la bataille de Lens, donnerait la loi à la cour, et serait suivi de tout le monde, il s'ouvrit au duc de Châtillon, à son retour de l'armée, sur l'état présent des affaires, qu'il trouva disposé à l'écouter, par haine contre le cardinal, qui le faisait languir dans l'attente du bâton de maréchal de France; mais comme la prudence se relâche d'ordinaire dans l'excès de nos désirs, il fit la même confidence à Perrault, en qui ne trouvant pas la correspondance qu'il désirait, il s'en repentit, et éprouva que celui à qui vous dites votre secret, devient maître de votre liberté. En effet, Perrault, redoutant avec raison le génie de Chavigny, s'il approchait de M. le Prince, ne déguisa rien de leur conversation au cardinal, qui le fit arrêter par Drouet dans le château de Vincennes, dont il était gouverneur. Cet emprisonnement donna matière au public, qui n'en savait pas les causes secrètes, de blâmer l'ingratitude du cardinal; et ses ennemis dans le parlement représentèrent cette action avec des couleurs très-noires.

En ce temps-là on ôta les finances à Émery, ce qui fut un remède innocent, parce que le mal avait fait trop de progrès pour l'arrêter en sa personne, et le prétexte de la réformation de l'État était changé en un dessein formé de perdre le cardinal; car comme l'autorité des princes et des ministres ne se maintient que par la crainte ou par l'admiration, sa faiblesse lui suscitait des ennemis à vue d'œil qu'il n'avait jamais offensés. En effet, Broussel, Chartron et Viole, dans l'assemblée des chambres, le désignèrent; mais Blancmesnil et le président Novion le nommèrent, et il y fut arrêté une députation solennelle vers M. le duc d'Orléans, M. le Prince et M. le prince de Conti, pour les supplier de se joindre à la compagnie, et d'apporter des remèdes effectifs aux maux qui menaçaient l'État.

La cour était à Rueil lors de cette déclaration contre le cardinal, qui en fut touché vivement, voyant qu'il était pressé de se jeter entre les bras de M. le Prince et d'assurer sa fortune ébranlée par son appui. Le Prince, n'ayant pu jouir du fruit de la victoire de la bataille de Lens, à cause du désordre de Paris, avait été réduit à borner ses conquêtes à la prise de Furnes, où le bonheur le préserva d'une mousquetade qu'il reçut dans les tranchées, faisant qu'elle le toucha en un endroit des reins où il avait son buffle plié en deux, qui amortit le coup de la balle. Incontinent après la prise, il eut ordre de venir à la cour. En ce temps-là, il était regardé de tout le peuple avec admiration, car outre que ce nouveau laurier qu'il avait acquis par sa pure valeur lui donnait un grand rayon de gloire, il n'avait nulle part aux troubles présents, et les deux partis le considéraient comme le défenseur, ou du moins comme l'arbitre de leurs différends. Il semblait même que la fortune l'invitait à concevoir des desseins plus ambitieux, parce que l'abaissement de la cour et l'admiration publique concouraient également à son élévation; mais comme il se bornait à son devoir naturellement, il s'appliquait peu à ménager la bienveillance générale. Il avait admis à sa confiance deux personnes de qualité et de mérite, qui avaient des sentiments bien opposés, savoir : le duc de Châtillon et le maréchal de Gramont; le premier, qui avait d'étroites liaisons de maison et de sa personne avec M. le Prince, lui inspirait de se déclarer pour le parlement, ou du moins de se faire le médiateur des différends avec toute la neutralité possible ; l'autre, attaché par toutes sortes d'intérêts à la cour, employait avec agrément ses persuasions pour lui faire prendre son parti. Il fit en ce rencontre violence sur son naturel, éloigné de ces voies tempérées, et écrivit avec M. le duc d'Orléans au parlement, pour l'exhorter d'envoyer des députés à Saint-Germain, afin de terminer ces divisions dans une conférence. Tant de relations apprennent ce qui s'y est passé, que ce serait une redite superflue; il faut seulement remarquer que les députés ne voulurent pas consentir que le cardinal y assistât, et qu'à la première entrevue, M. le Prince témoigna de la chaleur contre Viole, qui avait mis en avant la liberté de Chavigny, parce qu'il était d'avis qu'on vidât les matières contentieuses, et que l'on convînt des règlements nécessaires dont on formerait la déclaration du roi, en vertu de laquelle Chavigny recouvrerait sa liberté, comme il arriva par cette déclaration authentique du 28 octobre.

Après cette déclaration, qui donna quelque trève aux divisions publiques, il arriva une brouillerie de cour qui troubla durant quelques jours l'union qui était dans le conseil. Elle se passa ainsi : dès le commencement de la régence, l'abbé de la Rivière, possédant absolument la faveur de M. le duc d'Orléans, avait aspiré au cardinalat, et le cardinal Mazarin, pour le rendre plus attaché à ses intérêts, lui en avait donné des espérances dont il éludait l'exécution, ne jugeant pas qu'il lui convînt de souffrir dans le conseil du roi une personne de même dignité que lui; mais de temps en temps il lui procurait des bénéfices pour entretenir sa bonne volonté. Néanmoins, à la naissance de ces troubles, il ne put se défendre des vives instances de l'abbé de la Rivière, pour lui donner la nomination de la France au chapeau, parce qu'il avait besoin d'une entière protection de M. le duc d'Orléans; mais il crut ou que du côté de Rome il y trouverait des obstacles qu'il fomenterait sous main, ou même que le temps ferait naître des occasions à la cour qui en traverseraient l'effet. L'abbé envoie son agent à Sa Sainteté, qui lui donne assurance de sa promotion à la première qui se fera; et dans cette attente il porte son maître à préserver du naufrage cette fortune si fort agitée du cardinal. Comme il se croyait au comble de ses désirs, le prince de Conti, qui ne s'était point encore déclaré pour le chapeau de cardinal, du moins que par une promotion extraordinaire plus honorable à sa naissance, demande, à la persuasion de la cour, la nomination du roi pour la première promotion : on ne la lui peut refuser, et la concurrence de la Rivière est trop faible pour disputer cette préférence, si bien que, ne pouvant s'en prendre au prince de Conti, il s'en prend au cardinal, déteste son ingratitude et oblige M. le duc d'Orléans à ne plus parler à lui. Or, comme il ne pense qu'aux moyens de rompre la nomination du prince de Conti, il tente celui de M. le Prince, et lui fait proposer par Vineuil qu'en cas qu'il ôte à monsieur son frère l'envie du chapeau, que Son Altesse royale lui procurera tel gouvernement qu'il voudra. M. le Prince répond à Vineuil qu'il a assez de bien et d'établissement pour se conserver par ses services et par sa fidélité; que s'il en avait davantage, il deviendrait justement suspect au roi, qui n'aurait point d'autre objet que de le détruire lorsqu'il serait grand; et que sa fortune est dans un état qui n'a besoin que de la modération dans ses désirs. Ces paroles si vertueuses m'ont semblé dignes d'être rapportées, pour faire voir combien l'homme est différent de lui-même, et que son assiette est sujette au changement.

Durant cette division, le roi vint de Saint-Germain à Paris, où M. le duc d'Orléans donnait des marques continuelles de son aigreur contre le cardinal. Il allait fort peu au Palais-Royal, ou ne prenait aucune résolution au conseil, tous les mécontents se ralliaient à lui; il écoutait les frondeurs du parlement; enfin il fallait que ces brouilleries se terminassent par un dernier éclat ou par un accommodement. Le maréchal d'Estrées et Senneterre, personnes de créance, se mêlaient auprès des uns et des autres de l'accord : ils représentaient au duc d'Orléans que cette mésintelligence ne peut plus durer entre la reine et lui sans perdre l'État; que la cause en est odieuse pour Son Altesse royale; que M. le Prince en tirera un notable avantage, parce qu'il sera porté, par l'honneur de sa maison et par sa propre grandeur, à prendre hautement la protection de la cour, et la reine à recourir à lui comme à son seul asile; qu'il réduira les choses par l'impétuosité de sa nature aux dernières extrémités, et que déjà l'on parlait qu'il vient forcer avec le régiment des gardes le palais d'Orléans, pour mettre à la raison cette troupe de mutins qui environnent sa personne. Ils remontaient à la Rivière, s'il prétend pour son intérêt jeter la division dans la maison royale, et causer une guerre civile; s'il est raisonnable qu'il se scandalise de ce qu'on donne la préférence à un prince du sang; qu'il deviendra l'objet de la haine et de la vengeance de M. le Prince et de toute sa maison; que le fardeau qu'il impose à son maître est trop pesant, qu'il s'en lassera bientôt, ou que s'il tombe dans la rupture, d'autres empiéteront sa faveur; quant au cardinalat, que le prince de Conti s'en départirait, ou que la cour demanderait deux chapeaux pour la première promotion.

Ces deux émissaires de la cour trouvèrent dans l'esprit de M. le duc d'Orléans et de la Rivière une grande disposition pour bien concevoir leurs raisons; car le temps avait fort travaillé pour l'accommodement, et ce ministre était déjà persuadé, par sa propre crainte, que les choses devaient retourner au même point de concorde qu'elles étaient auparavant, ainsi qu'il arriva ensuite de cet accord. Il semblait que la déclaration concertée entre le conseil du roi et les députés des cours souveraines assurait le repos de l'Etat, et devait éteindre les moindres étincelles de feu qui l'avaient menacé : mais l'ambition de ceux qui haïssaient le gouvernement présent et qui désiraient des nouveautés, avait jeté de trop profondes racines dans les esprits pour en demeurer dans les termes de la douceur ; ainsi l'on n'omettait aucun soin ni aucune pratique pour inciter le parlement et les peuples à sa perte. On leur représentait que cette grande journée des barricades, cette victoire des sujets sur leur souverain, cette diminution de l'autorité royale, les invectives publiques contre le cardinal ne s'effaceraient jamais de sa mémoire ; que sa faiblesse lui en faisait à présent dissimuler avec prudence les ressentiments, mais qu'ils éclateraient avec d'autant plus de violence, qu'il est inouï qu'on ait attaqué un ministre si puissant sans le ruiner de fond en comble ; qu'il attendait des occasions favorables, une division dans le parlement, une mutation dans les peuples, la majorité du roi, bref le bénéfice du temps qui ne peut manquer à celui qui dispose absolument de la puissance royale : partant il fallait se prévaloir des conjonctures présentes pour se défaire d'un adversaire aussi dangereux ; que M. le duc d'Orléans était modéré et trop éclairé dans les affaires du monde pour s'opposer à un concours universel ; que M. le Prince fera réflexion que le véritable asile des princes du sang, de sa réputation contre la jalousie des favoris, doit être la bienveillance publique, si bien que tout au plus pour complaire à la reine, ils paraîtront le défendre, mais avec faiblesse et retenue ; qu'enfin il faut considérer que la déclaration qui n'a été extorquée que par l'impuissance de la cour, et qui n'aura lieu qu'autant que cette impuissance durera, n'est pas une amitié sincère dans le cœur de la reine, mais une nécessité attendant le moment de se venger.

Ceux qui répandaient ces discours dans le parlement, et les plus déclarés contre la cour, étaient, après Broussel et Longueil, le président de Novion et Blancmesnil, ennemis du cardinal, à cause de la disgrâce de l'évêque de Beauvais, leur oncle, et pour le refus qu'on avait fait de la coadjutorerie de cet évêché à leur cousin ; et Viole, offensé du manquement à la parole qu'il avait eue d'être chancelier de la reine. Mais le personnage en ce temps-là qui, par entremise de ses amis dans le parlement et de ses émissaires dans le peuple, travaillait avec plus de fruit pour former un parti de leur union, était le coadjuteur de Paris. Cet homme, ayant joint à plusieurs belles qualités naturelles et acquises, le défaut que la corruption des esprits fait passer pour vertu, était entaché d'une ambition extrême et d'un désir déréglé d'accroître sa fortune et sa réputation par toutes sortes de voies ; si bien que la fermeté de son courage et son puissant génie trouvèrent un triste et malheureux objet qui fut le trouble de l'État et la confusion de la ville capitale dont il était archevêque : or, comme il jugeait que ce parti sans un chef ne pourrait pas subsister, il jeta les yeux sur M. le Prince, qu'il tenta par de si fortes raisons que l'on a dit qu'il en fut persuadé, ou qu'il fit semblant de l'être, même qu'il avait donné sa parole à Broussel et à Longueil de se mettre à leur tête. Soit que cette parole ne fût pas véritable, et que le duc de Châtillon, qui négociait de sa part avec les frondeurs, l'eût avancée sans ordre par sa propre inclination, ou plutôt que M. le Prince la donnât exprès pour les empêcher de s'adresser à M. le duc d'Orléans durant son mécontentement, tant il y a qu'il détrompa ceux qui le soupçonnaient de favoriser des nouveautés.

Le coadjuteur, se voyant hors d'espérance d'avoir un chef de cette considération, tourna ses espérances vers le prince de Conti, dont la seule naissance a de grandes suites dans le royaume. Ce prince était mal satisfait de n'avoir pas place au conseil, et l'était encore davantage du peu de cas que M. le Prince faisait de lui; d'ailleurs, comme il était possédé entièrement par la duchesse de Longueville, sa sœur, qui était piquée de l'indifférence que M. le Prince avait pour elle, il s'abandonnait sans réserve à tous ses sentiments. Cette princesse, qui aura grande part à la suite de ces affaires, avait tous les avantages de l'esprit et de la beauté en si haut point, et avec tant d'agrément, qu'il semblait que la nature avait pris plaisir de former en sa personne un ouvrage parfait et achevé; mais ces belles qualités étaient moins brillantes à cause d'une tache qui ne s'est jamais vue en une princesse de ce mérite, qui est que, bien loin de donner la loi à ceux qui avaient une particulière adoration pour elle, elle se transformait si fort dans leurs sentiments, qu'elle ne reconnaissait plus les siens propres.

En ce temps-là le prince de Marsillac avait part dans son esprit, et, comme il joignait l'ambition à son amour, il lui inspira le désir des affaires, encore qu'elle y eût une aversion naturelle, et s'aida de la passion qu'elle avait de se venger de M. le Prince, en lui opposant le prince de Conti. Le coadjuteur fut heureux dans son projet par la disposition où il trouva le frère et la sœur, qui se lièrent avec les frondeurs par un traité, dans lequel entra aussi le duc de Longueville, poussé par des espérances de faire réussir au parlement ses prétentions mal fondées de prince du sang.

La cour, voyant que les menées de ses ennemis prévalaient à un point qu'on demandait ouvertement la perte du cardinal, mit toute son espérance à M. le duc d'Orléans et à M. le Prince, et crut que leur union à Leurs Majestés les mettrait à la raison ; or, comme le mal avait pénétré si avant qu'il fallait la force pour le déraciner, elle jugea que la nature tempérée de M. le duc d'Orléans y serait moins propre que celle de M. le Prince, incapable de toute modération, joint à cela que sa réputation dans la guerre, l'éclat de ses victoires, le secours de ses troupes, donneraient de la terreur dans les esprits : de sorte qu'on s'appliqua particulièrement à l'acquérir à une cause si juste. La reine y employa des persuasions très-puissantes, à savoir des larmes et des paroles assez tendres, en lui disant qu'elle le tenait pour son troisième fils. Le cardinal lui promit qu'il serait toute sa vie dépendant de ses volontés : le roi même, en l'embrassant, lui recommanda le salut de son État et de sa personne, si bien que la cour le considérait comme le principal défenseur de sa fortune. Mais ceux qui le déterminèrent furent le maréchal de Gramont et le Tellier par de semblables persuasions : ils lui représentèrent que de degré en degré le parlement envahissait toute l'autorité; que, sans borner son ambition par la déclaration du 28 octobre, non-seulement il voulait connaître des affaires de la guerre, mais encore se donner le pouvoir d'ôter les ministres, afin qu'en même temps il s'attribuât celui d'en établir de nouveaux à son choix, et qu'encore que les mutations fréquentes soient pernicieuses aux États, voire même qu'il soit plus avantageux quelquefois d'en souffrir un mauvais que de le changer, qu'il y a péril que si on souffre une usurpation jusqu'à présent inouïe, il n'attaque les personnes privilégiées, et qu'il y ait rien d'assez sacré qui ne soit violé par cette licence; que la condition des conseillers serait belle s'ils imposaient des lois aux rois, et celle des princes du sang misérable, s'ils les recevaient; que cette nouvelle pratique choque la monarchie, qui est absolue et indépendante, et contraire aux constitutions de la France, et même à l'institution du parlement; que s'il y a des abus dans le royaume, ils doivent être réformés par les assemblées des états généraux, et non pas par des arrêts d'une compagnie dont les suffrages sont plutôt comptés que pesés; que toutes les fois que le parlement avait été au-delà de son devoir, il avait reçu des corrections sévères, tantôt du feu roi, tantôt de Henri IV et de Charles IX, et des autres rois leurs prédécesseurs, pour des sujets moins dangereux que celui-ci; que les grands empires ne se maintiennent point par de lâches conseils; qu'il faut faire épreuve de son courage et de ses forces, et que la justice des souverains consiste dans leur pouvoir; que lui, M. le Prince, est intéressé en la personne du cardinal, de s'opposer à une entreprise qui tend à la destruction de la maison royale; et que si M. le duc d'Orléans et Son Altesse ne veulent tenir ferme à ce pas, la reine sera contrainte d'aller avec ses enfants implorer le secours des princes alliés de la couronne, outre que M. le Prince croyait que les innovations faites par le parlement à la déclaration blessaient l'établissement de la paix.

Ces discours, qui représentaient l'image de la chose assez vraisemblablement, firent tant d'impression sur son esprit, qu'il ferma les oreilles à toute neutralité, sans se soucier de perdre la bienveillance publique. Il est certain que les grands génies, comme celui de M. le Prince, produisent de grandes vertus, mais qu'ils paraissent aussi avec de grands défauts, et que, par une immodération invincible, il a ruiné tous les avantages que la fortune et la nature avaient joints à l'envie en sa personne, qui étaient tels qu'ils auraient surpassé la gloire des plus grands hommes des siècles passés, si la piété, la justice et la solidité eussent répondu à cette valeur suprême, à cette fermeté incroyable dans les adversités, et à ces belles lumières d'esprit qui se faisaient remarquer en lui.

M. le Prince se serait fait adorer de tout le monde s'il se fût ménagé dans le dessein de traiter les affaires avec douceur ; au lieu qu'il a été contraint, par sa conduite précipitée, de recourir à des moyens qui l'ont porté à des extrémités étranges. Il accompagna M. le duc d'Orléans au parlement, et, poussé de sa mauvaise destinée, aussitôt que Viole eut invoqué le Saint-Esprit pour illuminer MM. les princes sur la conduite du cardinal, M. le Prince se lève, et lui impose silence ; cela excite inconsidérément le murmure des plus jeunes conseillers ; il s'enflamme par ce bruit, et les menace de la main et de la parole. Dans ce moment il perd les affections de la compagnie, et lorsque cette action se fut répandue dans le monde, l'estime que l'on avait conçue de lui par ses victoires se changea en crainte, et l'amitié dans une haine, pour ne pas dire exécration contre sa personne, dont il n'est revenu que par des fortunes signalées.

Or, comme il était intéressé par sa propre querelle dans celle de la cour, il écoute toutes les propositions pour réduire le parlement : on lui fait voir que le plus prompt et le plus sûr moyen est d'assiéger Paris ; que, saisissant toutes les avenues dans trois marchés, on met la corde au cou à la multitude qui s'élèvera contre le parlement, et le rendra auteur de tous ses maux ; enfin que les Parisiens sont sans chefs, sans troupes, et accoutumés aux délices. Il goûte ces raisons qui lui semblent bonnes, parce qu'il est animé par sa colère, à qui rien n'est impossible, de sorte qu'il se rend chef de l'entreprise, et résout d'assiéger Paris sous les ordres de M. le duc d'Orléans, qui résiste d'abord à ce dessein ; mais les instances de la reine, les persuasions de l'abbé de la Rivière, et la résolution déterminée de M. le Prince, l'emportèrent sur ses sentiments et les avis contraires de Mme la duchesse d'Orléans. Cette résolution étant prise, M. le Prince et le maréchal de la Meilleraye proposèrent, pour venir à bout plus promptement des Parisiens, de se saisir de l'île Saint-Louis, de la porte Saint-Antoine, de l'Arsenal et de la Bastille, et de mettre Leurs Majestés dans l'Arsenal. Mais soit que cette proposition ne fût pas assez appuyée, ou que l'on craignit d'exposer la personne du roi, on aima mieux abandonner Paris pour l'assiéger.

En effet, après que Sa Majesté eut solennisé la veille des Rois chez le maréchal de Gramont, elle se retira au Palais-Cardinal, d'où elle partit le lendemain à trois heures du matin avec la reine, le cardinal Mazarin, et toute la maison royale, hors Mme de Longueville, pour se rendre à Saint-Germain, où tous les grands et tous les ministres arrivèrent le même jour ; et aussitôt, dans le conseil qui fut tenu, le blocus de Paris fut publié et répandu dans toute la cour.

[1640.] Cette sortie, ou, pour mieux dire, cette évasion, donna de la joie aux factieux, et ne fut pas approuvée des gens sages, qui l'estimaient indécente à la dignité souveraine, dont les princes doivent être jaloux, puisque la splendeur du nom royal reluit principalement dans la vénération des peuples. Celui de Paris ne fut pas si consterné qu'on pensait ; au contraire, comme s'il eût pris vigueur de l'état où l'on voulait le mettre, il témoigna être préparé à toutes les suites qui le menaçaient, et la crainte ne le retint point de déclamer contre le cardinal, M. le Prince, la reine, et tous ceux qu'il croyait avoir conseillé cette sortie, que l'on appelait enlèvement du roi. Le parlement parut moins ferme en cet accident, parce qu'il en prévoyait mieux les conséquences, et dès la première assemblée, il députa les gens du roi porter leurs soumissions et des offres très-avantageuses, qui furent renvoyés sans être ouïs : tant une vaine espérance s'était emparée de toute la cour, qu'à la première alarme du siége, les Parisiens obéiraient aveuglément. Ils en furent incontinent détrompés ; car dès le lendemain, qui était le 8 janvier, que les gens du roi eurent fait leur rapport, que l'on ne put plus douter du dessein de la cour, le parlement déclara le cardinal ennemi de l'État ; on délivra des commissions pour des levées de gens de guerre ; les compagnies se taxèrent volontairement ; l'on pourvut à l'abondance des vivres, et le peuple se porta avec beaucoup d'ardeur à la défense, tant il est vrai que la crainte produit assez souvent l'audace, et qu'il n'y a rien de plus puissant pour mettre les armes à la main que le désespoir.

Cependant M. le Prince, avec six ou sept mille hommes, qui étaient les débris de l'armée de la campagne dernière, bloqua Paris, se saisissant de Lagny, Corbeil, Saint-Cloud, Saint-Denis et Charenton : chose incroyable à la postérité, qui l'admirera en même temps d'avoir par sa conduite et par sa vigilance assiégé la plus grande et la plus peuplée ville de l'Europe, où tant de princes et de seigneurs s'étaient renfermés avec une armée plus forte que la sienne. Or, comme la cour ne manque point de malcontents, le duc d'Elbœuf, et ses trois fils, le duc de Brissac et le marquis de la Boulaye, s'offrirent les premiers au parlement, qui ne faisait que d'installer le duc d'Elbœuf dans la charge de général de ses armes, lorsqu'il apprit que le prince de Conti et le duc de Longueville, accompagnés du prince de Marsillac et de Noirmoustier, étaient partis secrètement la nuit de Saint-Germain, et avaient mis pied à terre à l'hôtel de Longueville, lesquels venaient, selon l'engagement qu'ils y avaient pris avec le coadjuteur, se déclarer pour le parti de Paris. Cette nouvelle arrivée donna lieu à quelque contestation pour le commandement, laquelle fut terminée par la nomination que l'on fit du prince de Conti pour généralissime, et du duc d'Elbœuf pour général, auquel furent associés le duc de Bouillon et le maréchal de la Mothe avec un pouvoir égal. M. de Longueville ne voulut prendre aucun emploi, hors d'assister de ses conseils le prince de Conti, s'estimant au-dessus des derniers et ne pouvant être égal au premier. Le prince de Conti eut bien de la peine à justifier la sincérité de ses intentions, parce que le public, qui ignorait sa mésintelligence avec M. le Prince, qui était le véritable chef de l'entreprise contre Paris, ne s'en pouvait assurer; même Prévôt, conseiller de la grand'chambre, se donna la liberté, comme si cette confédération mutuelle, qu'ils prenaient contre leur devoir, lui eût inspiré de la hardiesse de manquer de respect à un prince du sang; encore fallut-il que Mme de Longueville vînt demeurer dans l'hôtel de ville, pour servir de gage de la foi de son frère et de son mari auprès des peuples, qui se défient naturellement des grands, parce que d'ordinaire ils sont les victimes de leurs injures.

Ce départ de M. le prince de Conti et de M. de Longueville de Saint-Germain y causa bien de l'étonnement par leur propre poids, mais encore plus par le doute qu'il y mit que M. le Prince ne fût de la partie, dont le cardinal et la reine prirent des frayeurs extraordinaires qui furent aussitôt dissipées par son retour de Charenton. Il fulmina contre eux, et fut animé avec plus d'ardeur en cette querelle pour se venger de ses proches qu'il croyait devoir dépendre absolument de ses volontés. On dit que dans ce temps le cardinal résolut de quitter la France, ne croyant pas se pouvoir conserver au milieu de toutes ces tempêtes, destitué de son appui; mais que le M. Prince le rassura, et donna sa parole à la reine de périr, ou qu'il le ramènerait à Paris triomphant de tous ses ennemis. Cependant le parti de cette ville ne grossissait pas peu par la déclaration d'un prince du sang, dont la qualité a de grandes suites dans le royaume, et d'un autre prince quasi absolu dans son gouvernement de Normandie. Le maréchal de la Mothe s'était aussi rendu considérable dans les armées; mais le duc de Bouillon l'était sans comparaison quasi davantage par l'intelligence qu'il avait des affaires du monde, et par l'étroite liaison avec son frère le maréchal de Turenne, lequel, commandant en ce temps-là l'armée d'Allemagne, on pouvait présumer qu'il sacrifierait son devoir au rétablissement de sa maison, et à quelque mauvaise satisfaction qu'il avait du cardinal. En effet, M. le Prince, qui tenait ses deux frères pour ses amis, écrivit au duc de Bouillon qu'il appréhendait que la retraite du prince de Conti et de Longueville ne passât dans son esprit pour avoir été concertée avec lui, mais qu'il avait voulu l'en désabuser, et le conjurer de revenir à Saint-Germain, où il lui procurerait toute satisfaction à ses intérêts. M. de Bouillon fit lire cette lettre au parlement, et les ministres étant informés de la mauvaise volonté de M. de Turenne, le roi et M. le Prince, qui avaient grande créance parmi les troupes allemandes, écrivirent au colonel de ne le plus reconnaître, et de l'abandonner, ainsi qu'il arriva; ce qui fut le salut de la cour.

En ce temps même le duc de Beaufort arriva à Paris,

il avait erré dans les provinces delà la Loire depuis son évasion de Vincennes, et trouvait cette occasion favorable pour se rétablir dans le monde. Il était venu offrir son service au parlement, qui le purgea de l'accusation d'avoir conspiré contre la vie du cardinal Mazarin, le reçut pair de France et le fit un de ses généraux. Or, quoique son génie ne soit pas des plus relevés, sa présence, son langage et ses manières populaires, avec une conduite assez adroite, lui acquirent l'amour du peuple de Paris, d'autant plus tôt qu'il le croyait irréconciliable avec le cardinal par l'offense de sa prison, dont il ne déchut que lorsqu'il fut contraint par la révolution des affaires de s'accommoder avec lui. Cependant les troupes du roi occupaient tous les postes des environs de Paris, et, quoique le parlement en eût un plus grand nombre, ses généraux ne faisaient aucun effort pour ouvrir un passage, si bien que les vivres ne venaient qu'avec difficulté, hors du côté de la Brie, parce que M. le Prince n'avait pu mettre garnison à Brie-Comte-Robert, pour ne point diviser ses forces, et même avait abandonné Charenton, dont M. le prince de Conti s'était emparé, qui l'avait fait fortifier, et y avait mis trois mille hommes sous la charge de Clanleu.

Cela fit résoudre M. le Prince d'attaquer ce poste qui assurait le convoi des Parisiens, et aussi pour donner de la terreur à ses armes. Y étant donc allé le huitième février avec M. le duc d'Orléans, avec tous les princes et seigneurs de la cour, il en commit l'attaque au duc de Châtillon, et se porta avec la cavalerie sur une éminence pour empêcher le secours de Paris. Le duc exécuta ses ordres avec toute la valeur possible ; mais à la dernière barricade, il reçut un coup de mousquet au travers du corps, dont il mourut le lendemain en la fleur de son âge, regretté des deux partis pour ses belles qualités, et à la veille des dignités que ses services lui avaient acquises. Cette prise décrédita fort les généraux et les troupes du parlement, et passa pour miraculeuse en la personne de M. le Prince, d'avoir emporté une place en la présence d'une armée et aux portes de Paris, dont il était sorti dix mille hommes en armes pour en être les témoins. Ce combat et ceux du bois de Vincennes, de Lagny et de Brie, tous désavantageux au parti de Paris, dans l'un desquels le jeune duc de Rohan, se montrant digne successeur de la vertu de son père, perdit la vie, inspirèrent quelque pensée de paix, à laquelle néanmoins il était malaisé de parvenir pour la diversité d'intérêts qui y répugnaient dans le parlement. Le nombre des malintentionnés pour la paix, quoique inférieur à l'autre, brillait davantage, parce qu'il déguisait sa haine et son ambition du nom du bien et de la sûreté publique, que l'on ne pouvait, disait-on, trouver dans un accord avec le cardinal. Les plus sages n'osaient faire paraître leurs bonnes intentions, parce que, outre le danger qu'il y avait, elles auraient été éludées, et il fallait attendre que les esprits fussent lassés, et le parti plus affaibli d'effets et d'espérances, pour se déclarer. Parmi le peuple, les plus riches ne voulaient pas s'exposer à la multitude, laquelle ne souffrant pas beaucoup de nécessité, et étant animée par quelque gens de condition, était assez aise de cette image de la guerre, et criait contre ceux qui voulaient la paix; tous les généraux, à la réserve de M. de Beaufort, qui se laissait aller à la haine du cardinal et à l'amour du peuple, dont il prétendait se prévaloir dans les suites du temps, méditaient leur accommodement particulier et chacun avait des liaisons secrètes à la cour pour avoir ses conditions meilleures.

M. d'Elbeuf avait son commerce dès le commencement avec l'abbé de la Rivière, M. de Bouillon avec M. le Prince, et le maréchal de la Mothe était attaché avec M. de Longueville, lequel était retiré en Normandie, où il se fortifiait d'armes, de troupes et d'argent, pour faire son traité plus avantageux par l'entremise de M. le Prince. Pour le prince de Conti, comme il n'était inspiré d'autre mouvement que de ceux de sa sœur, qui était cruellement outragée par des propos injurieux que M. le Prince tenait de sa conduite, il fallait que le temps adoucît ses aigreurs, et que la nécessité des affaires conviât cette maison à se réconcilier, comme il arriva bientôt. Il n'y avait que le coadjuteur qui avait été le principal mobile de cette guerre, dans laquelle il n'avait que trop profané son caractère parmi la sédition et les armes qui bannissaient de son esprit toute pensée de paix, et en traversaient les pourparlers, parce qu'il ne trouvait point lieu de satisfaire son ambition. D'autre part, la cour, enflée de ses bons succès, et, par les belles actions militaires de M. le Prince, en présumant encore de plus grands, voulait imposer des conditions trop rigoureuses au parti contraire, si bien que la nécessité apparente fut une loi souveraine qui détermina les deux partis à un traité de paix ; outre que la guerre civile étant contraire à tout le monde, chacun revenait de ses erreurs et animosités, et aussi que c'est l'air de notre nation de rentrer dans son devoir avec la même légèreté qu'elle en sort, et de passer en un moment de la rébellion à l'obéissance.

Voici donc le sujet présent qui parut. Le roi envoya, le 12 février, un héraut vêtu de sa cotte d'armes, avec son bâton semé de fleurs de lis, accompagné de deux trompettes. Il arriva à la porte de Saint-Honoré, et dit qu'il avait trois paquets de lettres à rendre au prince de Conti, au parlement et à la ville. Le parlement en étant averti, délibéra de ne le point recevoir ni entendre, mais envoyer les gens du roi vers la reine pour lui dire que ce refus était purement une marque d'obéissance et de respect, puisque les hérauts ne sont envoyés qu'à des princes souverains ou à des ennemis ; le prince de Conti, le parlement, la ville, n'étant ni l'un ni l'autre, ils suppliaient Sa Majesté de lui faire savoir ses volontés de sa propre bouche. Les gens du roi furent fort bien reçus par la reine, qui leur dit qu'elle était satisfaite de leurs excuses et soumissions, et lorsque le parlement se mettrait en son devoir, il éprouverait les effets de sa bienveillance, et que les personnes et les fortunes de tous les particuliers, sans en excepter un seul, y trouveraient leurs sûretés. M. d'Orléans et M. le Prince leur donnèrent ces mêmes assurances. Ce radoucissement si prompt de la cour était causé par plusieurs raisons essentielles : car, outre la constance des Parisiens, la difficulté de faire des levées d'hommes et d'argent, la débauche de la Guienne, de la Provence et de la Normandie, et de plusieurs villes qui suivaient le parlement, comme Poitiers, Tours, Angers et le Mans, il y avait encore un plus pressant motif qu'il faut savoir.

Le prince de Conti, voyant que l'armée d'Allemagne s'était tournée au passage du Rhin pour venir en France contre M. de Turenne, et que son parti ne pourrait subsister sans un puissant secours étranger, avait envoyé le marquis de Noirmoustiers et Laigues vers l'archiduc, le convier de joindre ses forces au parti de Paris, pour contraindre les ministres à faire la paix générale. Les Espagnols n'avaient garde de manquer à une occasion si favorable pour fomenter nos divisions et en tirer avantage, ou par un traité, ou dans le progrès de la guerre. Pour cet effet, l'archiduc députa un homme au parlement, qui y fut ouï après avoir donné sa lettre de créance, non sans quelque tache de ce corps, s'il n'était excusable sur la nécessité de sa défense (1). Il y exposa dans son audience

(1) Larochefoucauld est ici trop indulgent. Mais comment se justifierait-il d'avoir tenu la même conduite ? C'est donc pour lui qu'il plaide.

la jonction du roi catholique à cette compagnie pour la paix générale, qui serait le seul objet de l'entrée de ses forces en France, et non pas pour profiter de la faiblesse de la frontière, et qu'il trouvait plus de sûreté de la traiter avec le parlement qu'avec le cardinal qui l'avait rompue, et qui s'était rendu ennemi de l'État. En effet, Vautorte, envoyé par la cour vers les ministres d'Espagne en Flandre, pour insinuer quelques propositions de paix, n'avait pas été favorablement écouté, et penchait du côté du parlement pour relever ce parti qui allait à son déclin ; si bien que les offres de l'archiduc au parti de Paris, lesquelles il exécutait par son entrée effective en France, accompagné de deux agents du prince de Conti avec quinze ou seize mille hommes, donnant une juste appréhension à la cour, l'avait fait tout d'un coup résoudre d'accommoder l'affaire de Paris. D'autre part, les dispositions pour la paix n'étaient pas moins puissantes dans le parti contraire : la nécessité des vivres augmentait dans Paris, les taxes étaient consommées, la difficulté d'avoir de l'argent était très-grande ; leurs troupes dépérissaient, ou par l'avarice des officiers, ou par le peu de subsistance, ou par le peu de satisfaction de leurs généraux ; leurs armes décréditées ; enfin le dégoût avait saisi la plupart des esprits, ou par l'incommodité, ou parce que c'est le naturel des peuples de se lasser promptement des choses qu'ils ont entreprises avec plus de chaleur. Le premier président et le président de Mesmes, qui avaient agi secrètement de concert avec les ministres pendant tous ces mouvements, se servaient avec adresse de ces dispositions pour mettre en avant un traité de paix ; et comme ils furent députés avec d'autres pour porter à la reine la lettre de l'archiduc et la créance de son envoyé, et justifier la compagnie de l'avoir entendu, mais aussi qu'elle n'avait pas voulu délibérer sur la réponse sans savoir ses volontés, ils avaient eu une conférence, à part des autres députés, avec M. le duc d'Orléans et M. le Prince, dans laquelle agissant pour la paix ensemble, eux insistant sur l'ouverture des passages, les princes leur avaient promis que l'on en déboucherait un aussitôt que le parlement donnerait un plein pouvoir à ses députés pour traiter la paix. Or, quoique cette conférence secrète fît murmurer le parlement et les peuples qui étaient aux portes de la grand'chambre, le premier président, qui n'a jamais manqué de fermeté dans les occasions, ni de zèle pour le bien public, ayant dit qu'elle n'avait été que pour retirer la réponse de la reine qui était injurieuse à la compagnie, à cause de la réception de l'envoyé d'Espagne, porta les esprits à donner un plein pouvoir, sans restriction de l'arrêt du 8 janvier, contre le cardinal et les ministres étrangers, les chargeant des intérêts des généraux et des parlements de Normandie et de Provence, qui s'étaient liés avec le parlement de Paris, auxquels se joignirent les autres députés des compagnies des comptes, des aides et de l'hôtel de ville.

Pendant que cette célèbre députation s'acheminait

vers Saint-Germain, Leurs Majestés et les deux princes avaient envoyé des personnes de qualité à la reine d'Angleterre, se condouloir de la mort funeste du roi son mari. Flammareins, qui en était un, avait visité, de la part de l'abbé de la Rivière, le prince de Marsillac, blessé d'un coup de mousquet qu'il avait reçu dans le combat à Brie-Comte-Robert, contre le comte de Grancey, et en cette visite avait fait des ouvertures secrètes, avantageuses au prince de Conti, lui offrant son entrée au conseil, et une place forte en Champagne, pourvu qu'il se portât à l'accommodement, et qu'il se désistât de sa nomination au cardinalat en faveur de cet abbé. Cette proposition, faite du su de M. le Prince, qui voulait réunir sa maison avec lui, fut approuvée de M. de Marsillac, et aussitôt de M. de Longueville et du prince de Conti. En ce temps, M. de Longueville fut persuadé par M. le Prince de retarder son secours pour Paris, et de traiter avec la cour, sous la promesse, dont il fut garant, du gouvernement du Pont-de-l'Arche et d'une grande charge. M. de Bouillon eut aussi quelque assurance de M. le Prince pour lui et pour M. de Turenne ; mais, soit qu'il ne s'y fiât pas beaucoup, ou qu'il conçût d'autres espérances, il apporta tous les obstacles qu'il put à la conclusion de la paix : ainsi la fidélité est rare dans les guerres civiles pour les mutuelles liaisons et correspondances qui se trouvent entre les gens de différents partis, et il y a toujours des traités particuliers qui précèdent le traité général. Par ces accords secrets, des chefs si considérables, ne conservant que de la bienséance pour leur parti, nécessitaient les plus zélés d'acquiescer à la paix, ou de témoigner une impuissance honteuse.

Cependant les conférences à Rueil se pensèrent rompre sur la nomination que la reine fit du cardinal pour député conjointement avec les deux princes ; ceux du parlement ne le pouvant admettre, puisqu'il avait été condamné, on prit l'expédient de négocier par deux députés de chaque parti, qui furent le chancelier et le Tellier pour la cour, et le président de Coigneux et Viole pour le parlement. Enfin, après plusieurs débats et contestations, l'on demeura d'accord de la paix, dans laquelle, quoique le cardinal fût conservé, il ne laissa pas de se plaindre aux princes qu'il avait été subhasté (1) (par un terme de l'ancienne Rome), et qu'il lui fallait restituer ses meubles et habits, et ses livres vendus par arrêt du parlement. Cette nécessité leur parut peu importante, à l'égard du danger où les mettait l'approche de l'armée d'Espagne. Les principaux articles étaient qu'on renverrait les députés de l'archiduc sans réponse, une amnistie pour tout le parti, toutes les déclarations et arrêts révoqués et annulés depuis le 6 janvier, et les semestres des parlements de Normandie et de Provence supprimés à certaines conditions. Ceux qui étaient ennemis de cette paix prirent le prétexte de quelques articles pour la

(1) *Subhasté*, c'est-à-dire dépouillé de ce qu'il possédait par autorité de justice. *Venditio sub hastâ*.

décrier, principalement le coadjuteur, irrité de ce qu'ayant excité la guerre, elle était terminée sans lui, et que de tous les avantages que son ambition lui avait figurés, il ne lui restait que la honte d'avoir travaillé pour renverser l'État.

Il s'était étroitement associé à M. de Beaufort, du crédit duquel il se servait dans toutes les occurrences, et en celle-ci il n'oublia rien pour rendre le traité odieux envers les peuples, le parlement et les généraux : il leur représentait que cette guerre n'ayant été faite que pour éloigner le cardinal, il était conservé par cette paix, et même que l'arrêt du 8 janvier, contre lui et les ministres étrangers, avait été révoqué; où est donc le fruit de tant de peines et souffrances, et si le parlement ne tombera pas dans le mépris du peuple par une telle lâcheté ? et que même les généraux ont été abandonnés dans leurs intérêts au préjudice de l'union. Mais ce qui aigrissait le plus les esprits avec quelque sorte de raison, était que le cardinal avait signé le traité, la plupart disant qu'ayant signé il y avait nullité, puisque la conférence était contre lui, et qu'il y avait lieu de s'étonner que les députés eussent souffert un homme condamné à conférer et signer avec eux. Lui et ses émissaires avaient provoqué par semblables discours le parlement et les peuples qui menaçaient les députés des dernières extrémités. Aussi, lorsque le premier président voulut faire la lecture du procès-verbal et des articles dans l'assemblée des chambres, il fut empêché par les grandes clameurs et murmures des conseillers et par les plaintes des généraux; mais soit que, balançant les incommodités de la guerre civile avec la dureté des articles, la plus saine partie du parlement jugeât la paix nécessaire, ou que l'on s'aperçût que c'était l'ambition du coadjuteur et de quelques particuliers qui leur inspirait cette aliénation, la compagnie pensa à renvoyer les mêmes députés à Saint-Germain, pour réformer trois articles, sans parler du cardinal, et pour traiter des intérêts des généraux, qui seraient insérés dans la même déclaration.

Cet avis assez doux fut ouvert par Broussel, et pour cela suivi des frondeurs et des mazarins, non sans quelque soupçon, peut-être injuste, que la promesse secrète qui lui avait été faite du gouvernement de la Bastille, avait à ce coup ralenti ce bon homme; tant il y a peu de gens qui se garantissent des charmes de l'intérêt. Comme le coadjuteur vit que le parlement, dans la réformation des articles, n'avait point insisté contre le cardinal, il fit trouver bon au prince de Conti d'envoyer quelqu'un de sa part et des autres généraux à la conférence de Saint-Germain, qui se tenait principalement pour l'intérêt des généraux, pour poser qu'ils renonçaient à toutes leurs prétentions, pourvu que le cardinal s'éloignât du ministère, et à même temps de supplier le parlement d'ordonner à ses députés d'insister conjointement avec eux. Le prince envoya le comte de Maure à Saint-Germain, et demanda l'union de la compagnie à cette fin : elle lui fut accordée ; mais comme on n'en avait fait aucune mention dans le traité premier, que même le duc de Brissac, Barrière et Grécy, députés des généraux, avaient fait d'autres propositions pour leurs intérêts, que déjà l'on avait goûté les douceurs de la paix par le trafic rétabli et la cessation de tous actes d'hostilité, la reine et les princes répondirent aux pressantes instances du comte de Maure qu'ils ne consentiraient jamais à l'éloignement du cardinal, et que, pour les prétentions des généraux, elles étaient de grâce ou de justice : que celles de justice leur seraient conservées ; que pour celles de grâce, Sa Majesté les donnerait au mérite, et les ferait dépendre de sa pure volonté. Ainsi toutes leurs prétentions, la plupart mal fondées, s'évanouirent, et il n'y eut que le prince de Conti qui eut Damvilliers, M. de Longueville le Pont-de-l'Arche, et Broussel la Bastille, ce qui ne fut exécuté que quelque temps après : il y eut aussi quelques arrérages de pensions distribués à propos. Quant au parlement, il fut satisfait sur la réformation des trois articles pour lesquels ses députés avaient été envoyés. Sa Majesté le dispensa de venir à Saint-Germain, où elle devait tenir son lit de justice, et on retrancha ce qui était relatif à la cessation de l'assemblée des chambres, et aux emprunts à faire par le roi. Ainsi, les principaux intéressés étant contents, les députés revinrent à Paris, où, les chambres assemblées, la déclaration du roi pour la paix fut vérifiée, et il fut ordonné que Leurs Majestés seraient remerciées de la paix qu'il leur avait plu donner à leurs sujets.

Telle fut la fin de cette guerre, dans laquelle aucun des deux partis n'ayant surmonté l'autre, pas un n'obtint ce qu'il s'était proposé ; car le parlement et le cardinal demeurèrent dans leur même splendeur, et l'état présent des choses ne changea point : partant, la paix, dans laquelle prirent fin toutes les horreurs de la guerre civile pour quelque temps, fut reçue avec une allégresse universelle, à la réserve de ceux dont la condition languit dans la tranquillité publique, qui ne se relèvent que par les factions, et qui établissent leur sûreté et leur bonheur dans le naufrage des autres. Mais le feu de la guerre civile n'était pas si éteint par cette paix du parlement qu'il ne se rallumât quelque temps après, pour se répandre avec plus de violence dans les principales provinces du royaume ; et certes il était difficile que la reine eût une reconnaissance proportionnée aux grands services que M. le Prince lui avait rendus, et aussi que M. le Prince se contînt dans la modestie qu'il devait, après avoir si utilement servi, car les dettes de cette nature, ne se pouvant payer, produisent ordinairement de la haine dans l'esprit du souverain, et en même temps inspirent des pensées de domination aux sujets qui ne le peuvent souffrir : or, comme le cardinal avait principalement senti le fruit des assistances de M. le Prince, il était aussi le plus exposé à ses plaintes, à ses demandes, à ses menaces et à sa mauvaise humeur.

Quelque temps devant les troubles, le cardinal, voulant établir le siége de sa fortune en France, pour s'y appuyer par de grandes alliances, avait jeté les yeux sur le duc de Mercœur, qu'il destinait pour épouser une de ses nièces; il lui avait fait permettre qu'il vînt à la cour, que le duc de Vendôme retournât dans l'une de ses terres, et il avait cessé sa persécution contre le duc de Beaufort. Cela fit juger aux plus clairvoyants que le cardinal, qui prévoyait combien la protection de M. le Prince lui serait onéreuse avec le temps, tentait toutes les voies possibles pour s'en passer, et qu'il espérait qu'ayant apaisé les mécontents de la régence, et aussi par les nouveaux appuis qu'il prendrait, il réussirait à se délivrer de sa dépendance. Ce projet fut interrompu par la guerre, et repris quelque temps après la paix, lorsque la cour étant à Compiègne, où le duc de Vendôme était, le cardinal n'omit aucun soin pour le faire réussir. La reine en parla à M. le Prince, qui n'osa contredire cette proposition, soit qu'il n'en prévît pas, ou qu'il en méprisât la conséquence, ou plutôt qu'il craignît l'éclat qui résulterait de ce refus.

M. de Longueville, qui s'était rétabli dans l'esprit de son frère avec plus de pouvoir qu'auparavant, poussé par des raisons qui regardaient ses plaisirs, préférablement à l'avantage de M. le Prince, lui fit pénétrer l'intention du cardinal, exagérant son ingratitude de s'allier avec la maison de Vendôme, ennemie de la sienne. En effet, M. le Prince fut si fort touché de ces discours, que, par une mauvaise politique, il ne garda plus aucune mesure envers le cardinal, et n'épargna ni railleries ni invectives contre sa personne et ce prétendu mariage. Le cardinal, à qui ce procédé n'était pas inconnu, se plaignait hautement de l'opposition que M. le Prince faisait au mariage de sa nièce avec le duc de Mercœur, puisqu'il ne s'était pas opposé à celui de Mlle d'Angoulême avec M. de Joyeuse, affectant par cette comparaison une égalité qui était alors à contre-temps; de sorte que, leurs cœurs étant ulcérés, les soupçons, les méfiances, les rapports, dont les courtisans ne sont guère avares dans les brouilleries du cabinet, les animaient davantage, et leur faisaient naître des sentiments de se venger fort différents : car M. le Prince se satisfaisait par des mépris qui sont très-souvent impuissants; le cardinal, avec un silence profond, faisait les préparatifs et jetait les fondements de sa perte; tous les deux pourtant conservaient les mêmes apparences avec un peu de froideur. Mais cette aliénation avait encore pris son origine par une communication étroite et assidue qu'ils avaient eue ensemble pendant la guerre, ou, comme c'est assez l'ordinaire, parce qu'on diminue d'estime dans la familiarité qui nous fait voir tout entier et sans réserve, principalement dans l'excès de la bonne ou mauvaise fortune : le Prince avait beaucoup perdu du respect qu'il avait pour le cardinal, et, n'étant plus retenu par la crainte de la puissance ébranlée, il se réjouissait de ses défauts avec M. le duc d'Orléans et les confidents du cardinal.

Ceux-ci, avec peu de fidélité pour les deux, après

avoir fait leur cour à M. le Prince, rendaient compte de ces railleries sanglantes à M. le cardinal, dont le souvenir donne de mortels aiguillons à la vengeance, et ne s'efface jamais de la mémoire. D'autre part, le cardinal avait découvert qu'il ne pouvait faire un fondement solide sur l'amitié de M. le Prince, qui était plutôt gouverné par ses caprices que par la raison et par ses intérêts, et que cette humeur méprisante, au lieu de s'arrêter, s'augmenterait avec le temps, si bien que, ne pouvant se l'acquérir, il méditait de le perdre. Ajoutez à cela que la concorde et la puissance étant incompatibles en un même lieu, le cardinal ne pouvait souffrir à la cour un supérieur, ni M. le Prince une personne qui lui fût égale.

Mais ce qui acheva de ruiner entièrement leur liaison, fut que le cardinal étant justement persuadé qu'il ne pouvait engager M. le Prince à persévérer dans ses intérêts que par des apparences de nouveaux établissements, ou il lui en proposait, ou il lui en faisait proposer par ses créatures, dont il l'entretenait quelque temps, et les éludait dans la suite.

Le prince, assez éclairé de ses propres lumières, et peut-être de ceux mêmes qui se mêlaient de ce commerce, s'aperçut du peu de sincérité du cardinal, dont il ne douta plus après une telle rencontre.

Le cardinal ayant exhorté M. le Prince d'acquérir le Montbelliard, et ayant envoyé d'Hervart, en apparence pour en faire le traité, avec ordre secret de ne rien conclure, d'Hervart en avertit M. le Prince, qui ne put dissimuler; et, suivant le proverbe espagnol, *despues qui te erre, nunca bien te quise* (1), il n'est pas étrange si le cardinal, dans le soupçon qu'il avait que M. le Prince se vengerait de ce manquement, le voulût prévenir, même aux dépens des obligations essentielles qu'il lui avait, puisque en matière de politique tous les moyens qui vont à conserver l'autorité, pourvu qu'ils soient sûrs, sont réputés honnêtes et légitimes.

De ce discours il est aisé de voir que le cardinal voulait profiter de tous les événements pour jeter M. le Prince dans le précipice; cela se passa ainsi : la paix n'étant pas publiée, on jugea qu'il n'était pas convenable au bien de l'État, tant pour les provinces que pour les dehors, que le roi retournât en sa ville capitale; les ministres ne pouvaient prendre la résolution de se renfermer sitôt parmi une populace irritée qu'ils venaient d'assiéger; et, comme la campagne approchait, c'était un prétexte pour s'en aller sur la frontière, se préparer à quelque considérable entreprise; que cependant le temps calmerait les esprits, et que le souvenir des choses passées s'y perdrait. En effet, Leurs Majestés, et M. le duc d'Orléans, et leur conseil, allèrent à Compiègne; mais M. le Prince, pensant qu'il était de sa réputation de se faire voir à un peuple qui lui avait donné tant d'imprécations, vint à Paris, et se montra par les rues seul dans son carrosse. Il y attira plutôt le respect et la crainte que le ressen-

---

(1) Depuis que je vous ai trompé, je vous veux du mal.

timent, tant la valeur a d'attrait envers ceux-mêmes qu'elle blesse. La plupart du parlement et les principaux du parti le visitèrent pendant cinq à six jours, après lesquels il revint à la cour, où la joie que le cardinal avait qu'il lui eût ouvert le chemin de Paris, était tempérée par la jalousie de ses moindres actions. A son arrivée, le cardinal, voulant éloigner un compétiteur si dangereux, lui proposa le commandement de l'armée de Flandre, qu'il ne voulut pas accepter, par le goût qu'il avait pris à régenter le cabinet : même il avait dessein, s'en allant dans son gouvernement de Bourgogne, de pacifier les mouvements de Guienne et de Provence, qui étaient en armes par la mauvaise intelligence des gouverneurs et des parlements. Mais le cardinal et la Rivière, craignant de donner encore du surcroît à sa puissance, éludèrent son entremise, à l'autorité de laquelle les intéressés avaient remis leurs différends. Pendant son séjour à Compiègne, il rallia auprès de lui le prince de Conti, les ducs de Nemours et de Candale, M. le maréchal de Turenne, qu'il avait raccommodé, et toutes les personnes de condition. Dans les sociétés de plaisir il ne dissimula plus le mépris qu'il faisait du cardinal et de M. de Vendôme, et l'aversion qu'il avait pour le mariage du duc de Mercœur. Il passait plus avant, traitant de raillerie l'autorité royale, dont il venait d'être le plus ferme appui, ce qu'il faisait plutôt par la haine du ministre que par un dessein formé d'élever la sienne sur ses ruines.

Cette conduite donna dès ce temps-là des pensées au cardinal contre sa liberté, s'il eût osé les exécuter; mais, entre plusieurs raisons qui le retenaient, celle de sa bonne intelligence avec M. le duc d'Orléans était un obstacle à ce dessein : car M. le Prince avait agi avec Son Altesse Royale dans les affaires passées de telle manière, qu'il avait effacé l'envie que lui pouvait donner sa haute réputation par des déférences et des respects particuliers, en lui laissant les marques extérieures du commandement ; joint que l'abbé de la Rivière, à qui il avait promis que le prince de Conti ne traverserait point sa nomination, était un garant certain de l'esprit de son maître. M. le Prince partit avec cette intelligence de Compiègne pour aller à son gouvernement : le cardinal lui fut dire adieu, fort accompagné, comme s'il eût douté de confier sa vie à celui qui avait hasardé la sienne pour sa conservation ; ainsi les liaisons et les amitiés de la cour sont fragiles, et le moindre accident les expose à de grands changements. En partant, il pria le commandeur de Souvré, le Tellier et d'autres confidents du cardinal, et il chargea Marbille, son domestique, de lui dire qu'il ne pouvait être de ses amis, s'il pensait à ce mariage. Le cardinal, piqué de se voir contraint de manifester au monde une dépendance si soumise, que la volonté de M. le Prince fût une règle à laquelle il dût conformer tous ses intérêts, s'en défendait avec assez de véhémence, et, alléguant qu'ayant donné part de cette alliance approuvée de la reine et de Son Altesse Royale à Rome et à tous les princes d'Italie, il ne pouvait s'en désister sans se couvrir de confusion : de sorte, que balançant entre l'honneur du monde et la crainte de M. le Prince, il ne pouvait se résoudre ni à rompre, ni à conclure ce mariage ; mais, suivant le génie de sa nation qui domine beaucoup en lui, il attendait le bénéfice du temps.

Il fallait cependant mettre en campagne pour effacer l'infamie de nos guerres civiles, et relever la réputation de nos affaires : on mit sur pied une puissante armée, composée de troupes d'Allemagne, où la paix venait d'être faite ; le comte d'Harcourt en fut général, et il eut ordre d'assiéger Cambrai. Ce succès, outre l'intérêt public, était avantageux au cardinal, qui prétendait se rétablir dans son ancien lustre par une conquête glorieuse, qui le chatouillait d'autant plus que M. le Prince n'avait nulle part ni au projet ni à l'exécution ; même pour s'en faire l'honneur entier, il alla d'Amiens, où était le roi, au siége, plutôt par ostentation que par quelque autre bon effet, se contentant de distribuer des présents de peu de valeur qui ne servirent qu'à le décréditer dans l'armée et lui attirer la raillerie publique. Mais sa fortune le regardait de mauvais œil cette année-là : Cambrai fut secouru, et cette entreprise tourna à sa confusion.

Cet événement réveilla le parti de Paris, et lui donna de nouvelles forces, quoiqu'il fût toujours porté de la même animosité contre le cardinal ; car comme il ne s'était point appliqué à gagner le coadjuteur, le duc de Beaufort, Longueil et les plus accrédités, ceux-ci maintenaient, nonobstant la paix, la haine du peuple et du parlement aussi vive contre lui que durant la guerre, pour se rendre nécessaires au retour du roi à Paris, et faire leur condition meilleure. Même le prince de Conti, par le conseil du prince de Marsillac, encore qu'il eût l'exécution de ce qu'on avait stipulé en sa faveur pour la paix, ne laissait pas de se tenir à la tête de ce parti, et se montrer ennemi du cardinal pour se rendre plus considérable.

D'ailleurs, comme il était entièrement uni à toutes les volontés de M. le Prince, qui lui avait procuré par sa considération Damvilliers et l'entrée au conseil, il était de leur commun intérêt qu'il se conservât en crédit à Paris pendant tous les orages de la cour : de sorte qu'en ce temps-là l'autorité royale était aussi peu respectée qu'avant la guerre, parce que son maintien est la crainte ou l'admiration que l'on avait perdue; et le public n'avait pas moins d'ardeur contre le premier ministre, attendu qu'il avait reconnu sa faiblesse, causée de la désunion d'avec M. le Prince. Pourtant, comme il ne manquait point de gens qui lui suggéraient de fausses flatteries, que le parti de Paris était abattu dans Paris même, et que le sien y prévalait, il fit faire une tentative par Jarzay, qui en reçut de M. de Beaufort, au jardin de Renard, une insulte à laquelle le duc de Candale, Bouteville et d'autres personnes de qualité étaient intéressées; elle fut suivie de plusieurs appels, qui ne passèrent pas outre, au désavantage de M. de Beaufort. Néanmoins, ce rencontre réveilla toute la Fronde avec un soulèvement presque universel contre le cardinal et ses partisans. Alors le cardinal, détrompé de toutes les erreurs qu'on lui persuadait, et prévoyant qu'il ne pouvait différer encore longtemps le retour du roi à Paris, quelque aversion qu'il en eût, dont il était pressé par les princes et par la nécessité des affaires, tourna toutes ses pensées à pratiquer ceux qui pourraient contribuer à sa sûreté à l'égard du prince de Conti et de M. de Longueville : il s'engagea avec le prince de Marsillac de lui procurer les honneurs du Louvre, dont jouissent les principales maisons du royaume. Il n'oublia aucune promesse envers la duchesse de Montbazon, qui avait une autorité entière et absolue sur le duc de Beaufort ; il promit dès ce temps-là la surintendance au président de Maisons, frère de Longueil, et quant au coadjuteur, comme il était en liaison avec la duchesse de Chevreuse, qui, dans la confusion des temps, était revenue de son exil de Flandre à Paris avec les marquis de Noirmoustiers et de Laigues, le cardinal était entré en quelque conférence avec elle sur son sujet ; si bien que les supports de ce parti, refroidis par ces pourparlers, étaient encore assez aises de couvrir la faiblesse de leur crédit, qui aurait paru s'ils eussent tenté de s'opposer au concours du plus grand nombre qui demandait la présence du roi à Paris.

Mais le cardinal, encore qu'il eût besoin de l'appui de M. le Prince pour son rétablissement, soit qu'il crût qu'il s'en pourrait passer par le moyen de ces nouvelles pratiques, soit qu'effectivement il ne pouvait plus respirer sous le joug de ses obligations, qui lui semblait trop pesant, avait entretenu avec lui pendant son éloignement un commerce seulement de bienséance, en le traitant comme un ami suspect. En effet, M. le Prince sentait avec peine les prospérités de la cour, pour lesquelles il s'était aveuglément passionné auparavant; il avait eu inquiétude du siége de Cambrai, et fut bien aise d'apprendre qu'il fût levé. Les troubles de Guienne et de Provence, avec les difficultés du retour du roi à Paris, lui plaisaient assez, d'autant qu'il avait pénétré l'intérieur du cardinal, qui ne pensait qu'à surmonter tous les embarras présents pour recouvrer une autorité absolue et indépendante; toutefois il ne fomentait les mécontentements ni en secret ni en public, comme s'il eût voulu laisser dormir son ressentiment pour le faire éclater avec plus de violence. Au contraire, à son retour de Bourgogne à Paris, sans encore avoir vu la cour, il sollicita puissamment ses amis pour recevoir le roi avec le cardinal, et témoigna la même chaleur que pour ses propres intérêts : peut-être qu'il se piquait d'achever un ouvrage aussi glorieux que celui de le rétablir, ou qu'il se flattait vainement qu'un si grand service serait toujours présent aux yeux de la reine.

TROISIÈME PARTIE.

Le roi avait accordé la paix au parlement de Paris et à tous ceux qui avaient pris sont parti en l'année 1649, et la plus grande partie des peuples l'avait reçue avec trop de joie pour donner sujet d'appréhender qu'on les pût porter une seconde fois à la révolte (1). Le cardinal Mazarin, raffermi par la protection de M. le duc d'Orléans et de M. le Prince, commençait à ne plus craindre les effets de la haine publique, et ces deux princes espéraient qu'il aurait une reconnaissance proportionnée à ses promesses et à ses obligations. M. le duc d'Orléans en attendait les effets sans inquiétude, et il était content de la part qu'il avait aux affaires, et de l'espérance qu'on donnait à l'abbé de la Rivière, son principal ministre, de le faire cardinal ; mais M. le Prince n'était pas si aisé à satisfaire : ses services passés, et ceux qu'il venait de rendre à la vue du roi, au siége de Paris, portaient bien loin ses prétentions, et elles commençaient à embarrasser le cardinal.

La cour était à Compiègne, et, quelques raisons

(1) Telle n'était pourtant pas l'opinion générale, selon d'autres *Mémoires* de l'époque.

qu'il y eût pour la ramener à Paris, le cardinal ne pouvait se résoudre d'y retourner et d'exposer sa personne à ce qui pouvait rester d'animosité contre lui en un peuple qui venait d'en témoigner une si extraordinaire. Il fallait néanmoins se déterminer, et s'il lui paraissait dangereux de se fier à ses ennemis, il ne l'était pas moins de témoigner de les craindre.

Dans cette irrésolution où personne n'osait lui donner de conseil, et où il n'en pouvait prendre de lui-même, M. le Prince crut que pour achever son ouvrage il devait aller à Paris, afin que, selon la disposition où il trouverait les esprits, il eût l'avantage d'y ramener la cour, ou de la porter à prendre d'autres mesures. Il y fut reçu comme il avait accoutumé de l'être au retour de ses plus glorieuses campagnes. Ce succès rassura le cardinal, et on ne balança plus pour retourner à Paris. M. le Prince y accompagna le roi, et en arrivant au Palais-Royal, la reine lui dit publiquement qu'on ne pouvait assez reconnaître ses services, et qu'il s'était glorieusement acquitté de la parole qu'il lui avait donnée de rétablir l'autorité du roi et de maintenir M. le cardinal ; mais la fortune changea bientôt ses paroles en des effets tout contraires.

Cependant M. le Prince était dans une liaison particulière avec M. le duc d'Orléans. Il avait travaillé à l'établir par les extrêmes déférences qu'il avait affecté de lui rendre durant la guerre, et il les continuait avec soin. Il ne garda pas longtemps les mêmes mesures avec le cardinal Mazarin ; et, bien qu'il n'eût pas encore résolu de rompre ouvertement avec lui, il témoigna par des railleries piquantes, et par une opposition continuelle à ses avis, qu'il le croyait peu digne de la place qu'il occupait, et qu'il se repentait même de la lui avoir conservée.

On attribue cette conduite à des motifs bien différents ; mais il est certain que le premier sujet de leur mésintelligence avait commencé, durant la guerre de Paris, sur ce que M. le Prince se persuada que le cardinal voulait adroitement rejeter sur lui la haine des peuples en le faisant passer pour l'auteur de tous les maux qu'ils avaient soufferts. Ainsi, M. le Prince crut en devoir user de la sorte envers le cardinal, pour regagner dans l'opinion du monde ce qu'il avait perdu par la protection qu'il avait donnée à un homme si généralement haï, en l'empêchant de sortir du royaume, et de céder à sa mauvaise fortune; outre que, se souvenant des craintes et de l'abattement que le cardinal avait témoignés pendant les derniers désordres, il était persuadé qu'il suffisait de lui faire peur et de le mépriser pour lui attirer de nouveaux embarras, et l'obliger de recourir à lui avec la même dépendance qu'il avait eue dans l'extrémité où il s'était vu. Il s'imagina peut-être aussi, par les choses obligeantes que la reine lui avait dites à Saint-Germain, et par la bonne chère qu'elle lui avait faite, qu'il ne lui serait pas impossible de lui faire remarquer les défauts du cardinal, et de s'établir auprès d'elle après qu'il l'aurait détruit. Enfin, quelles que fussent les véritables causes de ce changement, on ne s'aperçut que trop tôt de sa désunion avec le cardinal.

Dans ce dessein, M. le Prince résolut de se réconcilier avec les frondeurs, croyant ne pouvoir mieux détruire les mauvaises impressions qu'on avait de lui qu'en se liant avec des gens dont les peuples et la plus grande partie du parlement épousaient aveuglément les affections et les sentiments. Le nom de frondeur avait été donné, dès le commencement des désordres, à ceux du parlement qui étaient opposés aux sentiments de la cour. Depuis, le duc de Beaufort, le coadjuteur de Paris, le marquis de Noirmoustiers et Laigues s'étant joints à cette cabale, s'en rendirent les chefs. Mme de Chevreuse, M. de Châteauneuf et leurs amis s'y joignirent. Ils demeurèrent tous unis sous le nom de frondeurs, et eurent une part très-considérable à toutes les affaires qui suivirent.

Mais, quelques avances que M. le Prince fît vers eux, on a cru qu'il n'avait jamais eu intention de se mettre à leur tête, et qu'il voulait seulement, comme je l'ai dit, regagner l'esprit des peuples, se rendre par là redoutable au cardinal, et faire sa condition plus avantageuse.

Il avait paru jusque-là irréconciliable avec M. le prince de Conti, son frère, et Mme de Longueville, leur sœur; et même dans le traité de la paix de Paris, il s'emporta contre eux avec toute l'aigreur imaginable, soit pour faire sa cour, ou par un sentiment de vengeance, à cause qu'ils s'étaient séparés de lui. Cela alla même si avant, qu'il fut directement contraire au rétablissement de M. le prince de Conti et du duc de Longueville dans leurs gouvernements, et que, par une fausse politique, il s'opposa à l'intention qu'on eut à la cour de donner le Mont-Olympe et Charleville à M. son frère, et le restreignit à accepter Damvilliers. M. le prince de Conti et Mme de Longueville trouvèrent ce procédé de M. le Prince aussi surprenant et aussi rude qu'il l'était en effet; et, dans cet embarras, ils chargèrent le prince de Marsillac, fils aîné du duc de Larochefoucauld, qui avait alors toute leur confiance, d'écouter les propositions que l'abbé de la Rivière leur faisait faire par le marquis de Flammareins. Elles étaient que M. le duc d'Orléans entrerait dans leurs intérêts contre M. le Prince, que M. le prince de Conti aurait l'entrée au conseil ; qu'on lui donnerait Damvilliers pour place de sûreté, et que lui et le duc de Longueville seraient rétablis dans les fonctions de leurs charges, pourvu que M. le prince de Conti renonçât en faveur de l'abbé de la Rivière, au chapeau de cardinal, et qu'il l'écrivît à Rome. Cette affaire fut conclue à l'heure même par le prince de Marsillac, et il la trouva d'autant plus avantageuse à M. le prince de Conti, que ce prince étant déjà résolu de changer de condition, on ne lui faisait rien perdre en lui conseillant de renoncer au cardinalat. On obtenait aussi par cette voie tout ce que la cour refusait à M. le prince de Conti et au duc de Longueville, et, ce qui était encore plus considérable, c'est qu'en s'attachant l'abbé de la Rivière par un si grand intérêt, on engageait M. le duc d'Orléans à soutenir en toutes rencontres M. le prince de Conti et Mme de Longueville.

Ce traité fut ainsi conclu, sans que M. le prince y eût d'autre part que celle que l'abbé de la Rivière lui en voulut donner. Et d'autant qu'il avait senti le mal que sa division avec sa famille lui avait causé, il souhaita de se réconcilier avec monsieur son frère, avec madame sa sœur, et avec M. le prince de Marsillac.

Aussitôt après, M. le Prince, pour témoigner qu'il entrait sincèrement dans les intérêts de ses proches, prit un prétexte d'éclater contre le cardinal, sur ce qu'au préjudice de la parole qu'on en avait donnée, on refusait au duc de Longueville le gouvernement du Pont-de-l'Arche. Les frondeurs en eurent une grande joie. Mais, soit que M. le prince ne pût se fier à eux, ou qu'il ne voulût pas demeurer longtemps mal à la cour, il crut bientôt en avoir assez fait pour le monde, et se raccommoda huit jours après avec le cardinal. Ainsi il perdit de nouveau les frondeurs. Ils s'emportèrent contre lui, sans aucun égard de ce qu'ils devaient à son mérite et à sa qualité. Ils dirent hautement que ce qu'il venait de faire était une suite des artifices dont il s'était servi pour les surprendre. Ils renouvelaient l'affaire de Noisy près de Saint-Germain, où Mme de Longueville avait passé quelque temps, et où M. le prince de Conti et le duc de Longueville l'étant allé voir, le duc de Retz et le coadjuteur de Paris son frère s'y rendirent, sous prétexte de visiter aussi cette princesse, mais en effet pour les porter, comme ils firent, à se lier avec les frondeurs. Ils soutenaient que M. le Prince avait su tout ce traité, qu'il avait pris avec eux les mêmes engagements que ses proches, et ils ajoutaient que la suite avait assez fait voir que M. le Prince, bien loin de tenir cette parole, ne l'avait donnée que pour les sacrifier plus aisément aux intérêts et à la haine du cardinal.

Ces bruits, semés dans le monde, y faisaient quelque impression, et le peuple recevait sans les examiner toutes celles qui lui venaient des frondeurs; de sorte que M. le Prince se vit abandonné en un instant de tout ce qui s'était joint à lui contre le cardinal, excepté de sa famille, qui ne lui fut pas inutile par la considération où Mme de Longueville se trouvait alors, à cause de l'impression qu'elle avait donnée de son ambition, de sa fermeté, et plus encore de sa haine déclarée contre le cardinal, qui par ses considérations, gardait plus de mesures envers elle qu'envers messieurs ses frères.

Il arriva en même temps une querelle particulière qui fut sur le point de renouveler la générale. M. de Beaufort croyant que le marquis de Jarzay et d'autres dépendant du cardinal, avaient affecté de le morguer aux Tuileries pour persuader que son crédit dans le peuple était fini avec la guerre, il se résolut de leur faire un affront public. Un soir qu'ils soupaient ensemble dans le jardin de Renard, près des Tuileries, il y alla avec beaucoup de gens, chassa les violons, renversa la table ; et la confusion et le désordre furent si grands, que le duc de Candale, Bouteville, Saint-Maigrin, et plusieurs autres qui étaient du souper, coururent fortune d'être tués, et que le marquis de Jarzay y fut blessé par des domestiques du duc de Beaufort. Cette affaire n'eut pas néanmoins les suites que vraisemblablement on devait en attendre. Plusieurs de ceux qui avaient pris part à cette offense firent appeler le duc de Beaufort, mais il ne crut pas les devoir satisfaire dans cette conjoncture. M. le Prince y prit les intérêts de la cour et ceux du cardinal avec la même chaleur qu'il avait eue dans les autres temps.

Cependant le cardinal, perdant aisément le souvenir des obligations qu'il avait à M. le Prince, conservait celui des mécontentements qu'il en avait eus, et, sous prétexte d'un raccommodement sincère, il ne perdit point d'occasion de se prévaloir avec industrie de sa trop grande confiance. Ainsi ayant pénétré que les desseins de M. le Prince ne tendaient qu'à lui faire peur, il crut le devoir entretenir dans cette pensée, en affectant de témoigner de le craindre, non-seulement pour l'empêcher par ce moyen d'en prendre de plus violentes contre lui, mais pour venir plus sûrement à bout, et avec moins de soupçon, du projet qu'il faisait contre sa liberté. Dans cette vue, tous ses discours et toutes ses actions faisaient paraître de l'abattement et de la crainte : il ne parlait que d'abandonner les affaires et de sortir du royaume ; il faisait faire tous les jours quelque nouvelle proposition aux amis de M. le Prince pour lui offrir la carte blanche : et les choses passèrent si avant, qu'il convint que désormais on ne donnerait plus de gouvernement de provinces, de places considérables, de charges dans la maison du roi ni d'offices de la couronne, sans l'approbation de M. le Prince, de M. le prince de Conti et de M. et de Mme de Longueville, et qu'on leur rendrait compte de l'administration des finances. Ces promesses si étendues, et données en termes généraux, faisaient tout l'effet que le cardinal pouvait désirer : elles éblouissaient et rassuraient M. le Prince et tous ses amis ; elles confirmaient le monde dans l'opinion qu'on avait conçue de l'étonnement du cardinal, et elles faisaient même désirer sa conservation à ses ennemis, dans la créance de trouver plus aisément leurs avantages dans la faiblesse de son ministère que dans un gouvernement plus autorisé et plus ferme. Enfin, il gagnait avec beaucoup d'adresse le temps qui lui était nécessaire pour les desseins qu'il formait contre M. le Prince.

Les choses demeurèrent en cet état durant un temps assez considérable, et cependant le cardinal donnait toutes les démonstrations publiques de vouloir non-seulement entrer dans les sentiments de M. le Prince, mais encore dans tous les intérêts de ses amis, bien qu'en effet il y fut directement contraire, comme il le fit voir dans une rencontre qui se présenta ; car M. le Prince ayant obtenu pour la maison de Larochefoucauld les mêmes avantages de rang qui avaient été accordés à celles de Rohan, de Foix et de Luxembourg, le cardinal fit demander par M. le duc d'Orléans une pareille grâce (1) pour celle d'Albret, et suscita en même temps une assemblée de noblesse pour s'y opposer. Ainsi, soit qu'il en craignît véritablement les suites, ou qu'il feignît de les craindre, il aima mieux faire révoquer ce qu'on avait déjà fait en faveur des autres maisons que de maintenir ce que M. le Prince avait obtenu pour celle du prince de Marsillac.

Toutes ces choses aigrissaient M. le Prince; mais elles ne lui faisaient rien soupçonner de ce qui était près d'éclater contre lui, et, bien qu'il fût mal satisfait du cardinal, il ne prenait aucune mesure pour le perdre, ni pour s'empêcher qu'il ne le perdît; et il est certain que, jusqu'à sa prison, jamais sujet ne fut plus soumis à l'autorité du roi ni plus dévoué aux intérêts de l'État. Mais son malheur et celui de la France le contraignirent bientôt à changer de sentiment.

Le traité de mariage du duc de Mercœur, fils aîné du duc de Vendôme, avec une des nièces du cardinal Mazarin (2), en fut une des principales causes, et renouvela toute l'aigreur qui semblait être assoupie entre ce ministre et M. le Prince. Il y avait donné les mains avant la guerre de Paris, soit qu'il n'en eût pas prévu les suites, ou que, par une trop grande déférence pour la cour, il n'eût osé témoigner à la reine qu'il les prévoyait. Mais enfin Mme de Longueville,

---

(1) C'est-à-dire un tabouret à la cour pour Mme de Pons, de la maison d'Albret.
(2) Laure-Victoire Mancini, morte en 1657, à l'âge de vingt et un ans.

ennemie de la maison de Vendôme, et craignant que les prétentions de rang du duc de Longueville ne fussent troublées par l'élévation du duc de Mercœur, se servit des premiers moments de sa réconciliation avec M. le Prince pour lui faire connaître que ce mariage se faisait directement contre leurs communs intérêts; et que le cardinal, lassé de porter le joug qu'il venait de s'imposer, voulait prendre de nouveaux appuis pour ne dépendre plus de lui, et pouvoir manquer impunément à ses engagements et à la reconnaissance qu'il lui devait. M. le Prince fut facile à persuader, et encore plus à promettre à M. le prince de Conti et à Mme de Longueville de se joindre à eux pour empêcher ce mariage, bien qu'il eût, comme je l'ai dit, donné parole à la reine d'y consentir. Il balança néanmoins quelque temps à se déclarer. Je ne sais si ce fut parce qu'il voulait que les premières difficultés vinssent de son frère, ou pour retarder de quelques moments la peine qu'il avait de s'opposer ouvertement aux sentiments de la reine; mais enfin on sut bientôt qu'il ne pouvait approuver cette alliance; et le cardinal résolut dès lors de se venger de lui et d'avancer le dessein de l'arrêter.

Il s'y rencontrait de grands obstacles qu'il fallait nécessairement surmonter. La liaison particulière de M. le duc d'Orléans et de M. le Prince, fomentée par tous les soins et par tous les intérêts de l'abbé de la Rivière était un empêchement bien considérable: on ne pouvait diviser ces deux princes, si on ne ruinait l'abbé de la Rivière auprès de M. le duc d'Orléans, et si on ne lui persuadait en même temps que M. le Prince avait manqué envers lui en quelque chose d'assez important pour lui faire naître le désir de le perdre, et ce crime imaginaire n'était pas facile à supposer. Il fallait encore se réconcilier avec les frondeurs, et que ce fût par un traité si secret, que M. le Prince n'en pût avoir de soupçon. Le peuple et le parlement devaient également l'ignorer aussi, parce qu'autrement les frondeurs se seraient rendus inutiles à la cour, en perdant dans l'esprit du parlement et du peuple leur crédit, qui n'était fondé que sur la créance qu'ils étaient irréconciliables avec le cardinal. Je ne puis dire si ce fut son habileté qui lui fit inventer les moyens qu'on employa contre la liberté de M. le Prince; mais au moins puis-je assurer qu'il se servit adroitement de ceux que la fortune lui présenta pour vaincre les difficultés qui s'opposaient à un dessein si périlleux. Enfin, un nommé Joly, créature du coadjuteur de Paris, fournit des matières au désordre, et des moyens au cardinal pour prendre des liaisons avec les frondeurs, comme on le verra dans la suite.

Entre les plaintes générales qui se faisaient publiquement contre le gouvernement, le corps des rentiers de l'hôtel de ville de Paris, à qui on avait retranché beaucoup de leurs rentes, paraissait le plus animé. On voyait tous les jours un nombre considérable de bonnes familles réduites à la dernière extrémité, suivre le roi et la reine dans les rues et dans les églises, pour leur demander justice, avec des cris et des larmes, contre la dureté des surintendants qui prenaient ainsi leur bien. Quelques-uns s'en plaignirent au parlement, et ce Joly, entre autres, y parla avec beaucoup de chaleur contre la mauvaise administration des finances. Le lendemain, lorsqu'il allait au palais, afin d'être à l'entrée des juges pour cette même affaire, on tira quelques coups de pistolet dans le carrosse où il était, sans que néanmoins il en fût blessé. On ne put découvrir l'auteur de cette action; et il est difficile de juger, par les suites qu'elle a eues, si la cour la fit faire pour punir Joly, ou si les frondeurs la firent de sa participation pour avoir un sujet d'émouvoir le peuple et d'exciter une sédition (1). D'autres ont cru que ce fut quelque ennemi particulier de Joly qui avait voulu lui faire plus de peur que de mal; mais, quelque dessein qu'on ait eu dans cette rencontre, le bruit en fut aussitôt répandu dans Paris comme un effet de la cruauté du cardinal; et la Boulaye, qui était attaché au duc de Beaufort, parut en même temps au Palais, demandant justice au parlement et au peuple de cet attentat contre la liberté publique. Peu de gens furent persuadés que son zèle fût aussi désintéressé qu'il voulait le faire croire, et peu aussi se disposèrent à le suivre. Ainsi le tumulte ne fut pas violent, et ne dura guère. La présence de la Boulaye fit croire avec

(1) Joly avoue dans ses *Mémoires* que c'est lui-même qui fit tirer ce coup de pistolet, pour soulever une sédition — Innocence machiavélique imitée ou renouvelée souvent depuis, selon le besoin des Princes.

quelque vraisemblance que ce qui s'était passé était un artifice des frondeurs pour intimider la cour et s'y rendre nécessaire; mais j'ai su depuis par un homme digne de foi, à qui la Boulaye l'a dit, que les raisonnements que l'on faisait sur son sujet étaient bien éloignés de la vérité, et que dans le moment qu'on vit quelque apparence de sédition dans l'affaire de Joly, le cardinal donna à la Boulaye un ordre d'aller au Palais, d'y paraître emporté contre la cour, d'entrer dans les sentiments du peuple, de se joindre à tout ce qu'il voudrait entreprendre, et, ce qui est horrible seulement à penser, de tuer M. le Prince s'il paraissait pour apaiser l'émotion; mais le désordre finit trop tôt pour donner lieu à la Boulaye d'exécuter un si infâme dessein, si ce qu'il a dit est véritable.

Cependant les esprits factieux d'entre le peuple ne furent pas entièrement apaisés; la crainte du châtiment les fit rassembler le soir pour chercher les moyens de s'en garantir. Dans la vue qu'avait le cardinal d'arrêter M. le Prince, il voulut auparavant le rendre irréconciliable avec les frondeurs, et, pour y réussir plus facilement, il crut se devoir hâter de les faire paraître coupables du crime dont je viens de parler. Il fit écrire à M. le Prince, le soir même que le conseil particulier se tenait au Palais-Royal, un billet par M. Servien, dans lequel il lui donnait avis que la sédition du matin avait été suscitée par les frondeurs pour attenter à sa personne; qu'il y avait encore une assemblée dans l'île du Palais, vis-à-vis du cheval de bronze, pour le même dessein, et que, s'il ne donnait ordre à sa sûreté, il se trouverait exposé à un très-grand péril. M. le Prince fit voir cet avis à la reine, à M. le duc d'Orléans et à M. le cardinal, qui en parut encore plus surpris que les autres; et, après qu'on eut balancé sur le doute que l'avis fût faux ou véritable, et sur ce qu'on devait faire pour s'en éclaircir, il fut résolu que, sans exposer la personne de M. le Prince, on renverrait ses gens et son carrosse de la même sorte que s'il eût été dedans, et que comme leur chemin était de passer devant cette troupe assemblée, on verrait quelle serait leur intention, et quel fondement on devrait faire sur l'avis de M. Servien.

La chose fut exécutée comme on l'avait arrêtée, et des gens inconnus, qui s'avancèrent vers le carrosse auprès du cheval de bronze, y tirèrent quelques coups de mousqueton dont un laquais du comte de Duras, qui était au derrière du carrosse, fut blessé. Cette nouvelle fut aussitôt portée au Palais-Royal, et M. le Prince demanda justice au roi et à la reine du dessein que les frondeurs avaient eu de l'assassiner. Le cardinal se surpassa lui-même en cette occasion: il n'y agit pas seulement comme un ministre qui considérait l'intérêt de l'État dans la conservation d'un prince qui lui était si nécessaire, mais son soin et son zèle semblèrent aller encore plus loin que ceux des plus proches parents et des plus passionnés amis de M. le Prince; et celui-ci crut d'autant plus aisément que le cardinal prenait ses intérêts avec chaleur, qu'il lui semblait être de sa prudence de ne pas perdre une occasion si favorable de s'acquitter, aux dépens de ses anciens ennemis, de ce qu'il devait à la protection qu'il venait de recevoir de lui contre tout le royaume. Ainsi M. le Prince, aidant lui-même à se tromper, recevait l'empressement du cardinal comme une marque de son amitié et de sa reconnaissance, bien que ce ne fût qu'un effet de sa haine secrète et du désir d'exécuter plus sûrement son entreprise.

Les frondeurs, voyant s'élever contre eux une si prompte et si dangereuse accusation, crurent d'abord que c'était un concert de M. le Prince et du cardinal pour les perdre. Ils témoignèrent de la fermeté dans cette rencontre, et, bien que l'on fît courir le bruit que M. le Prince se porterait contre eux à toutes sortes de violences, le duc de Beaufort, sans s'en étonner, ne laissa pas d'aller chez le maréchal de Gramont, où M. le Prince soupait; et, quelque surprise qu'on eût de son arrivée, il y passa le reste du soir, et parut le moins embarrassé de la compagnie. Le coadjuteur et lui employèrent toutes sortes de moyens vers M. le Prince et vers Mme de Longueville pour les adoucir et leur prouver leur innocence, et le marquis de Noirmoustiers proposa même de leur part au prince de Marsillac de se lier de nouveau à toute la maison de Condé contre le cardinal. Mais M. le Prince, qui n'était pas moins aigri par le peu de respect qu'ils lui avaient gardé dans ce qu'ils avaient publié à son désavantage de l'affaire de Noisy, que parce qu'ils avaient eu dessein d'entreprendre contre sa personne, ferma l'oreille à leurs justifications, et Mme de Longueville fit la même chose, animée par l'intérêt de sa maison, et plus encore par son ressentiment contre le coadjuteur, des avis et des conseils qu'il avait donnés au duc de Longueville contre son repos et sa sûreté.

Les choses ne pouvaient plus demeurer en ces termes. Il fallait que M. le Prince se fît justice lui-même, du consentement de la cour, ou qu'il la demandât au parlement. Le premier parti était trop violent, et ne convenait pas au dessein caché du cardinal, et l'événement de l'autre était long et douteux. Néanmoins comme l'intention du cabinet était de mettre cette affaire entre les mains du parlement pour endormir et pour mortifier M. le Prince par les retardements, et par le déplaisir de se voir, de même que ses ennemis, aux pieds des juges dans la condition de suppliant, le cardinal ne manqua pas d'employer des prétextes apparents pour l'y conduire adroitement, et pour avoir tout le temps dont il avait besoin pour exécuter son dessein. Il lui représenta que ce serait renouveler la guerre civile que d'attaquer les frondeurs par d'autres voies que celles de la justice, qui devait être ouverte aux plus criminels; que l'affaire dont il s'agissait était d'un trop grand poids pour être décidée ailleurs qu'au parlement, et que la conscience et la dignité du roi ne lui permettaient pas d'employer d'autres moyens; que l'attentat était trop visible pour n'être pas facile à vérifier; qu'un tel crime méritait un grand exemple, mais que, pour le donner sûrement, il fallait garder les apparences, et se servir des formes ordinaires de la justice. M. le Prince se disposa sans peine à suivre cet avis, tant parce qu'il le croyait le meilleur, qu'à cause que son inclination est assez éloignée de se porter à d'aussi grandes extrémités que celles où il prévoyait que cette affaire l'allait jeter. M. le duc d'Orléans le fortifiait encore dans cette pensée par l'intérêt des prétentions du chapeau de l'abbé de la Rivière. De sorte que, se confiant en la justice de sa cause, et plus encore en son crédit, il crut qu'en tout événement il se servirait du dernier, si le succès de l'autre ne répondait pas à son attente. Ainsi il consentit de faire sa plainte au parlement selon les formes ordinaires, et dans tout le cours de cette affaire le cardinal eut le plaisir malicieux de le conduire lui-même dans tous les piéges qu'il lui tendait.

Cependant le duc de Beaufort et le coadjuteur demandèrent d'être reçus à se justifier : ce qui leur ayant été accordé, les deux partis quittèrent pour un temps les autres voies pour se servir seulement de celles du Palais. Mais M. le Prince connut bientôt, par la manière dont les frondeurs soutenaient leur affaire, que leur crédit y pouvait balancer le sien. Il ne pénétrait rien néanmoins dans la dissimulation du cardinal, et, quoi que madame sa sœur et quelques-uns de ses amis lui pussent dire, il croyait toujours que ce ministre agissait de bonne foi.

Quelques jours se passèrent de la sorte, et l'aigreur

augmentait de tous les côtés. Les amis de M. le Prince et ceux des frondeurs les accompagnaient au Palais, et les choses se maintenaient avec plus d'égalité qu'on n'en devait attendre entre deux partis dont les chefs étaient si inégaux. Mais enfin le cardinal, espérant de recouvrer sa liberté en l'ôtant à M. le Prince, jugea qu'il était temps de s'accommoder avec les frondeurs, et que, sans craindre de leur donner un moyen de se réconcilier avec M. le Prince, il pouvait en sûreté leur offrir la protection de la cour, et prendre ensemble des mesures contre lui. M. le Prince en fournit même un prétexte assez plausible : car, ayant su que depuis quelque temps Mme de Longueville ménageait secrètement, sans la participation de la cour, le mariage du duc de Richelieu et de Mme de Pons, il les mena à Trie, voulut autoriser cette cérémonie par sa présence, et prit si hautement la protection des nouveaux mariés contre tous leurs proches, qui en paraissaient également irrités, et même contre la cour, qui en était offensée, que le cardinal n'eut pas peine de donner un sens criminel à cette conduite, et de persuader que les soins que M. le Prince et Mme de Longueville avaient pris pour ce mariage, regardaient moins l'établissement de Mme de Pons que le désir de s'assurer du Havre, dont son mari était gouverneur sous l'administration de la duchesse d'Aiguillon, sa tante. Le cardinal tourna encore la chose en sorte dans l'esprit de M. le duc d'Orléans, qu'il lui persuada aisément d'avoir quelque sujet de se plaindre de M. le

Prince du secret qu'il lui avait fait de ce mariage. Ainsi le cardinal, voyant l'affaire assez acheminée pour pouvoir former le dessein de l'arrêter, il résolut de prendre des mesures avec Mme de Chevreuse. Elle, se servant habilement de l'occasion, entra encore plus avant avec lui, et lui proposa d'abord contre la liberté de M. le Prince tout ce dont il n'osait se découvrir le premier à elle. Ils en convinrent donc en général ; mais les particularités de ce traité furent ménagées par Laigues, que M. le Prince avait désobligé sans sujet quelque temps auparavant, et qui en avait toujours conservé un très-grand ressentiment. Ainsi il ne manqua pas de se servir d'une occasion si favorable de le faire paraître ; et il eut l'avantage de régler les conditions de la prison de M. le Prince, et de faire connaître combien il importe aux personnes de cette qualité de ne réduire jamais des gens de cœur qui sont au-dessous d'eux à la nécessité de se venger.

Tout se disposait ainsi selon l'intention du cardinal ; mais il restait encore un obstacle qui lui paraissait le plus difficile à surmonter : c'était de faire entrer M. le duc d'Orléans dans son dessein, et de le faire passer de l'amitié qu'il avait pour M. le Prince au désir de contribuer à le perdre, et de détruire en un moment la confiance aveugle qu'il avait depuis vingt ans aux conseils de l'abbé de la Rivière, qui avait tant d'intérêt à la conservation de M. le Prince. Mme de Chevreuse se chargea de cette dernière difficulté, et, pour en venir à bout, elle se plaignit à M. le duc d'Orléans du peu de sûreté qu'il y avait désormais à prendre des mesures avec lui; que toutes ses paroles et ses sentiments étaient rapportés par l'abbé de la Rivière à M. le Prince et à Mme de Longueville, et que, s'étant livré à eux de crainte d'être troublé à Rome dans sa prétention du chapeau, il les avait rendus arbitres du secret et de la conduite de son maître. Elle lui persuada même qu'il était entré avec eux dans la négociation du mariage de Mme de Pons, et qu'ils agissaient tellement de concert, que Mme la Princesse la mère n'avait assisté Mlle de Saugeon avec tant de chaleur dans le dessein d'être carmélite, que pour l'éloigner de la présence et de la confiance de Son Altesse Royale, et pour empêcher qu'elle ne lui fît remarquer la conduite de l'abbé de la Rivière, et sa dépendance aveugle de la maison de Condé. Enfin, Mme de Chevreuse sut si bien aigrir M. le duc d'Orléans contre son ministre, qu'elle le rendit dès lors capable de toutes les impressions et de tous les sentiments qu'on lui en voulut donner.

[1630.] Le cardinal, de son côté, renouvela artificieusement au duc de Rohan la proposition qu'il lui avait faite autrefois d'engager M. le Prince à prétendre d'être connétable, à quoi il n'avait jamais voulu entrer pour éviter de donner jalousie à M. le duc d'Orléans; et, en effet, bien que M. le Prince la rejetât encore cette seconde fois par la même considération, le cardinal sut tellement se prévaloir des conférences particulières qu'il eut sur ce sujet avec le duc de Rohan, qu'il leur donna toutes les apparences d'une négociation secrète que M. le Prince ménageait avec lui sans la participation de M. le duc d'Orléans, et, en quelque façon, contre ses intérêts. De sorte que ce dernier ayant reçu ces impressions, et ce procédé de M. le Prince lui paraissant tout ensemble peu sincère et peu respectueux, il se crut dégagé de tout ce qu'il lui avait promis, et consentit sans balancer au dessein de le faire arrêter prisonnier.

Le jour qu'ils choisirent pour l'exécuter fut celui du premier conseil. Ils résolurent aussi de s'assurer de M. le prince de Conti et du duc de Longueville, croyant remédier par là à tous les désordres qu'une telle entreprise pouvait causer. Ces princes avaient depuis quelque temps évité, par les instances de Mme de Longueville, de se trouver tous trois ensemble au Palais-Royal, et ils en usaient ainsi plus par complaisance pour elle que par la persuasion que cette conduite fût nécessaire à leur sûreté. Ce n'est pas qu'ils n'eussent reçu plusieurs avis de ce qui était près de leur arriver; mais M. le Prince y faisait trop peu de réflexion pour s'en servir. Il les recevait même quelquefois avec une raillerie aigre, et évitait d'entrer en matière pour n'avouer pas qu'il avait pris de fausses mesures avec la cour. De sorte que ses plus proches parents et ses amis craignaient de lui dire leurs sentiments sur ce sujet. Néanmoins le prince de Marsillac, remarquant les divers procédés de M. le duc d'Orléans envers M. le Prince et envers les frondeurs, dit à M. le prince de Conti, le jour qu'il fut arrêté, que l'abbé de la Rivière était assurément gagné de la cour ou perdu auprès de son maître, et qu'ainsi il ne voyait pas qu'il y eût un moment de sûreté pour M. le Prince et pour lui. Le même prince de Marsillac avait dit à la Moussaie, le jour précédent, que le capitaine de son quartier lui était venu dire qu'on l'avait envoyé quérir de la part du roi, et mené au Luxembourg, et qu'étant dans la galerie en présence de M. le duc d'Orléans, M. le Tellier lui avait demandé si le peuple n'approuverait pas que le roi fît quelque action éclatante pour remettre son autorité. A quoi il avait répondu que, pourvu qu'on n'arrêtât point M. de Beaufort, il n'y avait rien à quoi le peuple ne consentît. Qu'ensuite ce capitaine du quartier était venu trouver le prince de Marsillac, et lui avait dit qu'on voulait perdre M. le Prince, et que de la façon dont il voyait les choses s'y disposer, ce devait être dans très-peu de temps. La Moussaie promit de le dire, et néanmoins M. le Prince a assuré depuis qu'il ne lui en avait jamais parlé.

Cependant le cardinal, pour ajouter la raillerie à ce qu'il préparait contre M. le Prince, lui dit qu'il voulait ce jour-là même lui sacrifier les frondeurs, et qu'il avait donné ses ordres pour arrêter Descoutures, qui était le principal auteur de la sédition de Joly et qui commandait ceux qui avaient attaqué ses gens et son carrosse sur le Pont-Neuf; mais que, dans la crainte que les frondeurs, se voyant ainsi découverts, ne fissent quelque effort pour le retirer des mains de l'officier qui le devait mener au bois de Vincennes, il fallait que

M. le Prince se donnât le soin d'ordonner les gendarmes et les chevau-légers du roi pour le conduire sans désordre. M. le Prince eut alors toute la confiance qu'il fallait pour être trompé. Il s'acquitta exactement de sa commission et prit toutes les précautions nécessaires pour se faire mener sûrement en prison.

Le duc de Longueville était à Chaillot, et le cardinal lui manda par Prioteau, son agent, qu'il parlerait le jour même au conseil de la survivance du vieux palais de Rouen en faveur du fils du marquis de Beuvron, dépendant de lui, et qu'il la lui remettrait entre les mains, afin que cette maison la tînt de lui. Le duc de Longueville se rendit aussitôt au Palais-Royal, le soir du 18 janvier 1650, et M. le Prince, M. le prince de Conti et lui étant entrés dans la galerie de l'appartement de la reine, ils y furent arrêtés par Guitaut, capitaine de ses gardes. Quelque temps après on les fit monter dans un carrosse du roi qui les attendait à la petite porte du jardin. Leur escorte se trouva bien plus faible qu'on n'avait cru ; elle était commandée par le comte de Miossens, lieutenant des gendarmes, et Comminges, lieutenant de Guitaut, son oncle, gardait ces princes. Jamais des personnes de tant d'importance n'ont été conduites en prison par un si petit nombre de gens. Il n'y avait que seize hommes à cheval, et ceux qui étaient en carrosse avec eux. L'obscurité et le mauvais chemin les firent verser, et ainsi donnèrent un temps considérable à ceux qui auraient voulu entreprendre de les délivrer ; mais personne ne se mit en devoir de le faire.

On voulait arrêter en même temps le prince de Marsillac et la Moussaie, mais on ne les rencontra pas. On envoya M. de la Vrillière, secrétaire d'État, porter un ordre à Mme de Longueville d'aller trouver la reine au Palais-Royal, où on avait dessein de la retenir. Au lieu d'obéir, elle résolut, par les conseils du prince de Marsillac, de partir à l'heure même pour aller en trèsgrande diligence en Normandie, afin d'engager cette province et le parlement de Rouen à prendre le parti des princes, et s'assurer de ses amis, des places du duc de Longueville, et du Havre de Grâce. Mais comme il fallait, pour pouvoir sortir de Paris, qu'elle ne fût point connue, et comme elle voulait emmener avec elle Mlle de Longueville, et que n'ayant ni son carrosse ni ses gens, elle était obligée de les attendre en un lieu où on ne pût la découvrir, elle se retira dans une maison particulière, d'où elle vit les feux de joie et les autres marques de réjouissance publique pour la détention de messieurs ses frères et de son mari. Enfin, ayant les choses nécessaires pour sortir, le prince de Marsillac l'accompagna en ce voyage. Mais, après avoir essayé inutilement de gagner le parlement de Rouen, elle se retira à Dieppe, qui ne lui servit de retraite que jusqu'à la venue de la cour, qui fut si prompte et qui la pressa de telle sorte que, pour se garantir d'être arrêtée par les bourgeois de Dieppe et par le Plessis-Belière qui y était allé avec des troupes de la part du roi, elle fut contrainte de s'embarquer avec beaucoup de péril, et de passer en Hollande pour gagner Stenay, où M. de Turenne s'était retiré aussitôt que les princes avaient été arrêtés.

Le prince de Marsillac partit de Dieppe quelque temps avant Mme de Longueville et s'en alla dans son gouvernement de Poitou pour y disposer les choses à la guerre, et pour essayer, avec les ducs de Bouillon, de Saint-Simon et de la Force, de renouveler les mécontentements du parlement et de la ville de Bordeaux, afin de les obliger à prendre les intérêts de M. le Prince, comme y étant engagés, puisque les manifestes de la cour, depuis sa prise, ne lui imputaient point de plus grand crime que d'avoir protégé avec trop de chaleur les intérêts de leur ville.

L'autorité de la cour parut alors plus affermie que jamais par la prison des princes et par la réconciliation des frondeurs. La Normandie avait reçu le roi avec une entière soumission, et les places du duc de Longueville s'étaient rendues sans résistance. Le duc de Richelieu fut chassé du Havre. La Bourgogne imita la Normandie. Bellegarde fit une résistance honteuse. Le château de Dijon et Saint-Jean-de-Losne suivirent l'exemple des places de M. de Longueville. Le duc de Vendôme fut pourvu du gouvernement de Bourgogne ; le comte d'Harcourt, de celui de Normandie ; le maréchal de l'Hôpital, de ceux de Champagne et de Brie, et le comte de Saint-Agnan, de celui de Berri. Montrond ne fut pas donné, parce qu'il n'y avait point de garnison ; celles de Clermont et de Damvilliers se révoltèrent : Marchin, qui commandait l'armée de Catalogne, fut arrêté prisonnier : on lui ôta Tortose, dont il était gouverneur ; et, du côté de Champagne, il n'y eut que Stenay qui demeura dans le parti des princes ; et presque tous leurs amis, voyant tant de malheurs en si peu de temps, se contentèrent de les plaindre sans se mettre en devoir de les secourir.

Mme de Longueville et M. de Turenne s'étaient, comme je l'ai dit, retirés à Stenay ; le duc de Bouillon, à Turenne. Le prince de Marsillac, que l'on nommera désormais le duc de Larochefoucauld par la mort de son père, arrivée en ce même temps, était dans ses maisons en Angoumois ; le duc de Saint-Simon dans son gouvernement de Blaye, et le maréchal de la Force en Guyenne.

Ils témoignèrent d'abord un zèle égal pour M. le Prince, et lorsque les ducs de Bouillon et de Larochefoucauld eurent fait ensemble le projet de la guerre de Guienne, le duc de Saint-Simon, à qui ils en donnèrent avis, offrit de recevoir M. le duc d'Enghien à sa place ; mais ce sentiment ne lui dura pas longtemps.

Cependant le duc de Larochefoucauld, jugeant de quelle importance il était au parti de faire voir qu'on prenait les armes non-seulement pour la liberté de M. le Prince, mais encore pour la conservation de celle de monsieur son fils, il envoya Gourville, de la participation du duc de Bouillon, à Mme la princesse la mère (reléguée à Chantilly, et gardée par un exempt, aussi bien que madame la princesse, sa belle-fille, et M. le duc d'Enghien), avec charge de lui dire l'état des choses, et de lui faire comprendre que la personne de M. le duc d'Enghien étant exposée à toutes les rigueurs de la cour, il fallait l'en mettre à couvert pour être l'un des principaux instruments de la liberté de monsieur son père; qu'il était nécessaire pour ce dessein que lui et madame la princesse sa mère se rendissent secrètement à Berzé en Anjou, près de Saumur, où le duc de Larochefoucauld offrait de les aller prendre avec cinq cents gentilshommes, et de les conduire à Saumur, si le dessein qu'il avait sur cette place réussissait; où, en tout cas, les mener à Turenne, où le duc de Bouillon se joindrait à eux pour les accompagner à Blaye, en attendant que lui et le duc de Saint-Simon eussent achevé de disposer le parlement et la ville de Bordeaux à les recevoir. Quelque avantageuse que fût cette proposition, il était difficile de prévoir si elle serait suivie ou rejetée par madame la princesse douairière, dont l'humeur inégale, timide et avare, était peu propre à entreprendre et à soutenir un tel dessein.

Toutefois, bien que le duc de Larochefoucauld fût incertain du parti qu'elle prendrait, il se crût obligé de se mettre en état d'exécuter ce qu'il lui avait envoyé proposer, et d'assembler pour ce sujet ses amis sous un prétexte qui ne fît rien connaître de son intention, afin d'être prêt à partir dans le temps de l'arrivée de Gourville, qu'il attendait à toute heure. Il crut n'en pouvoir prendre un plus spécieux que celui de l'enterrement de son père, dont la cérémonie devait se faire à Verteuil, l'une de ses maisons. Il convia pour cet effet toute la noblesse des provinces voisines, et demanda à tout ce qui pouvait porter les armes dans ses terres de s'y trouver ; de sorte qu'en très-peu de temps il assembla plus de deux mille chevaux et huit cents hommes de pied. Outre ce corps de noblesse et d'infanterie, Bins, colonel allemand, lui promit de se joindre à lui avec son régiment pour servir M. le Prince ; et ainsi le duc de Larochefoucauld se crut en état d'exécuter en même temps deux desseins considérables pour le parti qui se formait : l'un était celui qu'il avait envoyé proposer à madame la princesse douairière, et l'autre était de se saisir de Saumur.

Ce gouvernement avait été donné à Guitaut, après la mort du maréchal de Brézé, pour récompense d'avoir arrêté M. le Prince. C'est une place qui se pouvait rendre très-importante dans une guerre civile, étant située au milieu du royaume et sur la rivière de Loire, entre Tours et Angers. Un gentilhomme nommé de Mons y commandait sous le maréchal de Brézé ; et, sachant que Comminges, neveu de Guitaut, y allait avec les ordres du roi, et menait deux mille hommes de pied pour l'assiéger s'il refusait de sortir, il différa sur quelque prétexte qu'il prit de remettre la place entre les mains de Comminges, et manda au duc de Larochefoucauld qu'il l'en rendrait maître, et prendrait son parti s'il voulait y mener des troupes. Le marquis de Jarzay lui offrit aussi de se jeter dans la place avec ses amis, et de la défendre, pourvu que le duc de Larochefoucauld lui promît par écrit de le venir secourir dans le temps qu'il lui avait marqué. Ces conditions furent d'autant plus volontiers acceptées et signées du duc de Larochefoucauld, que les deux desseins dont je viens de parler convenaient ensemble, et se pouvaient exécuter en même temps.

Dans cette vue, le duc de Larochefoucauld fit assembler toute la noblesse qui était chez lui pour les funérailles de son père, et leur dit qu'ayant évité d'être arrêté prisonnier à Paris avec M. le Prince, il se trouvait peu en sûreté dans ses terres, qui étaient environnées de gens de guerre qu'on avait affecté de disperser tout autour sous prétexte du quartier d'hiver, mais en effet pour pouvoir le surprendre dans sa maison ; qu'on lui offrait une retraite assurée dans une place voisine, et qu'il demandait à ses véritables amis de l'y vouloir accompagner, et laissait la liberté aux autres de faire ce qu'ils voudraient. Plusieurs parurent embarrassés de cette proposition, et prirent divers prétextes pour se retirer. Le colonel Bins fut un des premiers qui lui manqua de parole, mais il y eut sept cents gentilshommes qui lui promirent de le suivre. Avec ce nombre de cavalerie, et l'infanterie qu'il avait tirée de ses terres, il prit le chemin de Saumur, qui était celui que Gourville devait prendre pour le venir joindre, ce qu'il fit le même jour. Il lui rapporta que Mme la Princesse la mère avait approuvé son conseil, qu'elle se résolvait de le suivre, mais qu'étant obligée de garder des mesures pour la cour, elle avait besoin de temps et de beaucoup de précautions pour exécuter un dessein dont les suites devaient être si grandes ; qu'elle était peu en état d'y contribuer de son argent, et que tout ce qu'elle pouvait faire alors était de lui envoyer vingt mille francs. Le duc de Larochefoucauld, voyant son premier dessein retardé, se résolut de continuer celui de Saumur ; mais, bien qu'il y arrivât huit jours avant la fin du temps que le gouverneur lui avait promis de tenir, il trouva la capitulation faite, et que le marquis de Jarzay n'avait point exécuté ce dont il était convenu avec lui ; de sorte qu'il fut obligé de retourner sur ses pas. Il défit dans sa marche quelques compagnies de cavalerie des troupes du roi, et, étant arrivé chez lui, il congédia la noblesse qui l'avait suivi, et en repartit bientôt après, parce que le maréchal de la Meilleraye marchant vers lui avec toutes ses troupes, il se trouvait obligé de se retirer à Turenne chez le duc de Bouillon, après avoir jeté dans Montrond cinq cents hommes de pied, et cent chevaux qu'il avait levés et armés avec une diligence extrême.

En arrivant à Turenne, le duc de Bouillon et lui eurent nouvelles que Mme la Princesse et M. le duc d'Enghien, ayant suivi leur conseil, étaient partis secrètement de Montrond, et s'en venaient à Turenne pour se mettre entre leurs mains. Mais ils apprirent en même temps que le duc de Saint-Simon, ayant reçu des lettres de la cour, et su la prise de Bellegarde, n'était plus dans les mêmes sentiments, et que son soudain changement avait refroidi tous ses amis de Bordeaux, qui, jusque-là, paraissaient les plus zélés pour les intérêts de M. le Prince. Néanmoins Langlade, dont le duc de Bouillon s'était servi dans toute cette négociation, et qui sait mieux que nul autre tout ce qui se passa dans cette guerre, les raffermit avec beaucoup de peine et d'adresse, et revint en donner avis au duc de Bouillon, qui assembla trois cents gentilshommes de ses amis pour aller recevoir Mme la Princesse et monsieur son fils. Le duc de Larochefoucauld manda aussi ses amis, qui le vinrent joindre bientôt après au nombre de trois cents gentilshommes conduits par le marquis de Sillery, bien que le maréchal de la Meilleraye les menaçât de les faire piller par ses troupes s'ils retournaient le trouver.

Le duc de Bouillon, outre ses amis, leva douze cents hommes d'infanterie de ses terres, et, sans attendre les troupes du marquis de Sillery, ils marchèrent ainsi vers les montagnes d'Auvergne par où Mme la Princesse et monsieur son fils devaient passer, étant conduits par Chavaignac. Les ducs de Bouillon et de Larochefoucauld les attendirent deux jours avec leurs troupes dans un lieu nommé la Bomie, où Mme la Princesse et monsieur son fils étant enfin arrivés avec des fatigues insupportables à des personnes d'un sexe et d'un âge si peu capables d'en souffrir, ils les conduisirent à Turenne, où s'étaient rendus en même temps les comtes de Meille, de Coligny, Guitaut, le marquis de Cessac, Beauvais, chanterac, Briole, le chevalier de Rivière et beaucoup de personnes de qualité et d'officiers des troupes de M. le Prince, qui servirent durant cette guerre avec beaucoup de fidélité et de valeur. Mme la Princesse demeura huit jours à Turenne, pendant lesquels on prit Brives-la-Gaillarde, et cent maîtres de la compagnie de gendarmes du prince Thomas, qui s'y étaient retirés.

Ce séjour que l'on fit à Turenne par nécessité, en attendant qu'on eût remis la plupart des esprits de Bordeaux, chancelants et découragés par la conduite du duc de Saint-Simon, et qu'on y pût aller en sûreté, donna loisir au général de la Valette, frère naturel du duc d'Épernon qui commandait l'armée du roi, de se trouver sur le chemin de Mme la Princesse, pour lui empêcher le passage; mais, étant demeuré à une maison du duc de Bouillon nommé Rochefort, lui et le duc de Larochefoucauld marchèrent au général de la Valette, et le joignirent à Montelar, en Périgord, d'où ayant lâché le pied sans combattre, il se retira par des bois à Bergerac, après avoir perdu son bagage. Mme la Princesse reprit ensuite le chemin de Bordeaux sans rien trouver qui s'opposât à son passage. Il ne restait plus qu'à surmonter les difficultés qui se rencontraient dans la ville. Elle était partagée en diverses cabales. Les créatures du duc d'Épernon, et ceux qui suivaient les nouveaux sentiments du duc de Saint-Simon, s'étaient joints avec ceux qui servaient la cour, et entre autres avec le sieur de Lavie, avocat général au parlement de Bordeaux, homme habile et ambitieux. Ils faisaient tous leurs efforts pour faire fermer les portes de la ville à Mme la Princesse. Néanmoins, dès qu'on sut à Bordeaux qu'elle et M. le duc d'Enghien devaient arriver à Lormont près de la ville, on y vit des marques publiques de réjouissance. Un très-grand nombre de gens sortirent au-devant d'eux : on couvrit leur chemin de fleurs, et le bateau qui les conduisait, fut suivi de tous ceux qui étaient sur la rivière ; les vaisseaux du port les saluèrent de toute l'artillerie, et ils entrèrent ainsi à Bordeaux, nonobstant les efforts qu'on avait faits sous main pour les en empêcher.

Le parlement et les jurats, qui sont les échevins de Bordeaux, ne les visitèrent pas en corps ; mais il n'y eut presque point de particulier qui ne leur donnât des assurances de service. Les cabales dont je viens de parler empêchèrent néanmoins d'abord que les ducs de Bouillon et de Larochefoucauld ne fussent reçus dans la ville ; ils passèrent deux ou trois jours dans le faubourg des Chartreux, où tout le peuple alla en foule les voir, et leur offrir de les faire entrer par force. Ils n'acceptèrent pas ce parti, mais se contentèrent d'entrer le soir pour éviter le désordre.

Il n'y avait alors dans la province de troupes du roi assemblées que celles que commandait le général de la Valette, qui était près de Libourne. Celles des ducs de Bouillon et de Larochefoucauld consistaient, comme j'ai dit, en six cents gentilshommes de leurs amis, et l'infanterie sortie de Turenne, et, comme ce n'étaient pas des troupes réglées, il était impossible de les retenir plus longtemps. Ainsi l'on crut qu'il fallait se hâter de rencontrer le général de la Valette, et pour cet effet on marcha à lui vers Libourne. Mais, en ayant eu avis, il se retira, et évita une seconde fois le combat, jugeant bien que la noblesse étant sur le point de s'en retourner, il se rendrait, en ne combattant point, certainement maître de la campagne.

En ce même temps le maréchal de la Meilleraye eut ordre de marcher vers Bordeaux avec son armée par les pays d'entre deux mers, et le roi s'avança vers Libourne. Ces nouvelles firent hâter le duc de Bouillon et le duc de Larochefoucauld de faire leurs levées, malgré les empêchements continuels qu'ils y rencontraient, tant par le manque d'argent que par le grand nombre des gens du parlement et de la ville qui traversaient sous main leurs desseins. On en vint même à une extrémité qui pensa causer de grands désordres ; car un officier espagnol étant venu trouver Mme la Princesse de la part du roi d'Espagne, et ayant apporté vingt ou vingt-cinq mille écus pour pourvoir aux besoins les plus pressants, le parlement, qui jusqu'alors avait toléré qu'on eût reçu Mme la Princesse et monsieur son fils, et qui ne s'était point encore, comme le peuple, expliqué en leur faveur, ni témoigné ses sentiments sur ce qui s'était passé entre les troupes du roi et celles qui les avaient poussées, crut qu'il suffisait de s'opposer à la réception de cet envoyé d'Espagne dans Bordeaux pour justifier par une seule action toute sa conduite passée, et, en privant le parti du secours qu'il attendait d'Espagne, le réduire à la nécessité de recevoir la loi qu'on lui voudrait imposer.

Ainsi le parlement s'étant assemblé, il ordonna que l'officier espagnol sortirait de Bordeaux à l'heure même. Le peuple, n'ayant pas peine à connaître quelles seraient les suites de cet arrêt, prit aussitôt les armes, investit le Palais, et menaça d'y mettre le feu, si le parlement non-seulement ne révoquait ce qu'il venait de résoudre, mais s'il ne donnait un arrêt d'union avec Mme la princesse et les ducs de Bouillon et de Larochefoucauld. On crut que l'on dissiperait facilement cette émotion en faisant paraître les jurats : et cela ne fit qu'augmenter le trouble par le retardement qu'on apportait à la demande du peuple. Le parlement envoya alors donner avis aux ducs de Bouillon et de Larochefoucauld de ce désordre, et les prier de le faire cesser. Ils ne furent pas fâchés qu'on eût besoin d'eux en cette rencontre ; mais, outre qu'il leur était d'une grande importance que le peuple obtînt l'arrêt d'union, et la cassation de celui qui venait d'être donné contre l'envoyé d'Espagne, ils craignaient encore que, s'ils paraissaient avoir assez de pouvoir pour apaiser la sédition, on ne leur imputât de l'avoir causée. Ainsi ils résistèrent d'abord à faire ce que le parlement désirait d'eux. Mais enfin, voyant que les choses s'échauffaient à un point qu'il n'y avait plus de temps à perdre, ils coururent au Palais, suivis de leurs gardes et de plusieurs de leurs amis. Ce grand nombre, qui était nécessaire pour leur sûreté, leur parut capable d'augmenter le désordre. Ils craignirent que tant de gens, mêlés ensemble sans se connaître, ne fissent naître des accidents qui pourraient porter les choses à la dernière extrémité, et même que le peuple ne s'imaginât, en les voyant arriver si bien accompagnés, qu'ils ne voulussent le faire retirer par force, et prendre le parti du parlement. Dans cette pensée, ils firent retirer tout ce qui les suivait, et s'abandonnèrent seuls et sans aucune précaution à tous les périls qu'ils pouvaient rencontrer dans un tel tumulte. Leur présence fit l'effet qu'ils désiraient : elle arrêta la fureur du peuple, dans le moment qu'il allait mettre le feu au Palais. Ils se rendirent médiateurs entre le parlement et lui. L'envoyé d'Espagne eut dès lors toute la sûreté qu'il désirait, et l'arrêt d'union fut donné en la manière qu'on le demandait.

Les ducs de Bouillon et de Larochefoucauld jugèrent ensuite qu'il était nécessaire de faire une revue générale des bourgeois, pour leur faire connaître leurs forces et les disposer peu à peu à se résoudre à soutenir un siége. Ils voulurent eux-mêmes les mettre en bataille, bien qu'ils eussent reçu plusieurs avis qu'il y avait des gens gagnés pour les assassiner. Néanmoins, parmi les salves continuelles qui leur furent faites par plus de douze mille hommes, il n'arriva aucun accident qui leur donnât lieu d'ajouter foi à cet avis. On fit après travailler à quelques dehors; mais comme il venait peu d'argent d'Espagne, on ne put mettre aucun ouvrage en défense, car dans toute cette guerre on n'a touché des Espagnols que deux cent vingt mille livres; le reste fut pris sur le convoi de Bordeaux, ou sur le crédit de Mme la Princesse, des ducs de Bouillon et de Larochefoucauld, et de M. Lenet. On leva néanmoins en très-peu de temps près de trois mille hommes de pied, et sept ou huit cents chevaux. On prit Castelnau, distant de quatre lieues de Bordeaux; et on se serait étendu davantage sans les nouvelles que l'on eut de l'approche du maréchal de la Meilleraye du côté d'entre deux mers, et de celle du duc d'Épernon, qui vint joindre le général de la Valette. Sur cet avis, le marquis de Sillery fut dépêché en Espagne pour y représenter l'état des affaires, et hâter le secours d'hommes, de vaisseaux et d'argent qu'on en attendait.

Cependant on laissa la garnison dans Castelnau, et on se retira avec le reste des troupes à Blanquefort, qui est à deux lieues de Bordeaux, où le duc d'Épernon vint attaquer le quartier. Les ducs de Bouillon et de Larochefoucauld étaient retournés à Bordeaux, et le Chambon, maréchal de camp, commandait les troupes. Elles étaient de beaucoup plus faibles que celles du duc d'Épernon. Néanmoins, bien que le Chambon ne pût défendre l'entrée de son quartier, les canaux et les marais qui en environnaient l'autre partie, lui donnèrent moyen de se retirer sans être rompu, et de sauver les troupes et tout le bagage. Sur le bruit de ce combat, les ducs de Bouillon et de Larochefoucauld partirent de Bordeaux avec un grand nombre de bourgeois, et, ayant joint leurs troupes, retournèrent vers le duc d'Épernon avec dessein de le combattre; mais le pays étant tout coupé de canaux, ils ne purent en venir aux mains. On escarmoucha longtemps de part et d'autre. Le duc d'Épernon y perdit quelques officiers et beaucoup de soldats. Il y en eut moins de tués du côté de Bordeaux. Guitaut et la Roussière y furent blessés.

Les troupes du maréchal de la Meilleraye et celles du duc d'Épernon serrèrent ensuite Bordeaux de plus près. Ils reprirent même l'île de Saint-Georges qui est dans la Garonne, à quatre lieues au-dessus de la ville, et où l'on avait commencé quelques fortifications. Elle fut défendue durant trois ou quatre jours avec assez de vigueur, parce qu'à chaque marée on y envoyait de Bordeaux un régiment frais qui en relevait la garde. Le général de la Valette y fut blessé, et mourut peu de jours après. Mais enfin les bateaux qui y avaient amené des troupes, et qui devaient ramener celles qu'on relevait, ayant été coulés à fond par une batterie que le maréchal de la Meilleraye avait fait dresser sur le bord de la rivière, la frayeur prit de telle sorte aux soldats et même aux officiers, qu'ils se rendirent tous prisonniers de guerre. Ainsi ceux de Bordeaux perdirent tout à la fois cette île, qui leur était importante, et douze cents hommes de leur meilleure infanterie. Ce désordre, et l'arrivée du roi à Libourne, qui fit aussitôt attaquer le château de Vaire à deux lieues de Bordeaux, apportèrent une grande consternation dans la ville. Le parlement et le peuple se voyaient à la veille d'être assiégés par le roi, et manquaient de toutes les choses nécessaires pour se défendre. Nul secours ne leur venait d'Espagne, et la crainte avait enfin réduit le parlement à s'assembler pour délibérer s'il enverrait des députés demander la paix aux conditions qu'il plairait au roi, lorsqu'on apprit que Vaire était pris, et que le gouverneur, nommé Richon, s'étant rendu à discrétion, avait été pendu. Cette sévérité, par laquelle le cardinal croyait jeter la terreur et la division dans Bordeaux, fit un effet tout contraire; car cette nouvelle étant venue dans un temps où les esprits étaient, comme je l'ai dit, étonnés et chancelants, les ducs de Bouillon et de Larochefoucauld surent si bien se prévaloir d'une telle conjoncture, qu'ils remirent leurs affaires en meilleur état qu'elles n'avaient encore été, en faisant pendre en même temps le nommé Canoles, qui commandait dans l'île de Saint-Georges la première fois que ceux de Bordeaux s'en saisirent, et qui s'était aussi rendu à eux à discrétion. Mais, afin que le parlement et le peuple partageassent avec les généraux une action qui n'était pas moins nécessaire qu'elle paraissait hardie, ils firent juger Canoles par un conseil de guerre où présidaient Mme la Princesse et M. le duc d'Enghien, et qui était aussi composé non-seulement des officiers des troupes, mais encore de deux députés du parlement qui y assistaient toujours, et de trente-six capitaines de la ville. Ce pauvre gentilhomme, qui n'avait d'autre crime que son malheur, fut condamné tout d'une voix; et le peuple était si animé que, lui donnant à peine le temps d'être exécuté, il déchira son corps en pièces. Cette action étonna la cour, et redonna une nouvelle vigueur aux Bordelais. Ils passèrent si promptement de la consternation au désir de se défendre, qu'ils se résolurent sans balancer à attendre le siége, se fiant en leurs propres forces et aux promesses des Espagnols, qui les assuraient d'un prompt et puissant secours.

Dans ce dessein, on se hâta de faire un fort de quatre petits bastions à la Bastide, vis-à-vis de Bordeaux, de l'autre côté de la rivière. On travailla aussi avec soin aux autres fortifications de la ville. Mais, bien qu'on représentât aux bourgeois qui avaient des maisons dans le faubourg de Saint-Surin qu'il serait attaqué le premier et qu'il était capable de loger toute l'infanterie du roi, ils ne voulurent jamais consentir qu'on en brûlât ou qu'on en fît raser aucune. Ainsi tout ce qu'on put faire fut d'en couper les avenues par des barricades, et d'en percer les maisons. On ne s'y résolut même que pour contenter le peuple, et non pas pour espérer de défendre un lieu de si grande garde avec des bourgeois et le peu de troupes qui restaient, lesquelles ne montaient pas à sept ou huit cents hommes de pied et trois cents chevaux. Néanmoins, comme on dépendait du peuple et du parlement, il fallut les satisfaire contre les règles de la guerre, et entreprendre de défendre le faubourg de Saint-Surin, bien qu'il fût ouvert des deux côtés. La porte de la ville qui en est la plus proche est celle de Dijaux; elle fut trouvée si mauvaise, parce qu'elle n'est défendue de rien et qu'on y arrive de plain-pied, qu'on jugea à propos de la couvrir d'une demi-lune. Mais comme on manquait de tout, on fut contraint de se couvrir d'une petite hauteur de fumier qui était devant la porte, laquelle, étant escarpée en forme d'ouvrage à cornes sans parapet et sans fossé, se trouva néanmoins la plus grande défense de la ville.

Le roi étant demeuré à Bourg, le cardinal vint à l'armée. Elle était de huit mille hommes de pied, et de près de trois mille chevaux. On y résolut d'autant plus tôt d'attaquer le faubourg de Saint-Surin que, n'y ayant que les avenues de gardées, on pouvait sans péril gagner les maisons, entrer par là dans le faubourg, et couper même ceux qui défendaient les barricades et l'église, sans qu'ils pussent se retirer dans la ville; on croyait de plus que la demi-lune ne pouvant être défendue, on se logerait dès le premier jour à la porte de Dijaux. Pour cet effet, le maréchal de la Meilleraye fit attaquer en même temps les barricades et les maisons du faubourg, et Palluau avait ordre d'y entrer par le palais Galien, et de couper entre le faubourg et la ville droit à la demi-lune; mais, n'étant pas arrivé dans le temps que le maréchal de la Meilleraye fit donner, on trouva plus de résistance qu'on n'avait cru. L'escarmouche avait commencé dès que les troupes du roi s'étaient avancées. Ceux de la ville avaient mis des mousquetaires dans les haies et dans des vignes qui couvraient le faubourg. Ils arrêtèrent d'abord les troupes du roi avec une assez grande perte. Choupes, maréchal de camp, y fut blessé, et plusieurs officiers tués. Le duc de Bouillon était dans le cimetière de l'église de Saint-Surin avec ce qu'il avait pu faire sortir de bourgeois pour rafraîchir les postes. Le duc de Larochefoucauld était à la barricade où se faisait la principale attaque ; et, après qu'elle eut enfin été emportée, il alla joindre le duc de Bouillon. Beauvais, Chanterac et le chevalier Todias y furent faits prisonniers. Le feu fut très-grand de part et d'autre : il y eut cent ou six-vingts hommes de tués du côté des ducs, et près de cinq cents de celui du roi. Le faubourg néanmoins fut emporté ; mais on ne passa pas plus outre, et on se résolut d'ouvrir la tranchée pour prendre la demi-lune. On fit aussi une autre attaque par les allées de l'archevêché. J'ai déjà dit qu'il n'y avait point de fossé à la demi-lune, de sorte que, pouvant être emportée facilement, les bourgeois n'y voulurent point entrer en garde, et se contentèrent de tirer de derrière leurs murailles. Les assiégeants l'attaquèrent trois fois avec leurs meilleures troupes, et à la dernière ils entrèrent même dedans ; mais ils en furent repoussés par le duc de Larochefoucauld, qui y arriva avec ses gardes et ceux de M. le Prince dans le temps que ceux qui défendaient la demi-lune avaient plié et en étaient sortis. Trois ou quatre officiers de Noailles furent pris dedans, et le reste fut tué ou chassé. Les assiégés firent trois grandes sorties, à chacune desquelles ils nettoyèrent la tranchée et brûlèrent le logement des assiégeants. La Chapelle Biron, maréchal de camp des troupes du duc de Bouillon, fut tué à la dernière. Enfin, après treize jours de tranchée ouverte, le siége n'était pas plus avancé que le premier jour. Mais comme il y avait trop peu d'infanterie dans Bordeaux sans les bourgeois pour relever les postes attaqués, et que ce qui n'avait point été tué ou blessé était presque hors de combat à force de tirer, et par la fatigue de treize jours de garde, le duc de Bouillon les fit rafraîchir par la cavalerie qui mit pied à terre ; et lui et le duc de Larochefoucauld y demeurèrent les quatre ou cinq derniers jours sans en partir, afin d'y retenir plus de gens par leur exemple.

Cependant M. le duc d'Orléans et les frondeurs, voyant que non-seulement on transférait les princes à Marcoussi, mais qu'on se disposait à les mener au Havre, et craignant que la chute de Bordeaux ne rendît la puissance du cardinal plus formidable, ils ne voulurent point attendre l'événement du siége de Bordeaux, ils firent partir des députés pour s'entremettre de la paix. Ces députés furent les sieurs le Meunier et Bitaut, conduits par le Coudrai-Montpensier de la part de M. le duc d'Orléans. Ils arrivèrent à Bourg pour faire des propositions de paix au roi ; ils en donnèrent avis au parlement de Bordeaux, et l'on convint de part et d'autre de faire une trêve de quinze jours. Dès qu'elle fut résolue, le Coudrai-Montpensier et les deux députés de Paris entrèrent dans la ville pour y porter les choses au point qu'ils désiraient. La cour voulait la paix, craignant l'événement du siége, et voyant les troupes rebutées par une résistance d'autant plus opiniâtre que les assiégés espéraient le secours d'Espagne, et celui du maréchal de la Force qui était sur le point de se déclarer.

D'autre part, le parlement de Bordeaux, ennuyé des longueurs et des périls du siége, se déclara pour la paix. Les cabales de la cour et celles du duc d'Épernon agissaient puissamment pour y disposer le reste de la ville. L'infanterie était ruinée, et les secours d'Espagne avaient trop souvent manqué pour s'y pouvoir encore raisonnablement attendre. Toutes ces raisons firent résoudre le parlement de Bordeaux à envoyer les députés à Bourg, où était la cour. Il convia Mme la Princesse et les ducs de Bouillon et de Larochefoucauld d'y envoyer aussi. Mais comme ils n'avaient d'autres intérêts que la liberté des princes, et qu'ils ne pouvaient désirer la paix sans cette condition, ils se contentèrent de ne s'y opposer point, puisque aussi bien ils ne la pouvaient empêcher. Ils refusèrent donc d'y envoyer de leur part, et prièrent seulement les députés de la ville de ménager la sûreté et la liberté de Mme la Princesse et de M. le duc d'Enghien, avec le rétablissement de tout ce qui avait été dans leur parti. Les députés allèrent à Bourg, et y traitèrent et conclurent la paix avec le cardinal Mazarin, sans en communiquer les articles à Mme la Princesse ni aux ducs de

Bouillon et de Larochefoucauld. Les conditions étaient que le roi serait reçu dans Bordeaux en la manière qu'il a accoutumé de l'être dans les autres villes de son royaume; que les troupes qui avaient soutenu le siége en sortiraient, et pourraient aller en sûreté joindre l'armée de M. de Turenne à Stenay; que tous les priviléges de la ville et du parlement seraient maintenus, que le château Trompette demeurerait démoli; que Mme la Princesse et M. le duc d'Enghien pourraient se retirer à Montrond, où le roi entretiendrait pour leur sûreté une très-petite garnison qui serait choisie de leur main; que le duc de Bouillon pourrait aller à Turenne, et le duc de Larochefoucauld se retirer chez lui sans faire les fonctions de sa charge de gouverneur de Poitou, et sans avoir aucun dédommagement pour sa maison de Verteuil que le roi avait fait raser.

Dans le temps que Mme la Princesse et monsieur son fils sortaient de Bordeaux par eau, accompagnés des ducs de Bouillon et de Larochefoucauld, pour aller mettre pied à terre à Lormont, et prendre le chemin de Coutras, ils rencontrèrent le maréchal de la Meilleraye qui allait en bateau à Bordeaux. Il se mit dans celui de Mme la Princesse, et lui proposa d'abord d'aller à Bourg voir le roi et la reine, lui faisant espérer qu'on accorderait peut-être aux prières et aux larmes d'une femme ce qu'on avait cru devoir refuser lorsqu'on l'avait demandé les armes à la main. Quelque répugnance qu'eût Mme la Princesse à faire ce voyage, les ducs de Bouillon et de Larochefoucauld lui conseillèrent de la surmonter, et de suivre les avis du maréchal de la Meilleraye, afin qu'on ne pût lui reprocher d'avoir négligé aucune voie pour obtenir la liberté de monsieur son mari, outre qu'ils jugeaient bien qu'une entrevue comme celle-là, qui ne pourrait avoir été concertée avec les frondeurs ni avec M. le duc d'Orléans, leur donnerait sans doute de l'inquiétude, et pourrait produire des effets considérables. Le maréchal de la Meilleraye retourna à Bourg porter la nouvelle de l'acheminement de Mme la Princesse et de sa suite. Ce changement si soudain surprit Mademoiselle, et lui fit croire que l'on traitait beaucoup de choses sans la participation de monsieur son père; elle y fut encore confirmée par les longues et particulières conférences que le duc de Bouillon et le duc de Larochefoucauld eurent séparément avec le cardinal, dans le dessein de le faire résoudre de donner la liberté aux princes, ou au moins de le rendre suspect à M. le duc d'Orléans. Ils étaient convenus de parler au cardinal dans le même sens, et de lui représenter que M. le Prince lui serait d'autant plus obligé de cette grâce qu'il savait bien qu'il n'y était pas contraint par la guerre; qu'il lui était glorieux de faire voir qu'il pouvait le ruiner et le rétablir en un moment; que le procédé des frondeurs lui devait faire connaître leur dessein d'avoir les princes en leur disposition, afin de les perdre s'il leur était avantageux, ou de le perdre lui-même avec plus de facilité en leur donnant la liberté, et en les engageant par ce moyen à travailler de concert à sa ruine et à celle de la reine; que la guerre était finie en Guienne, mais que le dessein de la recommencer dans tout le royaume ne finirait jamais qu'avec la prison des princes, et qu'il devait en être d'autant plus persuadé, qu'eux-mêmes ne craignaient pas de le lui dire lorsqu'ils étaient entre ses mains, et n'avaient autre sûreté que sa parole. Ils lui représentèrent encore que les cabales se renouvelaient de toutes parts dans le parlement de Paris et dans les autres parlements du royaume pour procurer la liberté des princes, ou pour les ôter de ses mains; que pour eux, ils lui déclaraient qu'ils favoriseraient tous les desseins qu'on ferait pour les tirer de prison, et que tout ce qu'ils pouvaient faire pour lui était de souhaiter qu'ils lui en eussent l'obligation préférablement à tous autres. Ce fut à peu près le discours qu'ils tinrent au cardinal, et il eut une partie du succès qu'ils désiraient; car, outre qu'il en fut ébranlé, il donna de la jalousie à M. le duc d'Orléans et aux frondeurs. Il leur ôta l'espérance d'avoir les princes entre leurs mains, et les fit enfin résoudre à se réunir avec eux, et à chercher de nouveau les moyens de perdre le cardinal, comme on le verra dans la suite.

Pendant que les choses se passaient ainsi, et que les soins de la cour étaient employés à pacifier les désordres de la Guienne, M. de Turenne tirait de grands avantages de l'éloignement du roi. Il avait obligé les Espagnols à lui donner le commandement d'une partie de leurs troupes et de celles de M. de Lorraine. Il avait joint tout ce qu'il avait pu conserver de celles de M. le Prince. Il était maître de Stenay, et n'avait point d'ennemis qui lui fussent opposés. Ainsi rien ne l'empêchait d'entrer en France, et d'y faire des progrès considérables, que la répugnance que les Espagnols ont accoutumé d'avoir pour des desseins de cette nature, parce qu'ils craignent également de hasarder leurs troupes pour des avantages qui ne les regardent pas directement, et de se mettre en état qu'on puisse leur ôter la communication de leur pays, de sorte qu'ils crurent faire beaucoup d'assiéger Mouzon, qu'ils ne prirent qu'après un mois de tranchée ouverte. Néanmoins M. de Turenne surmonta toutes leurs difficultés, et les fit résoudre avec une extrême peine de marcher droit à Paris, espérant que sa présence avec ses forces, et l'éloignement du roi, y apporteraient assez de confusion et de trouble pour lui donner lieu d'entreprendre beaucoup de choses. Les amis de M. le Prince commencèrent aussi alors à former des entreprises particulières pour le tirer de prison. Le duc de Nemours s'était déclaré ouvertement pour ses intérêts, et enfin tout semblait contribuer au dessein de M. de Turenne. Pour ne pas donc perdre des conjonctures si favorables, il entra en Champagne, et prit d'abord Château-Portien et Rhetel, qui firent peu de résistance. Il s'avança ensuite jusqu'à la Ferté-Milon ; mais, y ayant appris qu'on avait transféré les princes au Havre-de-Grâce, les Espagnols ne voulurent pas passer plus outre, et il ne fut plus au pouvoir de M. de Turenne de s'empêcher de retourner à Stenay avec l'armée. Cependant il donna ses ordres pour fortifier Rhetel, et il laissa Delli-Ponty avec une garnison espagnole, ne croyant pas pouvoir mieux choisir, pour confier une place qui était devenue très-importante, que de la donner à un homme qui en avait si glorieusement défendu trois ou quatre des plus considérables de Flandre.

Le bruit de ce que je viens de dire hâta le retour de la cour ; et les frondeurs, qui avaient été unis au cardinal tant que les princes étaient demeurés à Vincennes et à Marcoussi, dans l'espérance de les avoir en leur pouvoir, la perdirent entièrement lorsqu'ils les virent conduire au Havre. Ils cachèrent toutefois leur ressentiment contre lui sous les mêmes apparences dont ils s'étaient servis pour cacher leurs liaisons. Car, bien que, depuis la prison des princes, ils eussent essayé de tirer sous main tous les avantages possibles de leur réconciliation avec le cardinal, ils affectaient toujours néanmoins, de son consentement, de faire croire qu'ils n'avaient point changé le dessein de le perdre, afin de conserver leur crédit parmi le peuple : de sorte que ce qu'ils faisaient dans le commencement, de concert avec le cardinal, leur servit contre lui-même dans le temps qu'ils désirèrent tout de bon de le ruiner. Leur haine s'augmenta encore par la hauteur avec laquelle le cardinal traita tout le monde à son retour. Il se persuada aisément qu'ayant fait conduire les princes au Havre et pacifié la Guienne, il s'était mis au-dessus des cabales : de sorte qu'il négligea ceux dont il avait le plus besoin, et ne songea qu'à assembler un corps d'armée pour reprendre Rhetel et Château-Portien. Il en donna le commandement au maréchal du Plessis-Praslin. Il le fit partir avec beaucoup de diligence pour investir Rhetel, et résolut de se rendre à l'armée dans la fin du siége pour en avoir toute la gloire.

M. de Turenne donna avis aux Espagnols du dessein du cardinal, et se prépara pour s'y opposer. Delli-Ponty avait répondu de tenir un temps assez considérable, et M. de Turenne prit sur cela ses mesures avec les Espagnols pour le secourir. Son dessein était de marcher avec une extrême diligence à Rethel, et de faire l'une des deux choses, ou d'obliger le maréchal du Plessis à lever le siége, ou de charger les quartiers de son armée séparés ; mais la lâcheté ou l'infidélité de Delli-Ponty rendit non-seulement ses desseins inutiles, mais le contraignit de combattre avec désavantage, et lui fit perdre la bataille ; car Delli-Ponty s'étant rendu six jours plus tôt qu'il n'avait promis, le maréchal du Plessis, fortifié de nouvelles troupes, marcha une journée au-devant de M. de Turenne, qui, ne pouvant éviter un combat si inégal, le donna avec beaucoup de valeur, mais avec un fort malheureux succès. Il rallia ce qu'il put de ses troupes, et au lieu de se retirer à Stenay où sa présence semblait être nécessaire, principalement pour raffermir les esprits étonnés de la perte de la bataille, il jugea plus à propos d'aller trouver le comte de Fuensaldagne, non-seulement pour prendre ensemble leurs mesures sur les affaires présentes avec toute la diligence possible, mais aussi pour ne laisser pas imaginer aux Espagnols que ce qui venait de lui arriver fût capable de lui faire prendre aucun dessein sans leur participation.

[1651.] Après cette victoire, le cardinal, qui s'était avancé jusqu'à Rethel, retourna à Paris, comme en triomphe, et parut si enflé de cette prospérité, qu'il renouvela dans tous les esprits le dégoût et la crainte de sa domination.

On remarqua alors que la fortune disposa tellement l'événement de cette bataille, que M. de Turenne, qui l'avait perdue, devint par là nécessaire aux Espagnols, et eut le commandement entier de leur armée ; et d'autre part, le cardinal, qui s'attribuait la gloire de cette action, réveilla contre lui l'envie et la haine publique. Les frondeurs jugèrent qu'il cesserait de les considérer, parce qu'il cessait d'en avoir besoin, et craignant qu'il ne les opprimât pour régner seul ou pour les sacrifier à M. le Prince, ils entrèrent dès lors en traité avec le président Viole, Arnauld et Montreuil, serviteurs particuliers de M. le Prince, qui lui mandaient toutes choses, et recevaient ses réponses.

Ce commencement de négociations en produisit plusieurs particulières et secrètes, tantôt avec M. le duc d'Orléans, Mme de Chevreuse, le coadjuteur et M. de Châteauneuf, et tantôt avec le duc de Beaufort et Mme de Montbazon. D'autres traitèrent avec le cardinal directement ; mais comme Mme la princesse Palatine avait alors plus de part que personne à la confiance des princes et à celle de Mme de Longueville, elle avait commencé toutes ces diverses négociations, et était dépositaire de tant d'engagements et de tant de traités opposés que, se voyant chargée tout à la fois d'un si grand nombre de choses contraires, et craignant de devenir suspecte aux uns et aux autres, elle manda au duc de Larochefoucauld qu'il était nécessaire qu'il se rendît à Paris sans être connu, afin qu'elle lui dît l'état de tous les partis qui s'offraient, et prendre ensemble la résolution de conclure avec celui qui pouvait le plus avancer la liberté des princes.

Le duc de Larochefoucauld se rendit à Paris avec une extrême diligence, et demeura toujours caché chez la princesse Palatine pour examiner avec elle ce qu'on venait de toutes parts lui proposer. L'intérêt général des frondeurs était l'éloignement et la ruine entière du cardinal, à quoi ils demandaient que les princes contribuassent avec eux de tout leur pouvoir. Mme de Chevreuse désirait que M. le prince de Conti épousât sa fille; qu'après la chute du cardinal, on mît M. de Châteauneuf dans la place de premier ministre, et que, moyennant cela, on donnerait à M. le Prince le gouvernement de Guienne avec la lieutenance générale de cette province, et Blaye pour celui de ses amis qu'il choisirait, et le gouvernement de Provence pour M. le prince de Conti. Le duc de Beaufort et Mme de Montbazon n'avaient aucune connaissance de ce projet, et faisaient aussi un traité particulier que les autres ignoraient, lequel consistait seulement à donner de l'argent à Mme de Montbazon, et à lui faire obtenir pour son fils la survivance ou la récompense de quelqu'une des charges de son père. Le coadjuteur paraissait sans autre intérêt que ceux de ses amis; mais, outre qu'il croyait rencontrer toute sa grandeur dans la perte du cardinal, il avait une grande liaison avec Mme de Chevreuse. M. de Châteauneuf ne voulut point paraître dans ce traité; mais comme il avait toujours été également attaché à Mme de Chevreuse, et devant et après sa prison, ce fut toujours aussi conjointement qu'ils prirent toutes leurs mesures, premièrement avec le cardinal, et après avec ses ennemis, de sorte qu'on se contenta des paroles que Mme de Chevreuse donna pour lui. Mais comme il était dans une étroite liaison avec les plus considérables personnes de la maison du roi, et qu'il avait dans le parlement beaucoup d'amis dont il pouvait disposer, il consentit qu'ils vissent secrètement Mme la princesse Palatine, et qu'ils lui promissent d'entrer avec lui dans tous ses engagements. Il pouvait encore beaucoup sur l'esprit de M. le duc d'Orléans, et le coadjuteur, Mme de Chevreuse et lui, l'avaient entièrement disposé à demander la liberté des princes.

Tout était ainsi préparé, et M. le Prince, qui en était exactement averti, semblait pencher à conclure avec les frondeurs. Mais le duc de Larochefoucauld, qui jusqu'alors avait été ennemi du coadjuteur, de Mme de Chevreuse, du duc de Beaufort et de Mme de Montbazon, voyant les négociations également avancées de tous côtés, et jugeant que, si on concluait avec les frondeurs, les princes ne pourraient sortir de prison sans une révolution entière, et qu'au contraire le cardinal, qui avait les clefs du Havre, les pouvait mettre en liberté en un moment, il empêcha Mme la princesse Palatine de faire ratifier à M. le Prince le traité des frondeurs, pour donner temps au cardinal de se résoudre dans une affaire si importante, et de considérer le péril où il allait se jeter.

Le duc de Larochefoucauld vit le cardinal trois ou quatre fois avec beaucoup de secret et de mystère; et ils le désirèrent tous deux ainsi, parce que le cardinal craignit extrêmement que le duc d'Orléans et les frondeurs, découvrant cette négociation, n'en prissent un sujet de rompre leur liaison, et d'éclater contre lui; et le duc de Larochefoucauld tenait aussi ces entrevues d'autant plus secrètes, que les frondeurs demandaient comme une condition de leur traité qu'il fût signé de lui : ce qu'il ne voulait ni ne devait faire, tant qu'il y aurait lieu d'espérer que le traité du cardinal pourrait être sincère de sa part et de celle des princes. Il reçut même alors un plein pouvoir de Mme de Longueville pour réconcilier toute sa maison avec le cardinal, pourvu qu'il remît les princes en liberté.

D'autre part, les frondeurs, qui avaient su que le duc de Larochefoucauld était à Paris, pressèrent pour lui faire signer le traité avec M. le Prince, et témoignèrent de l'inquiétude du retardement qu'il y apportait; de sorte que, se voyant dans la nécessité de conclure promptement avec l'un ou l'autre parti, il voulut voir encore une fois le cardinal; et alors, sans lui rien découvrir des traités particuliers qui se faisaient, il lui représenta seulement les mêmes choses qu'il lui avait dites à Bourg et le péril qu'il allait courir par le soulèvement de ses ennemis déclarés, et par l'abandonnement général de ses créatures. Il ajouta que les choses étaient à tels termes que, s'il ne lui donnait ce jour-là une parole précise et positive de la liberté des princes, il ne pouvait plus traiter avec lui, ni différer de se joindre à tous ceux qui désiraient sa perte. Le cardinal voyait beaucoup d'apparence à ces raisons, quoique le duc de Larochefoucauld ne lui parlât que généralement des cabales qui s'élevaient contre lui, sans entrer dans le particulier d'aucune, et il le fit ainsi pour ne manquer pas au secret qu'on lui avait confié, et pour ne rien dire qui pût nuire au parti qu'il fallait former pour la liberté des princes, si le cardinal la refusait. Ainsi le cardinal, ne voyant rien de particulier, s'imagina que le duc de Larochefoucauld lui grossissait les objets, afin de le faire conclure; et il crut que ne lui nommant pas même ses propres ennemis, il n'avait rien d'assuré à lui en dire.

Les choses étaient venues à un point que rien n'était capable de les empêcher d'éclater. M. le duc d'Orléans, qui suivait alors les avis et les sentiments de Mme de Chevreuse, de M. de Châteauneuf et du coadjuteur, se déclara ouvertement de vouloir la liberté des princes, et ceux-ci désirèrent qu'on conclût le traité avec les frondeurs, et obligèrent le duc de Larochefoucauld à se réconcilier et à se joindre avec eux. Cette déclaration de M. le duc d'Orléans donna une nouvelle vigueur au parlement et au peuple, et mit le cardinal dans une entière consternation. Les bourgeois prirent les armes. On fit la garde aux portes, et en moins de six heures il ne fut plus au pouvoir du roi et de la reine de sortir de Paris. La noblesse voulut avoir part à la liberté des princes, et s'assembla en ce même temps pour la demander. On ne se contentait pas de faire sortir les princes, on voulait encore la vie du cardinal. M. de Châteauneuf voyait aussi augmenter ses espérances. Le maréchal de Villeroi, et presque toute la maison du roi, les appuyaient sous main de tout leur pouvoir. Une partie des ministres, et plusieurs des plus particuliers amis et des créatures dépendantes du cardinal, faisaient aussi la même chose; et enfin la cour dans aucune autre rencontre n'a jamais mieux paru ce qu'elle est.

Mme de Chevreuse et M. de Châteauneuf gardaient encore alors exactement les apparences, et rien ne les avait rendus suspects au cardinal : tant sa fortune présente et la désertion de ses propres amis lui avaient ôté la connaissance de ce qui se passait contre lui. De sorte qu'ignorant la proposition du mariage de M. le prince de Conti, et considérant seulement Mme de Chevreuse comme la personne qui avait le plus contribué à la prison des princes en disposant M. le duc d'Orléans à y consentir, et en ruinant ensuite l'abbé de la

Rivière auprès de lui, il eut d'autant moins de défiance des conseils qu'elle lui donna, que son abattement et ses craintes ne lui permettaient pas d'en suivre d'autres que ceux qui allaient à pourvoir à sa sûreté. Il se représentait sans cesse qu'étant au milieu de Paris, il devait tout appréhender de la fureur d'un peuple qui avait osé prendre les armes pour empêcher la sortie du roi. Mme de Chevreuse se servit avec beaucoup d'adresse de la disposition où il était; et, désirant en effet son éloignement pour établir M. de Châteauneuf, et pour achever le mariage de sa fille, elle se ménagea si bien sur tout cela, qu'elle eut beaucoup de part à la résolution qu'il prit enfin de se retirer. Il sortit le soir de Paris à cheval sans trouver d'obstacles, et, suivi de quelques-uns des siens, s'en alla à Saint-Germain. Cette retraite n'adoucit point les esprits des Parisiens ni du parlement : on craignait même qu'il ne fût allé au Havre pour enlever les princes, et que la reine n'eût dessein en même temps d'emmener le roi hors de Paris. Cette pensée fit prendre de nouvelles précautions. On redoubla toutes les gardes des portes et des rues proches du Palais-Royal; et il y eut encore toutes les nuits, non-seulement des partis de cavalerie par la ville pour s'opposer à la sortie du roi, mais un soir que la reine avait effectivement dessein de l'emmener, un des principaux officiers de la maison en donna avis à M. le duc d'Orléans, et il envoya des Ouches à l'heure même supplier la reine de ne persister pas davantage dans un dessein si périlleux, et que tout le monde était résolu d'empêcher. Mais, quelques protestations que la reine pût faire, on n'y voulut ajouter aucune foi : il fallut que des Ouches visitât le Palais-Royal pour voir si les choses paraissaient disposées à une sortie, et qu'il entrât même dans la chambre du roi, afin de pouvoir rapporter qu'il l'avait vu couché dans son lit.

Les affaires étant en ces termes, le parlement, de son côté, donnait tous les jours des arrêts, et faisait de nouvelles instances à la reine pour la liberté des princes ; et ses réponses étant ambiguës, aigrissaient les esprits au lieu de les apaiser. Elle avait cru éblouir le monde en envoyant le maréchal de Gramont amuser les princes d'une fausse négociation, et lui-même l'avait été des belles apparences de ce voyage. Mais comme il ne devait rien produire pour leur liberté, on connut bientôt que tout ce qu'elle avait fait jusqu'alors n'était que pour gagner du temps. Enfin, voyant de toutes parts augmenter le mal, et ne sachant point encore certainement si le cardinal prendrait le parti de délivrer les princes ou de les emmener avec lui, craignant de plus que les esprits, aigris de tant de remises, ne se portassent à d'étranges extrémités, elle se résolut de promettre solennellement au parlement la liberté des princes sans plus différer. Le duc de Larochefoucauld fut choisi pour aller porter au Havre au sieur de Bar, qui les gardait, cet ordre si positif, et qui détruisait tous ceux qu'il aurait pu avoir au contraire. M. de la Vrillière, secrétaire d'État, et Comminges, capitaine des gardes de la reine, eurent charge de l'accompagner pour rendre la chose plus solennelle, et laisser moins de lieu de douter de la sincérité de la reine. Mais tant de belles apparences n'éblouirent pas le duc de Larochefoucauld, quoiqu'il reçût avec joie une si avantageuse commission. Il dit en partant à M. le duc d'Orléans, que la sûreté de tant d'écrits et de tant de paroles si solennellement donnés dépendait du soin qu'on apporterait à garder le Palais-Royal, et que la reine se croirait dégagée de tout du moment qu'elle serait hors de Paris. En effet, on a su depuis qu'elle envoya en diligence donner avis de ce voyage au cardinal qui était prêt d'arriver au Havre, et lui dire que sans avoir égard à ses promesses, et à l'écrit signé du roi, d'elle et des secrétaires d'État, dont le duc de Larochefoucauld et M. de la Vrillière étaient chargés, il pouvait disposer à son gré de la destinée des princes pendant qu'elle chercherait toutes sortes de voies pour tirer le roi hors de Paris.

Cet avis ne fit pas changer de dessein au cardinal : il se résolut au contraire de voir lui-même M. le Prince, et de lui parler en présence de M. le prince de Conti, du duc de Longueville et du maréchal de Gramont. Il commença d'abord par justifier sa conduite sur les choses générales. Il lui dit ensuite, sans paraître embarrassé, et avec assez de fierté, les divers sujets qu'il avait eus de se plaindre de lui, et les raisons qui l'avaient porté à le faire arrêter. Il lui demanda néanmoins son amitié ; mais il l'assura en même temps qu'il était libre de la lui accorder ou de la lui refuser, et que le parti qu'il prendrait n'empêcherait pas qu'il ne pût sortir du Havre à l'heure même pour aller où il lui plairait. Apparemment M. le Prince fut facile à promettre ce qu'on désirait de lui. Ils dînèrent ensemble avec toutes les démonstrations d'une grande réconciliation, et incontinent après le cardinal prit congé de lui, et le vit monter en carrosse avec M. le prince de Conti, le duc de Longueville et le maréchal de Gramont. Ils vinrent coucher à trois lieues du Havre, dans une maison nommée Grosménil, sur le chemin de Rouen, où le duc de Larochefoucauld, M. de la Vrillière, Comminges et le président Viole arrivèrent presque en même temps, et furent témoins des premiers moments de leur joie. Ils recouvrèrent ainsi leur liberté treize mois après l'avoir perdue. M. le Prince avait supporté cette disgrâce avec beaucoup de résolution et de constance, et ne perdit aucune occasion de travailler à faire cesser son malheur. Il fut abandonné de plusieurs de ses amis; mais on peut dire avec vérité que nul autre n'en a trouvé de plus fermes et de plus fidèles que ceux qui lui restèrent. Jamais personne de sa qualité n'a été accusé de moindres crimes, ni arrêté avec moins de sujet; mais sa naissance, son mérite et son innocence, qui devaient avec justice empêcher sa prison, étaient de grands sujets de la faire durer, si la crainte et l'irrésolution du cardinal, et tout ce qui s'éleva en même temps contre lui, ne lui eussent fait prendre de fausses mesures dans le commencement et dans la fin de cette affaire.

La prison de M. le Prince avait ajouté un nouveau

lustre à sa gloire, et il arrivait à Paris avec tout l'éclat qu'une liberté si avantageusement obtenue lui pouvait donner. M. le duc d'Orléans et le parlement l'avaient arrachée des mains de la reine. Le cardinal était à peine échappé de celles du peuple, et sortait du royaume chargé de mépris et de la haine publique. Enfin, ce même peuple, qui un an auparavant avait fait des feux de joie de la prise de M. le Prince, venait de tenir la cour assiégée dans le Palais-Royal pour procurer sa liberté. Sa disgrâce semblait avoir changé en compassion la haine qu'on avait eue pour son humeur et pour sa conduite, et tous espéraient également que son retour rétablirait l'ordre et la tranquillité de l'État.

Les choses étaient disposées de la sorte lorsque M. le Prince arriva à Paris avec M. le prince de Conti et le duc de Longueville. Une foule innombrable de peuple et de personnes de toutes qualités alla au-devant de lui jusqu'à Pontoise. Il rencontra à la moitié du chemin M. le duc d'Orléans, qui lui présenta le duc de Beaufort et le coadjuteur de Paris, et il fut conduit au Palais-Royal au milieu de ce triomphe et des acclamations publiques. Le roi, la reine et le duc d'Anjou y étaient demeurés avec les seuls officiers de leur maison, et M. le Prince y fut reçu comme un homme qui était plus en état de faire grâce que de la demander.

Plusieurs ont cru que M. le duc d'Orléans et lui firent une faute très-considérable de laisser jouir la reine plus longtemps de son autorité, car il était facile de la lui ôter. On pouvait fair passer la régence à M. le duc d'Orléans par un arrêt du parlement, et remettre non-seulement entre ses mains la conduite de l'État, mais aussi la personne du roi, qui manquait seule pour rendre le parti des princes aussi légitime en apparence qu'il était puissant en effet. Tous les partis y eussent consenti, personne ne se trouvant en état ni même en volonté de s'y opposer, tant l'abattement et la fuite du cardinal avaient laissé de consternation à ses amis. Ce chemin si court et si aisé aurait sans doute empêché pour toujours le retour de ce ministre, et ôté à la reine l'espérance de le rétablir. Mais M. le Prince, qui revenait comme en triomphe, était encore trop ébloui de l'éclat de sa liberté pour voir distinctement tout ce qu'il pouvait entreprendre : peut-être aussi que la grandeur de l'entreprise l'empêcha d'en connaître la facilité. On peut croire même que la connaissant, il ne put se résoudre de laisser passer toute la puissance à M. le duc d'Orléans, qui était entre les mains des frondeurs, dont M. le Prince ne voulait pas dépendre. D'autres ont cru plus vraisemblablement qu'ils espéraient l'un et l'autre que quelques négociations commencées, et la faiblesse du gouvernement, établiraient leur autorité par des voies plus douces et plus légitimes. Enfin ils laissèrent à la reine son titre et son pouvoir, sans rien faire de solide pour leurs avantages. Ceux qui considéraient leur conduite et en jugeaient selon les vues ordinaires, remarquaient qu'il leur était arrivé ce qui arrive souvent en de semblables rencontres, même aux plus grands hommes qui ont fait la guerre à leurs souverains, qui est de n'avoir pas su se prévaloir de certains moments favorables et décisifs. Ainsi le duc de Guise, aux premières barricades de Paris, laissa sortir le roi après l'avoir tenu comme assiégé dans le Louvre tout un jour et une nuit. Et ainsi le peuple de Paris, aux dernières barricades, passa toute sa fougue à se faire accorder par force le retour de Broussel et du président de Blancmesnil, et ne songea point à se faire livrer le cardinal qui les avait fait enlever, et qu'on pouvait sans peine arracher du Palais-Royal, qui était bloqué.

Enfin, quelles que fussent les raisons des princes, ils laissèrent échapper une conjoncture si importante, et cette entrevue se passa seulement en civilités ordinaires, sans témoigner d'aigreur de part ni d'autre, et sans parler d'affaires. Mais la reine désirait trop le retour du cardinal pour ne tenter pas toutes sortes de voies pour y disposer M. le Prince : elle lui fit offrir par Mme la princesse Palatine de faire une liaison étroite avec lui et de lui procurer toutes sortes d'avantages. Mais comme ces termes étaient généraux, il n'y répondit que par des civilités qui ne l'engageaient à rien. Il crut même que c'était un artifice de la reine pour renouveler contre lui l'aigreur générale, et en le rendant suspect à M. le duc d'Orléans, au parlement et au peuple par cette liaison secrète, l'exposer à retomber dans ses premiers malheurs. Il considérait encore qu'il était sorti de prison par un traité signé avec

Mme de Chevreuse, par lequel M. le prince de Conti devait épouser sa fille ; que c'était principalement par cette alliance que les frondeurs et le coadjuteur de Paris prenaient confiance en lui, et qu'elle faisait aussi le même effet envers M. le garde des sceaux, M. de Châteauneuf, qui tenait alors la première place dans le conseil, et qui était inséparablement attaché à Mme de Chevreuse. D'ailleurs, cette cabale subsistait encore avec les mêmes apparences de force et de crédit, et elle lui offrait le choix des établissements pour lui et pour monsieur son frère. M. de Châteauneuf venait même de les rétablir tous deux, et le duc de Longueville aussi dans les fonctions de leurs charges, et enfin M. le Prince trouvait du péril et de la honte de rompre avec des personnes dont il avait reçu tant d'avantages, et qui avaient si puissamment contribué à sa liberté.

Si ces réflexions firent balancer M. le Prince, elles ne ralentirent pas le dessein de la reine. Elle désira toujours avec la même ardeur d'entrer en négociation avec lui, espérant ou de l'attacher véritablement à ses intérêts, et s'assurer par là du retour du cardinal, ou de le rendre de nouveau suspect à tous ses amis. Dans cette vue, elle pressa Mme la princesse Palatine de faire expliquer M. le Prince sur ce qu'il pouvait désirer pour lui et pour ses amis, et elle lui donna tant d'espérances de l'obtenir, que cette princesse le fit enfin résoudre de traiter, et de voir secrètement chez elle MM. Servien et de Lyonne. Il voulut que le duc de

Larochefoucauld s'y trouvât aussi, et il le fit de la participation de M. le prince de Conti et de Mme de Longueville.

Le premier projet du traité qui avait été proposé par Mme la princesse Palatine, était qu'on donnerait la Guienne à M. le Prince avec la lieutenance générale pour celui de ses amis qu'il voudrait, le gouvernement de Provence pour M. le prince de Conti; qu'on ferait des gratifications à ceux qui avaient suivi ses intérêts; qu'on n'exigerait de lui que d'aller dans son gouvernement, avec ce qu'il choisirait de ses troupes pour sa sûreté; qu'il y demeurerait sans contribuer au retour du cardinal Mazarin, mais qu'il ne s'opposerait pas à ce que le roi ferait pour le faire revenir, et que, quoi qu'il arrivât, M. le Prince serait libre d'être son ami ou son ennemi, selon que sa conduite lui en donnerait sujet. Ces mêmes conditions furent non-seulement confirmées, mais encore augmentées par MM. Servien et de Lyonne; car, sur ce que M. le Prince voulait faire joindre le gouvernement de Blaye à la lieutenance générale de Guienne pour le duc de Larochefoucauld, ils lui en donnèrent toutes les espérances qu'il pouvait désirer. Il est vrai qu'ils demandèrent du temps pour traiter avec Mme d'Angoulême du gouvernement de Provence, et pour achever de disposer la reine à accorder Blaye, mais apparemment ce fut pour pouvoir rendre compte au cardinal de ce qui se passait, et recevoir ses ordres. Ils s'expliquèrent aussi de la répugnance que la reine avait au mariage de M. le prince de Conti et de Mlle de Chevreuse; mais on ne leur donna pas lieu d'entrer plus avant en matière sur ce sujet, et l'on fit seulement connaître que l'engagement qu'on avait pris avec Mme de Chevreuse était trop grand pour chercher des expédients de le rompre. Ils n'insistèrent pas sur cet article, et l'on se sépara de telle sorte, qu'on pouvait croire raisonnablement que la liaison de la reine et de M. le Prince était sur le point de se conclure.

L'un et l'autre avaient presque également intérêt que cette négociation fût secrète. La reine devait craindre d'augmenter les défiances de M. le duc d'Orléans et des frondeurs, et de contrevenir sitôt et sans prétexte aux déclarations qu'elle venait de donner au parlement, contre le retour du cardinal. M. le Prince, de son côté, n'avait pas moins de précautions à prendre, puisque le bruit de son traité faisait croire à ses amis qu'il l'avait fait sans leur participation, fournirait un juste prétexte au duc de Bouillon et à M. de Turenne de quitter ses intérêts, le rendrait encore irréconciliable avec les frondeurs et avec Mme de Chevreuse, et renouvellerait au parlement et au peuple l'image affreuse de la dernière guerre de Paris. Cette affaire demeura ainsi quelque temps sans éclater; mais celui qu'on avait pris pour la conclure produisit bientôt des sujets de la rompre, et de porter les choses dans les extrémités où nous les avons vues depuis.

Cependant l'assemblée de la noblesse ne s'était pas séparée, bien que les princes fussent en liberté; elle continuait toujours sous divers prétextes. Elle demanda d'abord le rétablissement de ses priviléges, et la réformation de plusieurs désordres particuliers ; mais son véritable dessein était d'obtenir les états généraux, qui étaient en effet le plus assuré et le plus innocent remède qu'on pût apporter pour remettre l'État sur ses anciens fondements, dont la puissance trop étendue des favoris semble l'avoir arraché depuis quelque temps. La suite n'a que trop fait voir combien ce projet de la noblesse eût été avantageux au royaume. Mais M. le duc d'Orléans et M. le Prince ne connaissaient pas leurs véritables intérêts ; et, voulant se ménager vers la cour et vers le parlement, qui craignaient également l'autorité des états généraux, au lieu d'appuyer les demandes de la noblesse, et de s'attirer par là le mérite d'avoir procuré le repos public, ils songèrent seulement aux moyens de dissiper l'assemblée, et crurent avoir satisfait à tous leurs devoirs en tirant parole de la cour de faire tenir les États six mois après la majorité du roi. Ensuite d'une promesse si vaine, l'assemblée se sépara, et les choses reprirent le chemin que je vais dire.

La cour était alors partagée en plusieurs cabales ; mais toutes s'accordaient à empêcher le retour du cardinal. Leur conduite néanmoins était différente. Les frondeurs se déclaraient ouvertement contre lui, mais le garde des sceaux de Châteauneuf se montrait en apparence attaché à la reine, bien qu'il fût le plus dangereux ennemi du cardinal ; il croyait que le meilleur moyen de le tenir éloigné et d'occuper sa place, était d'affecter d'entrer dans tous les sentiments de la reine pour hâter son retour. Elle rendait compte de tout au cardinal dans sa retraite, et son éloignement augmentait encore son pouvoir; mais comme ses ordres venaient lentement, et que l'un était souvent détruit par l'autre, cette diversité apportait dans les affaires une confusion à laquelle on ne pouvait remédier.

Cependant les frondeurs pressaient le mariage de M. le prince de Conti et de Mlle de Chevreuse; les moindres retardements leur étaient suspects, et ils soupçonnaient déjà Mme de Longueville et le duc de Larochefoucauld d'avoir dessein de le rompre, de peur que M. le prince de Conti ne sortît de leurs mains pour entrer dans celles de Mme de Chevreuse et du coadjuteur de Paris. M. le Prince augmentait encore adroitement leurs soupçons contre madame sa sœur et contre le duc de Larochefoucauld, croyant que tant qu'ils auraient cette pensée, ils ne découvriraient jamais la véritable cause du retardement du mariage, qui était que M. le Prince n'ayant encore ni conclu ni rompu son traité avec la reine, et ayant eu avis que M. de Châteauneuf devait être chassé, il voulait attendre l'événement pour faire le mariage, si le cardinal était ruiné par M. de Châteauneuf, ou le rompre et faire par là sa cour à la reine, si M. de Châteauneuf était chassé par le cardinal.

Cependant on envoya à Rome pour avoir la dispense

sur la parenté. Le prince de Conti l'attendait avec impatience, tant parce que la personne de Mlle de Chevreuse lui plaisait, que parce que le changement de condition avait pour lui la grâce de la nouveauté qui plaît toujours aux gens de son âge. Il cachait toutefois ce sentiment à ses amis avec tout l'artifice dont il était capable; mais il craignait surtout que Mme de Longueville ne s'en aperçût, de peur de ruiner les espérances vaines d'une passion extraordinaire dont il voulait qu'on le crût touché. Dans cet embarras, il pria secrètement le président Viole, qui devait dresser les articles de son mariage, d'accorder tous les points qu'on voudrait contester, et de surmonter toutes les difficultés.

En ce même temps, on ôta les sceaux à M. de Châteauneuf, et on les donna au premier président Molé. Cette action surprit et irrita les frondeurs, et le coadjuteur, ennemi particulier du premier président, alla avec précipitation au Luxembourg en avertir M. le duc d'Orléans et M. le Prince, qui étaient ensemble. Il exagéra devant eux la conduite de la cour avec toute l'aigreur possible, et la rendit si suspecte à M. le duc d'Orléans, que l'on tint sur l'heure un conseil où se trouvèrent plusieurs personnes de qualité, pour délibérer si on irait à l'instant même au palais arracher les sceaux au premier président, et si on émouvrait le peuple pour soutenir cette violence. Mais M. le Prince y fut entièrement contraire, soit qu'il s'y opposât par raison ou par intérêt. Il y mêla même quelques railleries, et dit qu'il n'était pas assez brave pour s'exposer à une guerre qui se ferait à coups de grès et de tisons. Les frondeurs furent piqués de cette réponse, et se confirmèrent par là dans l'opinion qu'ils avaient que M. le Prince prenait des mesures secrètes avec la cour, et que l'éloignement de M. de Châteauneuf, et le retour de M. de Chavigny, auparavant secrétaire d'État et ministre, qui avait été rappelé en ce même temps, avaient été concertés avec lui, bien qu'en effet il n'y eût aucune part. Cependant la reine rétablit aussitôt M. de Chavigny dans le conseil. Elle crut que, revenant sans la participation de personne, il lui aurait l'obligation tout entière de son retour ; et, en effet, tant que M. de Chavigny espéra de gagner créance sur l'esprit de la reine, il parut éloigné de M. le Prince et de tous ses principaux amis. Mais dès que les premiers jours lui eurent fait connaître que rien ne pouvait faire changer l'esprit de la reine pour le cardinal, il renoua secrètement avec M. le Prince, et crut que cette liaison le porterait à tout ce que son ambition démesurée lui faisait désirer. Son premier pas fut d'obliger M. le Prince à déclarer à M. le duc d'Orléans le traité qu'il faisait avec la reine, afin qu'il lui aidât à le rompre. Il exigea ensuite de M. le Prince d'ôter à Mme de Longueville et au duc de Larochefoucauld la connaissance particulière et secrète de ses desseins, bien qu'il dût à tous deux la confiance que M. le Prince prenait en lui.

Durant que M. de Chavigny agissait ainsi, l'éloignement de M. de Châteauneuf avait augmenté les défiances de Mme de Chevreuse touchant le mariage qu'elle souhaitait ardemment; elle ne se trouvait plus en état de pouvoir procurer à M. le Prince et à ses amis les établissements auxquels elle s'était engagée, et cependant Mme de Rhodez était convenue par son ordre, avec le duc de Larochefoucauld, que ces établissements et le mariage s'exécuteraient en même temps, et seraient des marques réciproques de la bonne foi des deux partis. Mais si d'un côté elle voyait diminuer ses espérances avec son crédit, elle les reprenait par les témoignages de passion que M. le prince de Conti donnait à mademoiselle sa fille. Il lui rendait mille soins qu'il cachait à ses amis, et particulièrement à madame sa sœur. Il avait des conversations très-longues et très-particulières avec Laigues et Noirmoustiers, amis intimes de Mlle de Chevreuse, dont, contre sa coutume, il ne rendait plus de compte à personne. Enfin, sa conduite parut si extraordinaire, que le président de Nesmond, serviteur particulier de M. le Prince, se crut obligé de lui donner avis du dessein de monsieur son frère. Il lui dit qu'il allait épouser Mlle de Chevreuse sans sa participation et sans dispense; qu'il se cachait de tous ses amis pour traiter avec Laigues, et que, s'il n'y remédiait promptement, il verrait Mme de Chevreuse lui ôter monsieur son frère, et achever ce mariage dans le temps qu'on croyait qu'il avait plus d'intérêt de l'empêcher.

Cet avis retira M. le Prince de son incertitude, et,

sans concerter sa pensée avec personne, il alla chez M. le prince de Conti. Il commença d'abord la conversation par des railleries sur la grandeur de son amour, et la finit en disant de Mlle de Chevreuse, du coadjuteur, de Noirmoustiers et de Caumartin, tout ce qu'il crut le plus capable de dégoûter un amant ou un mari. Il n'eut pas grand'peine à réussir dans son dessein; car, soit que M. le prince de Conti crût qu'il disait vrai, ou qu'il ne voulût pas lui témoigner qu'il en doutait, il le remercia d'un avis si salutaire, et résolut de ne point épouser Mlle de Chevreuse. Il se plaignit même de Mme de Longueville et du duc de Larochefoucauld de ne l'avoir pas averti plus tôt de ce qui se disait dans le monde. On chercha dès lors les moyens de rompre cette affaire sans aigreur; mais les intérêts en étaient trop grands et les circonstances trop piquantes pour ne pas renouveler et accroître encore l'ancienne haine de Mme de Chevreuse et des frondeurs contre M. le Prince et contre ceux qu'ils soupçonnaient d'avoir part à ce qu'il venait de faire. Le président Viole fut chargé d'aller trouver Mme de Chevreuse pour dégager avec quelque bienséance M. le Prince et monsieur son frère des paroles qu'ils avaient données pour le mariage. Ils devaient ensuite l'un et l'autre l'aller voir le lendemain; mais, soit qu'ils eussent peine de voir une personne à qui ils faisaient un si sensible déplaisir, ou soit que les deux frères qui s'aigrissaient tous les jours pour les moindres choses, se fussent aigris touchant la manière dont ils devaient rendre cette visite à Mme de Chevreuse, ni eux, ni le président Viole, ne la virent point, et l'affaire se rompit de leur côté, sans qu'ils essayassent de garder aucune mesure ni de sauver la moindre apparence.

Je ne puis dire si ce fut de la participation de M. de Chavigny que M. le Prince accepta l'échange du gouvernement de Guienne avec celui de Bourgogne pour le duc d'Épernon ; mais enfin son traité fut conclu par lui sans qu'il y fût parlé de ce qu'il avait demandé pour monsieur son frère, pour le duc de Larochefoucauld, et pour tous ses autres amis.

Cependant les conseils de M. de Chavigny avaient tout le succès qu'il désirait. Il avait seul la confiance de M. le Prince, et il l'avait porté à rompre son traité avec la reine, contre l'avis de Mme de Longueville, de Mme la princesse Palatine, et des ducs de Bouillon et de Larochefoucauld. MM. Servien et de Lyonne se trouvèrent brouillés des deux côtés pour cette négociation, et furent chassés ensuite. La reine niait d'avoir jamais écouté la proposition de Blaye, et accusait M. Servien de l'avoir fait exprès pour rendre les demandes de M. le Prince si hautes, qu'il lui fût impossible de les accorder. M. le Prince, de son côté, se plaignait de ce que M. Servien ou était entré en matière avec lui de la part de la reine sur des conditions dont elle n'avait point eu de connaissance, ou lui avait fait tant de vaines propositions pour l'amuser sous l'apparence d'un traité sincère, qui n'était en effet qu'un dessein prémédité de le ruiner. Enfin, bien que M. Servien fût soupçonné par les deux partis, cela ne diminua point l'aigreur qui commençait à renaître entre la reine et M. le Prince.

Cette division était presque également fomentée par tous ceux qui les approchaient. On persuadait à la reine que la division de M. le Prince et de Mme de Chevreuse allait réunir les frondeurs aux intérêts du cardinal, et que les choses se trouveraient bientôt aux mêmes termes où elles étaient lorsqu'on arrêta M. le Prince. Lui, de son côté, était poussé de rompre avec la cour par divers intérêts. Il ne trouvait plus de sûreté avec la reine, et craignait de retomber dans ses premières disgrâces. Mme de Longueville savait que le coadjuteur l'avait brouillée irréconciliablement avec son mari, et qu'après les impressions qu'il lui avait données de sa conduite, elle ne pouvait l'aller trouver en Normandie, sans exposer au moins sa liberté.

Cependant le duc de Longueville voulait la retirer auprès de lui par toutes sortes de voies; et elle n'avait plus de prétexte d'éviter ce périlleux voyage, qu'en portant monsieur son frère à se préparer à une guerre civile.

M. le prince de Conti n'avait point de but arrêté : il suivait toutefois les sentiments de madame sa sœur, sans les connaître, et voulait la guerre, parce qu'elle l'éloignait de sa profession qu'il n'aimait pas. Le duc de Nemours la conseillait aussi avec empressement, mais ce sentiment lui venait moins de son ambition que de sa jalousie contre M. le Prince. Il ne pouvait souffrir qu'il vît et qu'il aimât Mme de Châtillon ; et comme il ne pouvait l'empêcher qu'en les séparant pour toujours, il crut que la guerre ferait seule cet effet; et c'était le seul motif qui la lui faisait désirer. Les ducs de Bouillon et de Larochefoucauld étaient bien éloignés de ce sentiment : ils venaient d'éprouver à combien de peines et de difficultés insurmontables on s'expose pour soutenir une guerre civile contre la personne du roi ; ils savaient de quelle infidélité de ses amis on est menacé lorsque la cour y attache des récompenses, et qu'elle fournit le prétexte de rentrer dans son devoir ; ils connaissaient la faiblesse des Espagnols, combien vaines et trompeuses sont leurs promesses, et que leur vrai intérêt n'était pas que M. le Prince ou le cardinal se rendît maître des affaires, mais seulement de fomenter le désordre entre eux pour se prévaloir de nos divisions. Le duc de Bouillon joignait encore son intérêt particulier à celui du public, et espérait de s'acquérir quelque mérite envers la reine, s'il contribuait à retenir M. le Prince dans son devoir. Le duc de Larochefoucauld ne pouvait pas témoigner si ouvertement sa répugnance pour cette guerre : il était obligé de suivre les sentiments de Mme de Longueville, et ce qu'il pouvait faire alors était d'essayer de lui faire désirer la paix. Mais la conduite de la cour et celle de M. le Prince fournirent bientôt des sujets de défiance de part et d'autre, dont la suite a été funeste à l'État et à tant d'illustres maisons du royaume, et à la plus grande et à la plus éclatante fortune qu'on eût jamais vue sur la tête d'un sujet.

Pendant que les choses se disposaient de tous côtés à une entière rupture, M. le Prince avait envoyé quelque temps auparavant le marquis de Sillery en Flandre, sous prétexte de dégager Mme de Longueville et M. de Turenne des traités qu'ils avaient faits avec les Espagnols pour procurer sa liberté; mais en effet il avait ordre de prendre des mesures avec le comte de Fuensaldagne, et de pressentir quelle assistance il pourrait tirer du roi d'Espagne, s'il était obligé de faire la guerre. Fuensaldagne répondit selon la coutume ordinaire des Espagnols, et, promettant en général beaucoup plus qu'on ne lui pouvait raisonnablement demander, il n'oublia rien pour engager M. le Prince à prendre les armes.

D'un autre côté la reine avait fait une nouvelle liaison avec le coadjuteur, dont le principal fondement était leur commune haine pour M. le Prince. Ce traité devait être secret par l'intérêt de la reine et par celui des frondeurs, puisqu'elle n'en pouvait attendre de service que par le crédit qu'ils avaient sur le peuple, lequel ils ne pouvaient conserver qu'autant qu'on les croyait ennemis du cardinal. Les deux partis rencontraient également leur sûreté à perdre M. le Prince. On offrait même à la reine de le tuer ou de l'arrêter prisonnier; mais elle eut horreur de cette première proposition, et consentit volontiers à la seconde. Le coadjuteur et M. de Lyonne se trouvèrent chez le comte de Montrésor pour convenir des moyens d'exécuter cette entreprise. Ils demeurèrent d'accord qu'il fallait tenter, sans résoudre rien pour le temps ni pour la manière de l'exécuter. Mais, soit que M. de Lyonne en craignît les suites pour l'État, ou que voulant empêcher, comme on l'en soupçonnait, le retour du cardinal, il considérât la liberté de M. le Prince comme le plus grand obstacle qu'on y pût apporter, il découvrit au maréchal de Gramont, qu'il croyait son ami, tout ce qui avait été résolu contre M. le Prince chez le comte de Montrésor.

Le maréchal de Gramont usa de ce secret comme avait fait M. de Lyonne : il le dit à M. de Chavigny, après l'avoir engagé par toutes sortes de serments de ne le point révéler; mais M. de Chavigny en avertit à l'heure même M. le Prince. Il crut quelque temps qu'on faisait courir le bruit de l'arrêter pour l'obliger à quitter Paris, et que ce serait une faiblesse d'en prendre l'alarme, voyant avec quelle chaleur le peuple prenait ses intérêts, et se trouvant continuellement accompagné d'un très-grand nombre d'officiers d'armée, de ceux de ses troupes, de ses domestiques, et de ses amis particuliers. Dans cette confiance, il ne changea rien à sa conduite, que de n'aller plus au Louvre; mais cette précaution ne le put garantir de se livrer lui-même entre les mains du roi, car il se trouva par hasard au Cours dans l'instant que le roi y passait en revenant de la chasse, suivi de ses gardes et de ses chevau-légers. Cette rencontre, qui devait perdre M. le Prince, ne produisit sur l'heure aucun effet. Le roi continua son chemin sans que pas un de ceux qui étaient auprès de lui osât lui donner de conseil, et M. le Prince sortit aussitôt du Cours pour ne lui donner pas le temps de former un dessein. On peut croire qu'ils furent surpris également d'une aventure si inopinée, et qu'ils connurent bientôt ce qu'elle devait produire. La reine et les frondeurs se consolèrent d'avoir perdu une si belle occasion par l'espérance de la retrouver bientôt.

Cependant les avis continuels qu'on donnait de toutes parts à M. le Prince commencèrent à lui persuader qu'on songeait en effet à s'assurer de sa personne, et, dans cette vue, il se réconcilia avec Mme de Longueville et avec le duc de Larochefoucauld. Il fut néanmoins quelque temps sans prendre de nouvelles précautions pour s'en garantir, quoi qu'on pût faire pour l'y résoudre. Enfin le hasard fit ce que M. le Prince n'avait pu faire, et, après avoir résisté à tant de conjectures apparentes et à tant d'avis certains, il fit, sur une fausse nouvelle, ce qu'il avait refusé de faire par le véritable conseil de ses amis ; car, venant de se coucher et causant encore avec Vineuil, celui-ci reçut un billet d'un gentilhomme nommé le Bouchet, qui lui mandait d'avertir M. le Prince que deux compagnies des gardes avaient pris les armes, et qu'elles allaient marcher vers le faubourg Saint-Germain. Cette nouvelle lui fit croire qu'elles devaient investir l'hôtel de Condé, au lieu qu'elles étaient seulement commandées pour faire payer les entrées aux portes de la ville. Il se crut obligé de monter à cheval à l'heure même, et, étant seulement suivi de six ou sept, il sortit par le faubourg Saint-Michel, et demeura quelque temps dans le grand chemin pour attendre des nouvelles de M. le prince de Conti, qu'il avait envoyé avertir. Mais une seconde méprise, plus vaine que la première, l'obligea d'abandonner son poste. Il entendit un assez grand nombre de chevaux qui marchaient au trot vers lui, et croyant que c'était un escadron qui le cherchait, il se retira vers Fleury, près de Meudon, mais il se trouva que ce n'étaient que des coquetiers qui marchaient toute la nuit pour arriver à Paris. Dès que M. le Prince de Conti sut que monsieur son frère était parti, il en donna avis au duc de Larochefoucauld, qui alla joindre M. le Prince pour le suivre, mais il le pria de retourner à l'heure même à Paris pour rendre compte de sa part à M. le duc d'Orléans du sujet de sa sortie et de sa retraite à Saint-Maur.

Ce départ de M. le Prince produisit dans le monde ce que les grandes nouvelles ont accoutumé d'y produire, et chacun faisait différents projets. L'apparence d'un changement donna de la joie au peuple et de la crainte à ceux qui étaient établis. Le coadjuteur, Mme de Chevreuse et les frondeurs crurent que l'éloignement de M. le Prince les unissait avec la cour, et augmentait leur considération par le besoin qu'on aurait d'eux. La reine prévoyait sans doute les malheurs qui menaçaient l'État, mais elle ne pouvait s'affliger de ce qui pouvait avancer le retour du cardinal. M. le Prince craignait les suites d'une si grande affaire, et ne pouvait se résoudre d'embrasser un dessein si vaste. Il se défiait de ceux qui le poussaient à la guerre. Il en craignait la légèreté, et il jugeait bien qu'ils ne lui aideraient pas longtemps à en soutenir le poids.

Il voyait d'autre part que le duc de Bouillon se détachait sans éclat de ses intérêts, que M. de Turenne s'était déjà expliqué de n'y prendre désormais aucune part ; que le duc de Longueville voulait demeurer en repos, et était trop mal satisfait de madame sa femme pour contribuer à une guerre dont il la croyait la principale cause. Le maréchal de la Mothe s'était dégagé de la parole qu'il avait donnée de prendre les armes, et enfin tant de raisons et tant d'exemples auraient sans doute porté M. le Prince à suivre l'inclination qu'il avait de s'accommoder avec la cour, s'il eût pu se confier à la parole du cardinal, mais l'horreur de la prison lui était encore trop présente pour s'y exposer sur la foi de ce ministre. D'ailleurs Mme de Longueville, qui était tout de nouveau pressée par son mari de l'aller trouver en Normandie, ne pouvait éviter ce voyage, si le traité de M. le Prince s'achevait.

Parmi tant de sentiments contraires, le duc de Larochefoucauld voulait tout à la fois garantir Mme de Longueville d'aller à Rouen, et porter M. le Prince à traiter avec la cour. Les choses étaient néanmoins bien éloignées de cette disposition. M. le Prince, peu d'heures après son arrivée à Saint-Maur, avait refusé de parler en particulier au maréchal de Gramont, qui était venu de la part du roi lui demander le sujet de son éloignement, le convier de retourner à Paris, et lui promettre toute sûreté. Il lui répondit devant tout le monde que, bien que le cardinal Mazarin fût éloigné de la cour et que MM. Servien, le Tellier et de Lyonne se fussent retirés par l'ordre de la reine, l'esprit et les maximes du cardinal y régnaient encore, et qu'ayant souffert une si rude et injuste prison, il avait éprouvé que son innocence ne suffisait pas pour établir sa sûreté; qu'il espérait la retrouver dans sa retraite, où il conserverait les mêmes sentiments qu'il avait fait paraître tant de fois pour le bien de l'État et pour la gloire du roi. Le maréchal de Gramont fut surpris et piqué de ce discours. Il avait cru entrer en matière avec M. le Prince, et commencer quelque négociation entre la cour et lui ; mais il ne pouvait pas raisonnablement se plaindre que M. le Prince refusât d'ajouter foi aux paroles qu'il lui venait porter pour sa sûreté, puisque M. de Lyonne lui avait confié la résolution qu'on avait prise chez le comte de Montrésor de l'arrêter une seconde fois.

Mme la Princesse, M. le prince de Conti et Mme de Longueville se rendirent à Saint-Maur aussitôt que M. le Prince, et dans les premiers jours cette cour ne fut pas moins grosse et moins remplie de personnes de qualité que celle du roi. Tous les divertissements mêmes s'y rencontrèrent pour servir à la politique ; et les bals, les comédies, le jeu, la chasse et la bonne chère y attiraient un nombre infini de ces gens incertains qui s'offrent toujours au commencement des partis, et qui les trahissent ou les abandonnent d'ordinaire selon leurs craintes ou leurs intérêts. On jugea néanmoins que leur nombre pouvait rompre les mesures qu'on aurait pu prendre d'attaquer Saint-Maur, et que cette foule, inutile et incommode en toute autre rencontre, pouvait servir en celle-ci, et donner quelque réputation aux affaires.

Jamais la cour n'avait été partagée de tant de diverses intrigues. Les pensées de la reine, comme je l'ai dit, se bornaient au retour du cardinal. Les frondeurs proposaient celui de M. de Châteauneuf, et il était nécessaire à beaucoup de desseins; car, étant une fois rétabli, il pouvait plus facilement traverser sous main ceux du cardinal, et, s'il venait à tomber, occuper sa place. Le maréchal de Villeroi contribuait autant qu'il lui était possible à y disposer la reine; mais cette affaire, comme toutes les autres, ne pouvait se résoudre sans le consentement du cardinal.

Pendant qu'on attendait ses ordres à la cour sur les choses présentes, M. le Prince balançait encore sur le parti qu'il devait prendre, et ne pouvait se déterminer ni à la paix ni à la guerre. Le duc de Larochefoucauld, voyant tant d'incertitude, crut se devoir servir de cette conjoncture pour porter M. le Prince à écouter avec plus de facilité des propositions d'accommodement dont il semblait que Mme de Longueville essayait de le détourner. Il désirait aussi la garantir d'aller en Normandie, et rien ne convenait mieux à ces deux desseins que de la disposer à s'en aller à Montrond. Dans cette pensée, il fit voir à Mme de Longueville qu'il n'y avait que son éloignement de Paris qui pût satisfaire son mari, et l'empêcher de faire le voyage qu'elle craignait; que M. le Prince se pouvait aisément lasser de la protection qu'il lui avait donnée jusqu'alors, ayant un prétexte aussi spécieux que celui de réconcilier une femme avec son mari, et surtout s'il croyait s'attacher par là à M. le duc de Longueville; de plus, qu'on l'accusait de fomenter elle seule le désordre; qu'elle se trouverait responsable en plusieurs façons, et envers monsieur son frère et envers le monde, d'allumer dans le royaume une guerre dont les événements seraient funestes à sa maison ou à l'État, et qu'elle avait presque un égal intérêt à la conservation de l'un et de l'autre. Il lui représentait encore que les excessives dépenses que M. le Prince serait obligé de soutenir, ne lui laisseraient ni le pouvoir, ni peut-être la volonté de subvenir à la sienne, et que, ne tirant rien de M. de Longueville, elle se trouverait réduite à une insupportable nécessité; qu'enfin, pour remédier à tant d'inconvénients, il lui conseillait de prier M. le Prince de trouver bon que Mme la Princesse, M. le duc d'Enghien et elle se retirassent à Montrond pour ne l'embarrasser point dans une marche précipitée, s'il se trouvait obligé de partir, et pour n'avoir pas aussi le scrupule de participer à la périlleuse résolution qu'il allait prendre, ou de mettre le feu dans le royaume par une guerre civile, ou de confier sa vie, sa liberté et sa fortune sur la foi douteuse du cardinal Mazarin. Ce conseil fut approuvé de Mme de Longueville, et M. le Prince voulut qu'il fût suivi bientôt après.

Le duc de Nemours commençait à revenir de son premier emportement, et, bien que ses passions subsistassent encore, il ne s'y laissait pas emporter avec la même impétuosité qu'il avait fait d'abord. Le duc de Larochefoucauld se servit de cette occasion pour le faire entrer dans ses sentiments. Il lui fit connaître que leurs intérêts ne pouvaient jamais se rencontrer dans une guerre civile ; que M. le Prince pouvait bien détruire leur fortune par de mauvais succès, mais qu'ils ne pouvaient presque jamais se prévaloir des bons, puisque la diminution de l'État causerait aussi nécessairement la leur ; que comme M. le Prince avait peine à se résoudre de prendre les armes, il en aurait encore plus à les quitter s'il les prenait; qu'il ne trouverait pas aisément sa sûreté à la cour après l'avoir offensée, puisqu'il ne l'y pouvait rencontrer lorsqu'il n'avait encore rien fait contre elle ; qu'enfin, outre ce qu'il y avait encore à ménager dans l'humeur difficile de M. le Prince, il fallait considérer qu'en l'éloignant de Paris, il s'en éloignait aussi lui-même, et mettait sa destinée entre les mains de son rival. Ces raisons trouvèrent le duc de Nemours disposé à les recevoir, et, soit qu'elles lui eussent donné des vues qu'il n'avait pas, ou que, par une légèreté ordinaire aux personnes de son âge, il se portât à vouloir le contraire de ce qu'il avait voulu, il se résolut de contribuer à la paix avec le même empressement qu'il avait eu jusqu'alors pour la guerre, et prit des mesures avec le duc de Larochefoucauld pour agir de concert dans ce dessein.

La reine était alors de plus en plus animée contre M. le Prince. Les frondeurs cherchaient à se venger de lui par toutes sortes de moyens, et cependant perdaient leur crédit parmi le peuple par l'opinion qu'on avait de leur liaison avec la cour. La haine du coadjuteur éclatait particulièrement contre le duc de Larochefoucauld. Il lui attribuait la rupture du mariage de Mlle de Chevreuse, et, croyant toutes choses permises pour le perdre, il n'oubliait rien pour y engager ses ennemis par toutes sortes de voies extraordinaires. Le carrosse du duc de Larochefoucauld fut attaqué trois fois de nuit sans qu'on ait pu savoir quelles gens y avaient part. Cette animosité n'empêcha pas néanmoins le duc de Larochefoucauld de travailler pour la paix conjointement avec le duc de Nemours, et Mme de Longueville même y donna les mains dès qu'elle fut assurée d'aller à Montrond; mais les esprits étaient trop échauffés pour écouter la raison, et tous ont éprouvé à la fin que personne n'a bien connu ses véritables intérêts. La cour même, que la fortune a soutenue, a fait souvent des fautes considérables, et l'on a vu dans la suite que chaque parti s'est plus maintenu par les manquements de celui qui lui était opposé que par sa bonne conduite.

Cependant M. le Prince employait tous ses soins

pour justifier ses sentiments envers le parlement et envers le peuple ; et, voyant que la guerre qu'il allait entreprendre manquait de prétexte, il essayait d'en trouver dans le procédé de la reine, qui avait rappelé auprès d'elle MM. Servien et le Tellier, après les avoir éloignés en sa considération, et il essayait de persuader que leur retour était moins pour l'offenser que pour avancer celui du cardinal. Ces bruits, semés parmi le peuple, y faisaient quelque impression. Le parlement était plus partagé que jamais. Le premier président était devenu ennemi de M. le Prince, croyant qu'il avait contribué à lui faire ôter les sceaux pour les donner à M. de Châteauneuf. Ceux qui étaient gagnés de la cour se joignaient à lui ; mais la conduite des frondeurs était plus réservée ; ils n'osaient paraître bien intentionnés pour le cardinal, et toutefois ils le voulaient servir en effet.

Les choses en étaient en ces termes lorsque M. le Prince quitta Saint-Maur pour retourner à Paris. Il crut être en état, par le nombre de ses amis et de ses créatures, de s'y maintenir contre la cour, et que cette conduite fière et hardie donnerait de la réputation à ses affaires. Il fit partir en même temps Mme la Princesse, M. le duc d'Enghien et Mme de Longueville pour aller à Montrond, dans la résolution de les y aller joindre bientôt, et de passer en Guienne, où l'on était disposé à le recevoir. Il avait envoyé le comte de Tavanes en Champagne pour y commander ses troupes qui servaient dans l'armée, avec ordre de les faire marcher en corps à Stenay aussitôt qu'il le lui manderait. Il avait pourvu à ses autres places, et avait deux cent mille écus d'argent comptant. Ainsi il se préparait à la guerre, bien qu'il n'en eût pas encore entièrement formé le dessein. Il essayait néanmoins, dans cette vue, d'engager des gens de qualité dans ses intérêts, et, entre autres, le duc de Bouillon et M. de Turenne.

Ils étaient l'un et l'autre particulièrement amis du duc de Larochefoucauld, et il n'oublia rien pour leur faire prendre le même parti qu'il se voyait obligé de suivre. Le duc de Bouillon lui parut irrésolu, désirant de trouver ses sûretés et ses avantages, se défiant presque également de la cour et de M. le Prince, et voulant voir l'affaire engagée avant que de se déclarer. M. de Turenne, au contraire, lui parla toujours d'une même manière depuis son retour de Stenay. Il lui dit que M. le Prince ne l'avait ménagé sur rien après son retour à Paris, et que, bien loin de prendre ses mesures de concert avec lui et de lui faire part de ses desseins, il s'en était non-seulement éloigné, mais avait mieux aimé laisser périr les troupes de M. de Turenne, qui venaient de combattre pour lui, que de dire un mot pour leur faire donner des quartiers d'hiver. Il ajouta encore qu'il avait affecté de ne se louer ni de se plaindre de M. le Prince, pour ne pas donner lieu à des éclaircissements dans lesquels il ne voulait pas entrer ; qu'il croyait n'avoir rien oublié pour contribuer à sa liberté, mais qu'il prétendait aussi que l'engagement qu'il avait avec lui avait dû finir avec sa prison, et qu'ainsi il pouvait prendre des liaisons selon ses inclinations ou ses intérêts. Ce furent là les raisons par lesquelles M. de Turenne refusa de suivre une seconde fois la fortune de M. le Prince.

Cependant le duc de Bouillon, qui voulait éviter de s'expliquer avec lui, se trouvait bien embarrassé pour s'empêcher de répondre précisément. M. le Prince et lui avaient choisi pour médiateur entre eux le duc de Larochefoucauld. Mais comme ce dernier jugeait bien qu'un poste comme celui-là est toujours délicat parmi des gens qui doivent convenir sur tant de différents articles et si importants, il les engagea à se dire à eux-mêmes, en sa présence, leurs sentiments; et il arriva, contre l'ordinaire de semblables éclaircissements, que la conversation finit sans aigreur, et qu'ils demeurèrent satisfaits l'un de l'autre, sans être liés ni engagés à rien.

Il semblait alors que le principal but de la cour et de M. le Prince fût de se rendre le parlement favorable. Les frondeurs affectaient d'y paraître sans autre intérêt que celui du public; mais, sous ce prétexte, ils choquaient M. le Prince en toutes choses, et s'opposaient directement à tous ses desseins. Dans les commencements, ils l'accusaient encore avec quelque retenue; mais, se voyant ouvertement appuyé de la cour, le coadjuteur trouva de la vanité à paraître ennemi déclaré de M. le Prince; et dès lors, non-seulement il s'opposa, sans garder de mesures, à tout ce qu'il proposait, mais encore il n'alla plus au Palais sans être suivi de ses amis et d'un grand nombre de gens armés. Un procédé si fier déplut avec raison à M. le Prince ; il ne trouvait pas moins insupportable d'être obligé de se faire suivre au Palais pour disputer le pavé avec le coadjuteur, que d'y aller seul, et d'exposer ainsi sa vie et sa liberté entre les mains de son plus dangereux ennemi. Il crut néanmoins devoir préférer sa sûreté à tout le reste, et il résolut enfin de n'aller plus au parlement, sans être accompagné de tout ce qui était dans ses intérêts.

On crut que la reine fut bien aise de voir naître ce nouveau sujet de division entre deux personnes que, dans son cœur, elle haïssait presque également, et qu'elle imaginait assez quelles en pourraient être les suites pour espérer d'être vengée de l'un par l'autre, ou de les voir périr tous deux. Elle donnait néanmoins toutes les apparences de sa protection au coadjuteur, et elle voulut qu'il fût escorté par une partie des gendarmes et des chevau-légers du roi, et par des officiers et des soldats du régiment des gardes. M. le Prince était suivi d'un grand nombre de personnes de qualité, de plusieurs officiers de l'armée, et d'une foule de gens de toutes sortes de professions, qui ne le quittaient plus depuis son retour de Saint-Maur. Cette confusion de gens de différents partis se trouvant tous ensemble dans la grande salle du Palais, fit appréhender au parlement de voir arriver un désordre qui les pourrait tous envelopper dans un même péril, et que personne ne serait capable d'apaiser. Le premier président, pour prévenir le mal, résolut de prier M. le Prince de ne se faire plus accompagner au Palais.

Il arriva même un jour que M. le duc d'Orléans ne s'était point trouvé au Palais, et que M. le Prince et le coadjuteur s'y étaient rendus avec tous leurs amis ; leur nombre et l'aigreur qui paraissait dans les esprits augmenta de beaucoup la crainte du premier président. M. le Prince dit même quelques paroles piquantes qui s'adressaient au coadjuteur ; mais il y répondit sans s'étonner, et osa dire publiquement que ses ennemis ne l'accuseraient pas au moins d'avoir manqué à ses promesses, et que peu de personnes se trouvaient aujourd'hui exemptes de ce reproche, voulant distinguer par là M. le Prince, et lui reprocher tacitement la rupture du mariage de Mlle de Chevreuse, le traité de Noisy, et l'abandonnement des frondeurs quand il se réconcilia avec le cardinal.

Ces bruits, semés dans le monde par les partisans du coadjuteur, et renouvelés encore avec tant d'audace devant le parlement assemblé, et en présence de M. le Prince même, le devaient trouver sans doute plus sensible à cette injure qu'il ne le parut alors. Il fut maître de son ressentiment, et ne répondit rien au discours du coadjuteur, mais en même temps on vint avertir le premier président que la grande salle était remplie de gens armés, et qu'étant de partis si opposés, il n'était pas possible qu'il n'arrivât quelque grand malheur, si on n'y apportait un prompt remède. Alors le premier président dit à M. le Prince que la compagnie lui serait obligée, s'il lui plaisait de faire retirer tous ceux qui l'avaient suivi ; qu'on était assemblé pour remédier aux désordres de l'État, et non pas pour les augmenter, et que personne ne croirait avoir la liberté entière d'opiner, tant qu'on verrait le Palais, qui devait être l'asile de la justice, servir ainsi de place d'armes. M. le Prince s'offrit, sans hésiter, de faire retirer ses amis, et pria le duc de Larochefoucauld de les faire sortir sans désordre. En même temps le coadjuteur se leva, et, voulant que l'on crût qu'il fallait traiter d'égal avec M. le Prince en cette rencontre, il dit qu'il allait donc de son côté faire la même chose, et sans attendre de réponse il sortit de la grand'chambre pour aller parler à ses amis. Le duc de Larochefoucauld, aigri de ce procédé, marchait huit ou dix pas derrière lui, et il était encore dans le parquet des huissiers, lorsque le coadjuteur était déjà dans la grande salle. A sa vue, tout ce qui tenait son parti mit l'épée à la main sans en savoir la raison, et les amis de M. le Prince firent aussi la même chose : chacun se rangea du côté qu'il servait, et en un instant les deux troupes ne furent séparées que de la longueur de leurs épées, sans que parmi un si grand nombre de gens braves, et animés par tant de haines différentes et par tant d'intérêts contraires, il s'en trouvât aucun qui allongeât un coup d'épée, ou qui tirât un coup de pistolet. Le coadjuteur, voyant un si grand désordre, connut le péril où il était, et voulut, pour s'en tirer, retourner dans la grand'chambre. Mais, en arrivant à la porte de la salle par où il était sorti, il trouva que le duc de Larochefoucauld s'en était rendu le maître. Il essaya de l'ouvrir avec effort; mais, comme elle ne s'ouvrait que par la moitié, et que le duc de Larochefoucauld la tenait, il la referma; en sorte, dans le temps que le coadjuteur rentrait, qu'il l'arrêta, ayant la tête passée du côté du parquet des huissiers, et le corps dans la grande salle. On pouvait croire que cette occasion tenterait le duc de Larochefoucauld, après tout ce qui s'était passé entre eux, et que les raisons générales et particulières le pousseraient à perdre son plus cruel ennemi. Outre la satisfaction de s'en venger en vengeant M. le Prince des paroles audacieuses qu'il venait de dire contre lui, on pouvait croire encore qu'il était juste que la vie du coadjuteur répondît de l'événement du désordre qu'il avait ému, et duquel le succès pouvait apparemment être terrible. Mais le duc de Larochefoucauld, considérant qu'on ne se battait point dans la salle, et que, de ceux qui étaient amis du coadjuteur dans le parquet des huissiers, pas un ne mettait l'épée à la main pour le défendre, il crut n'avoir pas le même prétexte de se venger de lui, qu'il aurait eu si le combat eût été commencé en quelque endroit. Les gens mêmes de M. le Prince, qui étaient près du duc de Larochefoucauld, ne sentaient pas de quel poids était le service qu'ils pouvaient rendre à leur maître en cette rencontre. Et enfin l'un, pour ne vouloir pas faire une action qui eût paru cruelle, et les autres pour être irrésolus dans une si grande affaire, donnèrent temps à Champlatreux, fils du premier président, d'arriver avec ordre de la grand'chambre de dégager le coadjuteur : ce qu'il fit, et ainsi le retira du plus grand péril où il se fût jamais trouvé. Le duc de Larochefoucauld, le voyant entre les mains de Champlatreux, retourna dans la grand'chambre prendre sa place, et le coadjuteur y arriva dans le même temps avec le trouble qu'un péril tel que celui qu'il venait d'éviter lui devait causer. Il commença par se plaindre à l'assemblée de la violence du duc de Larochefoucauld. Il dit qu'il avait été près d'être assassiné, et qu'on ne l'avait tenu à la porte que pour l'exposer à tout ce que ses ennemis auraient voulu entreprendre contre sa personne. Le duc de Larochefoucauld, se tournant vers le premier président, répondit qu'il fallait sans doute que la peur eût ôté au coadjuteur la liberté de juger de ce qui s'était passé dans cette rencontre; qu'autrement il aurait vu qu'il n'avait pas eu dessein de le perdre, puisqu'il ne l'avait pas fait, ayant eu longtemps sa vie entre ses mains; qu'en effet, il s'était rendu maître de la porte, et l'avait empêché de rentrer, mais qu'il ne s'était pas cru obligé de remédier à sa peur, en exposant M. le Prince et le parlement à une sédition que ceux de son parti avaient émue en le voyant arriver. Ce discours fut suivi de quelques paroles aigres et piquantes qui obligèrent le duc de Brissac, beau-frère du duc de Retz, de répondre, et le duc de Larochefoucauld et lui résolurent de se battre le jour même, sans seconds. Mais comme le sujet de leur querelle fut public, elle fut accordée, au sortir du Palais, par M. le duc d'Orléans.

Cette affaire, qui, selon les apparences, devait avoir tant de suites, finit ce qui pouvait le plus contribuer au désordre; car le coadjuteur évita de retourner au Palais, et ainsi, ne se trouvant plus où était M. le Prince, il n'y eut plus de lieu de craindre un accident pareil à celui qui avait été si près d'arriver. Néanmoins, comme la fortune règle les événements plus souvent que la conduite des hommes, elle fit rencontrer M. le Prince et le coadjuteur dans le temps qu'ils se cherchaient le moins, mais dans un état à la vérité bien différent de celui où ils avaient été au Palais. Car un jour que M. le Prince en sortait avec le duc de Larochefoucauld, dans son carrosse, et suivi d'une foule innombrable de peuple, il rencontra la procession de Notre-Dame, et le coadjuteur, revêtu de ses habits pontificaux, marchant après plusieurs châsses et reliques. M. le Prince s'arrêta aussitôt pour rendre un plus grand respect à l'Église; et le coadjuteur, continuant son chemin sans s'émouvoir, lorsqu'il fut vis-à-vis de M. le Prince, lui fit une profonde révérence, et lui donna sa bénédiction, et au duc de Larochefoucauld aussi. Et elle fut reçue par l'un et par l'autre avec toutes les apparences de respect, bien que nul des deux ne souhaitât qu'elle eût l'effet que le coadjuteur pouvait désirer. En ce même temps, le peuple, qui suivait le carrosse de M. le Prince, ému par une telle rencontre, dit mille injures au coadjuteur, et se préparait à le mettre en pièces, si M. le Prince n'eût fait descendre ses gens pour apaiser le tumulte et remettre chacun en son devoir.

QUATRIÈME PARTIE.

Cependant tout contribuait à augmenter les défiances et les soupçons de M. le Prince : il voyait que la majorité du roi allait rendre son autorité absolue; il connaissait l'aigreur de la reine contre lui, et voyait bien que, le considérant comme le seul obstacle au retour du cardinal, elle n'oublierait rien pour le perdre ou pour l'éloigner. L'amitié de M. le duc d'Orléans lui paraissait un appui bien faible et bien douteux pour le soutenir dans des temps si difficiles, et il ne pouvait croire qu'elle fût longtemps sincère, puisque le coadjuteur avait toujours beaucoup de crédit auprès de lui. Tant de sujets de craindre pouvaient avec raison augmenter les défiances de M. le Prince, et l'empêcher de se trouver au parlement le jour que le roi devait y être déclaré majeur. Mais tout cela n'aurait pas été capable de le porter encore à rompre avec la cour, et à se retirer dans ses gouvernements, si on eût laissé les choses dans les termes où elles étaient, et si on eût continué à l'amuser par l'espérance de quelque négociation.

M. le duc d'Orléans voulait empêcher une rupture ouverte, croyant se rendre nécessaire aux deux partis, et voulant presque également éviter de se brouiller avec l'un ou avec l'autre ; mais la reine était d'un sentiment bien contraire : nul retardement ne pouvait satisfaire son esprit irrité, et elle recevait toutes les propositions d'un traité comme autant d'artifices pour faire durer l'éloignement du cardinal. Dans cette vue, elle proposa de rétablir M. de Châteauneuf dans les affaires, de redonner les sceaux au premier président Molé, et les finances à M. de la Vieville. Elle crut avec raison que le choix de ces trois ministres, ennemis particuliers de M. le Prince, achèverait de lui ôter toute espérance d'accommodement, et ce dessein eut bientôt le succès qu'elle désirait. Il fit connaître à M. le Prince qu'il n'avait plus rien à ménager avec la cour, et lui fit prendre en un moment toutes les résolutions qu'il n'avait pu prendre de lui-même.

Il s'en alla à Trie, chez le duc de Longueville, après avoir écrit au roi les raisons qui l'empêchaient de se trouver auprès de sa personne le jour de sa majorité, et lui fit donner sa lettre par M. le prince de Conti, qu'il laissa à Paris pour assister à la cérémonie. Le duc de Larochefoucauld y demeura aussi sous le même prétexte ; mais c'était en effet pour essayer de conclure avec le duc de Bouillon sur de nouvelles propositions qu'il lui fit, par lesquelles il offrait de se déclarer pour M. le Prince, et de joindre à ses intérêts M. de Turenne, le prince de Tarente et le marquis de la Force, aussitôt que M. le Prince aurait été reçu dans Bordeaux, et que le parlement se serait déclaré pour lui en donnant un arrêt d'union. Le duc de Larochefoucauld lui promit pour M. le Prince les conditions qui suivent :

De lui donner la place de Stenay avec son domaine, pour en jouir aux mêmes droits que M. le Prince, jusqu'à ce qu'il lui eût fait rendre Sedan, ou qu'il l'eût mis en possession de la récompense que la cour lui avait promise pour l'échange de cette place ;

De lui céder ses prétentions sur le duché d'Albret ;

De le faire recevoir dans Bellegarde avec le commandement de la place ;

De lui fournir une somme d'argent dont ils conviendraient, pour lever des troupes et pour faire la guerre,

Et de ne point faire de traité sans y comprendre l'article du rang de sa maison.

Le duc de Larochefoucauld lui proposait encore d'envoyer M. de Turenne à Stenay, Clermont et Damvilliers, pour y commander les vieilles troupes de M. le Prince, qui s'y devaient retirer, lesquelles, jointes à celles que les Espagnols y devaient envoyer de Flandre, feraient occuper le même poste à M. de Turenne que Mme de Longueville et lui y avaient tenu durant la prison des princes.

Il eut charge de M. le Prince de lui dire ensuite que

son dessein était de laisser M. le prince de Conti, Mme de Longueville et M. de Nemours, à Bourges et à Montrond, pour y faire des levées et se rendre maîtres du Berri, du Bourbonnais et d'une partie de l'Auvergne, pendant que M. le Prince irait à Bordeaux, où il était appelé par le parlement et par le peuple, et où les Espagnols lui fourniraient des troupes, de l'argent et des vaisseaux, suivant le traité du marquis de Sillery avec le comte de Fuensaldagne, pour faciliter la levée des troupes qu'il devait aussi faire en Guienne ; que le comte de Doignon entrait dans son parti avec les places de Brouage, de Ré, d'Oléron et de la Rochelle ; que le duc de Richelieu ferait la même chose, et ferait ses levées en Saintonge et au pays d'Aunis ; que le maréchal de la Force ferait les siennes en Guienne ; le duc de Larochefoucauld en Poitou et en Angoumois ; le marquis de Montespan en Gascogne ; M. d'Arpajon en Rouergue ; et que M. de Marchin, qui commandait l'armée de Catalogne, ne manquerait pas de reconnaissance.

Tant de belles apparences fortifièrent le duc de Bouillon dans le dessein de s'engager avec M. le Prince, et il en donna encore sa parole au duc de Larochefoucauld aux conditions que j'ai dites. Cependant M. le Prince ne put engager si avant le duc de Longueville, ni en tirer aucune parole positive, quelque instance qu'il lui en pût faire, soit par irrésolution, soit parce qu'il ne voulait pas appuyer un parti que madame sa femme avait formé, ou soit qu'il crût qu'étant engagé avec M. le Prince, il serait entraîné plus loin qu'il n'avait accoutumé d'aller.

M. le Prince, ne pouvant rien obtenir de lui, se rendit à Chantilly, où il apprit que de tous côtés on prenait des mesures contre lui, et que, malgré les instances de M. le duc d'Orléans, la reine n'avait pas voulu retarder de vingt-quatre heures la nomination des trois ministres. Voyant donc les choses en ces termes, il crut ne devoir pas balancer à se retirer dans ses gouvernements. Il en donna avis dès l'heure même à M. le duc d'Orléans, et manda à M. le prince de Conti et aux ducs de Nemours et de Larochefoucauld de se rendre le lendemain à Essonne, pour prendre ensemble le chemin de Montrond. Ce départ, que tout le monde prévoyait depuis si longtemps, que M. le Prince jugeait nécessaire à sa sûreté, et que la reine avait même toujours souhaité comme un acheminement au retour du cardinal, ne laissa pas d'étonner les uns et les autres. Chacun se repentit d'avoir porté les choses où elles étaient, et la guerre civile leur parut alors avec tout ce que ses événements ont d'incertain et d'horrible. Il fut même au pouvoir de M. le duc d'Orléans de se servir utilement de cette conjoncture, et M. le Prince demeura un jour entier à Angerville, chez le président Perraut, pour y attendre ce que Son Altesse royale lui enverrait proposer. Mais comme les moindres circonstances, ont d'ordinaire trop de part aux plus importantes affaires, il arriva en celle-ci que M. le duc d'Orléans, ayant disposé la reine à donner satisfaction à M. le Prince sur l'établissement des trois ministres, il ne voulut pas prendre la peine de lui écrire de sa main à l'heure même, et différa d'un jour de lui en donner avis. Ainsi, au lieu que Croissy, qui lui devait porter cette dépêche, l'eût pu joindre à Angerville, encore incertain du parti qu'il devait prendre, et en état d'entendre un accommodement, il le trouva arrivé à Bourges, où les applaudissements des peuples et de la noblesse avaient tellement augmenté ses espérances, qu'il crut que tout le royaume allait imiter cet exemple et se déclarer pour lui.

Le voyage de Croissy étant donc devenu inutile, M. le Prince continua le sien, et arriva à Montrond, où Mme la Princesse et Mme de Longueville l'attendaient. Il y demeura un jour pour voir la place, qu'il trouva très-belle et au meilleur état du monde. Ainsi, toutes choses étant disposées à fortifier ses espérances et à flatter son nouveau dessein, il ne balança plus à faire la guerre; et ce jour-là même il dressa une ample instruction pour traiter avec le roi d'Espagne, où furent compris ses plus particuliers et ses plus considérables amis. M. Lenet fut choisi pour cette négociation : ensuite M. le Prince donna de l'argent à monsieur son frère et à M. de Nemours pour faire leurs levées dans les provinces voisines; et, les ayant laissés à Montrond avec Mme de Longueville, il y laissa Vineuil, intendant de la justice, pour commencer de lever la taille sur le Berri et le Bourbonnais, et lui recommanda particulièrement de ménager la ville de Bourges, afin de la maintenir dans la disposition où il l'avait laissée. Après avoir donné ses ordres, il partit le lendemain de Montrond avec le duc de Larochefoucauld, chez qui il passa, et où il trouva beaucoup de noblesse dont il fut suivi, et se rendit avec assez de diligence à Bordeaux, où Mme la Princesse et M. le duc d'Enghien arrivèrent bientôt après.

Il y fut reçu de tous les corps de la ville avec beaucoup de joie ; et il est malaisé de dire si ces peuples bouillants et accoutumés à la révolte furent plus touchés de l'éclat de sa naissance et de sa réputation, que de ce qu'ils le considéraient comme le plus puissant ennemi du duc d'Épernon. Il trouva dans la même disposition le parlement, qui donna en sa faveur tous les arrêts qu'il put désirer.

Des commencements si favorables firent croire à M. le Prince que rien ne le pressait tant ni ne lui était si important que de prendre tous les revenus du roi à Bordeaux, et de se servir de cet argent pour faire promptement ses levées, jugeant bien que la cour marcherait à lui en diligence avec ce qu'elle aurait de troupes, pour ne lui donner pas le temps de mettre les siennes sur pied. Dans cette vue, il distribua son argent à tous ceux qui étaient engagés avec lui, et les pressa tellement d'avancer leurs levées, que cette précipitation leur fournit le prétexte d'en faire de mauvaises.

Peu de jours après son arrivée à Bordeaux, le comte de Doignon le vint trouver, et se déclara ouvertement pour son parti. Le duc de Richelieu et le maréchal de la Force firent la même chose, et le prince de Tarente, qui s'était rendu à Taillebourg, lui manda qu'il entrait aussi dans ses intérêts. M. d'Arpajon fut plus difficile : il tint encore en cette occasion la même conduite dont il avait déjà reçu des récompenses durant la prison des princes ; car il demanda des conditions qu'on ne lui put accorder, et traita avec la cour quand il vit tomber les affaires de M. le Prince.

Cependant le duc de Larochefoucauld donna avis au duc de Bouillon de ce qui s'était passé au parlement de Bordeaux, et lui manda que les conditions qu'il avait désirées étant accomplies, on attendait qu'il effectuerait ce qu'il avait promis. Le duc de Bouillon évita assez longtemps de répondre nettement, voulant tout ensemble se ménager avec la cour, qui lui faisait de grandes avances, et ne point rompre avec M. le Prince, dont il pouvait avoir besoin. Il voyait aussi que M. de Turenne, qu'il croyait inséparable de ses intérêts, lui refusait de se joindre à ceux de M. le Prince ; que le prince de Tarente y était entré sans lui, et que le marquis de la Force demeurait uni avec M. de Turenne. Il jugeait encore que, n'étant pas suivi de son frère et des autres que j'ai nommés, dont il avait répondu au duc de Larochefoucauld, sa condition et sa sûreté seraient moindres dans le parti qu'il allait prendre, et que M. le Prince n'aurait pas plus de reconnaissance pour ce que M. de Turenne et lui pourraient faire dans l'avenir, qu'il n'en avait témoigné de ce qu'ils avaient fait par le passé. Il voyait de plus qu'il faudrait faire un nouveau traité avec M. le Prince, moins avantageux que celui dont ils étaient déjà convenus. Et enfin, toutes ces raisons, jointes aux promesses de la cour, et appuyées par tout le crédit et par toute l'industrie de Mme de Bouillon, qui avait beaucoup de pouvoir sur son mari, l'empêchèrent de suivre son premier dessein, et de se déclarer pour M. le Prince. Mais, pour sortir de cet embarras, il voulut se rendre médiateur de l'accommodement de M. le Prince avec la cour; et, après avoir eu sur ce sujet des conférences particulières avec la reine, il renvoya Gourville, qui lui avait été dépêché par le duc de Larochefoucauld, offrir à M. le Prince tout ce qu'il avait demandé pour lui et pour ses amis, avec la disposition du gouvernement de Blaye, sans exiger de lui d'autres conditions que celles que MM. Servien et de Lyonne lui avaient demandées dans le premier projet du traité qui se fit à Paris à la sortie de sa prison, et dont j'ai déjà parlé.

D'ailleurs M. de Châteauneuf faisait faire d'autres propositions d'accommodement par le même Gourville; mais, comme elles allaient à empêcher le retour du cardinal, il ne pouvait pas balancer par ses offres celles que la reine lui avait fait faire par le duc de Bouillon. Il s'engageait seulement à demeurer inséparablement uni à M. le Prince après la chute du cardinal, et à lui donner dans les affaires toute la part qu'il pouvait désirer. On lui offrit encore, de la part de la cour, de consentir à une entrevue de lui et de M. le duc d'Orléans à Richelieu, pour y examiner ensemble les conditions d'une paix sincère, dans laquelle il semblait que la cour voulait agir de bonne foi. Mais, pour le malheur de la France et pour celui de M. le Prince, il ferma l'oreille à tant de partis avantageux, et, quelque grandes et considérables que fussent les offres de la reine, elles irritèrent M. le Prince, parce qu'elles étaient faites par l'entremise du duc de Bouillon. Il s'était attendu que lui et M. de Turenne seraient d'un grand poids dans son parti, et que personne ne pouvait soutenir comme eux les postes de Bellegarde et de Stenay, outre que ces vieilles troupes, qu'il y avait laissées pour être commandées par M. de Turenne, devenaient par là inutiles, et couraient fortune de se dissiper ou d'être défaites. Il voyait encore que les mesures qu'il avait prises avec les Espagnols du côté de ses places de Champagne n'auraient aucun effet, et que ses troupes et les Espagnols mêmes n'auraient pour aucun autre chef qui pût remplir ce poste, la même confiance et la même estime qu'ils avaient pour M. de Turenne.

Toutes ces raisons touchaient sensiblement M. le Prince, bien qu'il essayât d'être maître de son ressentiment. Néanmoins il répondit assez sèchement à M. de Bouillon. Il lui manda qu'il n'était pas temps d'écouter des propositions qu'on ne voulait pas effectuer; qu'il se déclarât comme il l'avait promis : que M. de Turenne se rendît à la tête de ses troupes, qui avaient marché à Stenay, et qu'alors il serait en état d'entendre les offres de la cour, et de faire un traité sûr et glorieux. Il chargea Gourville de cette réponse, et de rendre compte à M. le duc d'Orléans des raisons qui lui faisaient refuser l'entrevue de Richelieu. Les principales étaient que le but de cette conférence n'était pas de faire la paix, mais seulement de l'empêcher de soutenir la guerre; que dans un temps où tous les corps de l'État étaient sur le point de se déclarer contre la cour, et que les Espagnols préparaient des secours considérables d'hommes, d'argent et de vaisseaux, on le voulait engager à une négociation publique, dont le seul bruit empêcherait ses levées, et ferait changer de sentiment à tout ce qui était prêt à se joindre à son parti.

Outre ces raisons générales, il y en avait encore de particulières qui ne permettaient pas à M. le Prince de confier ses intérêts à M. le duc d'Orléans. C'était sa liaison étroite avec le coadjuteur de Paris, ennemi déclaré de M. le Prince et de son parti, et lié tout de nouveau avec la cour par l'assurance du chapeau de cardinal. Cette dernière considération faisait une peine extrême à M. le Prince, et elle fut cause aussi que les commissions dont il chargea Gourville ne se bornèrent pas seulement à ce que je viens de dire, mais qu'il lui en donna une autre plus difficile et plus périlleuse; car, voyant que le coadjuteur continuait à ne garder aucune mesure vers lui, et que par intérêt et par vanité il affectait de le traverser sans cesse en tout, il résolut de le faire enlever dans Paris, et de le faire conduire dans l'une de ses places. Quelque impossibilité qui parût dans ce dessein, Gourville s'en chargea après en avoir reçu un ordre écrit, signé de M. le Prince, et il l'aurait sans doute exécuté si le coadjuteur, un soir qu'il alla à l'hôtel de Chevreuse, en fût sorti dans le même carrosse qui l'y avait mené ; mais, l'ayant renvoyé avec ses gens, il ne fut plus possible de savoir certainement dans quel autre il pouvait être sorti. Ainsi l'entreprise fut retardée de quelques jours, et découverte ensuite, parce qu'il est presque impossible que ceux dont on est obligé de se servir en de telles occasions aient assez de discrétion pour se contenter de la connaissance qu'on leur veut donner, ou assez de fidélité et de secret pour l'exécuter sûrement.

Tout se disposait ainsi de tous côtés à commencer la guerre. M. de Châteauneuf, qui était alors chef du conseil, avait fait marcher la cour à Bourges, et la présence du roi avait d'abord remis cette ville dans son obéissance. Au bruit de ces heureux commencements, M. le prince de Conti, Mme de Longueville et M. de Nemours furent obligés de partir de Montrond avec leurs troupes, pour se retirer en Guienne. Ils laissèrent le chevalier de Larochefoucauld (1) à l'extrémité, et il mourut le même jour qu'ils partirent de Montrond. Il fut regretté, avec quelque justice, de ceux qui le connaissaient ; car, outre qu'il avait toutes les qualités nécessaires à un homme de sa condition, il se trouvera

---

(1) Charles-Hilaire de Larochefoucauld, chevalier de Malte, né le 14 juin 1628, frère de l'auteur des *Mémoires*.

peu de personnes de son âge qui aient donné autant de preuves que lui de conduite, de fidélité et de désintéressement dans des rencontres aussi importantes et aussi hasardeuses que celles où il s'est trouvé. Le marquis de Persan demeura pour commander dans la place. Elle était bloquée par un petit corps d'armée logé à Saint-Amand, dont Palluau était lieutenant général. La cour s'était ensuite avancée à Poitiers, et M. de Châteauneuf insistait pour la faire marcher à Angoulême. Il jugeait que la guerre civile n'ayant d'autre prétexte que le retour du cardinal, il fallait profiter de son absence, et qu'il suffisait, pour les intérêts de l'État et encore plus pour les siens particuliers, de faire durer son éloignement. Il représentait aussi avec raison que, dans la naissance des désordres, la présence du roi est un puissant moyen pour retenir les peuples; que la Guienne et le parlement de Bordeaux étaient encore mal assurés à M. le Prince, et qu'en s'approchant de lui, on dissiperait facilement ses desseins, qui, au contraire, s'affermiraient par l'éloignement de la cour. Mais les conseils de M. de Châteauneuf étaient trop suspects au cardinal pour être suivis à Poitiers sans avoir été examinés à Cologne; et comme il fallait attendre ses ordres, leur retardement et leur diversité causèrent des irrésolutions continuelles, et tinrent la cour incertaine à Poitiers jusqu'à son retour, qui arriva bientôt après.

D'autre part, le baron de Bateville, était arrivé dans la rivière de Bordeaux avec la flotte d'Espagne, composée de huit vaisseaux de guerre et de quelques brûlots. Il fortifiait Talmont, où il y avait un corps d'infanterie de quinze cents hommes. La ville de Saintes s'était rendue sans résistance. Taillebourg, qui a un pont sur la Charente, était assez bien fortifié, et, excepté Cognac, M. le Prince était maître de la rivière jusqu'à Angoulême. Le comte de Jonzac, lieutenant du roi en Saintonge, et gouverneur particulier de Cognac, s'y était retiré, afin que cette place lui aidât à rendre sa condition meilleure dans le parti où il entrerait, ne sachant encore auquel il se devait joindre. Dans cette incertitude, il entra en commerce de lettres avec M. le Prince, et lui écrivit d'une manière qui lui donnait lieu de croire qu'il ne demandait qu'à sauver les apparences, et qu'il remettrait bientôt la ville entre ses mains, si on faisait mine de l'assiéger. Cette espérance, plutôt que l'état des forces de M. le Prince, qui étaient alors très-petites, lui fit prendre le dessein de marcher à Cognac. Il voyait de quelle importance il lui était de donner réputation à ses armes ; mais il savait bien aussi que, manquant de troupes et de tout ce qui est nécessaire pour faire un siége, il n'y avait que celui-là seul où il pût prétendre de réussir : de sorte que, fondant toutes ses espérances sur le gouverneur, il fit partir le duc de Larochefoucauld de Bordeaux, pour assembler ce qui se trouverait sur pied, qui n'était en tout que trois régiments d'infanterie et trois cents chevaux, et lui donna ordre d'aller investir Cognac, où le prince de Tarente se devait rendre avec ce qu'il avait de troupes.

Le bruit de leur marche s'étant répandu dans le pays, on retira en diligence à Cognac tout ce qui put y être transporté de la campagne. Beaucoup de noblesse s'y retira aussi pour témoigner son zèle au service du roi, et plus apparemment encore pour garder eux-mêmes ce qu'ils y avaient fait porter. Ce nombre considérable de gentilshommes retint aisément les bourgeois, et les fit résoudre à fermer les portes de la ville, dans l'espérance d'être bientôt secourus par le comte d'Harcourt, général des troupes du roi, qui s'avançait vers eux. Mais comme ils avaient peu de confiance au comte de Jonzac, et qu'ils le soupçonnaient presque également d'être faible et d'être gagné par M. le Prince, ils l'observèrent, et lui firent connaître de telle sorte qu'il fallait nécessairement servir le roi, qu'on peut dire qu'il se résolut enfin de défendre la place, parce qu'il n'eut pas le pouvoir de la rendre. Ce fut en cela seul que la noblesse témoigna quelque vigueur : car, pour le reste, durant huit jours que ce peu de troupes de M. le Prince, sans armes, sans munitions, sans officiers, et avec encore moins de discipline, demeura devant Cognac, et quoiqu'ils fussent fatigués par des pluies continuelles qui emportèrent le pont de bateaux qu'on avait fait sur la Charente pour la communication des quartiers, jamais ceux de dedans ne se prévalurent de ces désordres, mais demeurèrent renfermés avec les bourgeois, se contentant de faire tirer de derrière les murailles. M. le Prince, étant averti que la ville était néanmoins sur le point de se rendre, partit de Bordeaux, et se rendit au camp avec le duc de Nemours. Le lendemain de son arrivée, le comte d'Harcourt, averti que le pont de bateaux était rompu, et que Nort, maréchal de camp, était retranché dans un faubourg de l'autre côté de la rivière, avec cinq cents hommes, sans qu'il pût être secouru, il marcha à lui avec deux mille hommes de pied des gardes françaises et suisses, les gendarmes et les chevau-légers du roi, ses gardes, et la noblesse. Il força Nort dans son quartier sans presque trouver de résistance, et secourut ainsi Cognac à la vue de M. le Prince, qui était logé au deçà de la rivière. Le comte d'Harcourt se contenta d'avoir sauvé cette place et laissa retirer M. le Prince sans le suivre.

Bien que ce succès fût de soi peu considérable, il augmenta néanmoins les espérances du comte d'Harcourt, et donna de la réputation à ses armes. Il se crut même en état de pouvoir faire des progrès; et, sachant que le marquis d'Estissac avait remis la Rochelle à l'obéissance du roi, excepté les tours qui ferment le port, il fit dessein d'y aller avec ses troupes, s'assurant de la bonne volonté des habitants, qui pouvaient être bien disposés, non-seulement par leur devoir, mais encore plus par la haine qu'ils portaient au comte de Doignon, leur gouverneur. Il avait fait fortifier les tours, et y tenait une garnison suisse, se défiant de tout le monde, et croyant trouver plus de fidélité parmi cette nation que dans la sienne propre. Mais l'événement lui fit bientôt voir que ses mesures étaient fausses, car la peur et l'intérêt fournirent des prétextes aux Suisses de faire encore plus que ce qu'il avait appréhendé des Français. Il est certain que l'on peut dire que cette défiance et ces soupçons du comte de Doignon furent la ruine du parti de M. le Prince, puisque sans cela il aurait marché d'abord à la Rochelle avec toutes ses troupes, pour en rétablir les anciennes fortifications, et y faire le siége de la guerre avec tous les avantages et toute la commodité qu'une telle situation lui pouvait apporter : au lieu que, pour ménager l'esprit jaloux et incertain de cet homme, il fut contraint de demeurer inutile à Tonnay-Charente, et de voir prendre la Rochelle sans oser même proposer de la secourir. Il est vrai aussi que le peu de résistance de la garnison des tours ne lui donna pas grand loisir d'en former le dessein ; car le comte d'Harcourt étant arrivé avec ses troupes à la Rochelle, assisté du marquis d'Estissac, pourvu nouvellement par le roi des gouvernements du comte de Doignon, trouva les habitants disposés à lui donner toute l'assistance qu'il en pouvait attendre. Cependant les tours étaient en état de l'arrêter quelque temps, si les Suisses eussent été aussi braves et aussi fidèles que le comte de Doignon l'avait cru. Mais, au lieu de répondre à ce qu'il en attendait, et après avoir seulement résisté trois jours, le comte d'Harcourt leur ayant mandé qu'il ne leur ferait point de quartier s'ils ne poignardaient le commandant nommé Besse, un tel ordre ne leur donna point d'horreur ; ils commencèrent à l'exécuter. Mais lui, croyant trouver plus de compassion près du comte d'Harcourt que parmi ses propres soldats, se jeta, tout blessé qu'il était, du haut des tours dans le port, demandant la vie sans pouvoir l'obtenir; car le comte d'Harcourt fit achever de le tuer en sa présence, sans pouvoir être fléchi ni par les prières de ses officiers qui demandaient sa grâce, ni par un spectacle si pitoyable. La perte de cette place, qu'on n'avait pas seulement essayé de secourir, nuisit à la réputation des armes de M. le Prince; et on attribua au peu de confiance qu'il avait en ses troupes ce qui n'était qu'un fâcheux égard qu'il avait fallu avoir aux soupçons du comte de Doignon. Il fut vivement touché de cette nouvelle; et le comte de Doignon, s'imaginant que toutes ses autres places suivraient cet exemple, se retira à Brouage, et n'en sortit plus qu'après avoir fait son traité avec la cour, dont apparemment il a eu sujet de se repentir.

Le comte d'Harcourt, encouragé par ces bons succès, et fortifié par des troupes qui avaient joint son armée, se résolut de marcher à M. le Prince, qui était à Tonnay-Charente; mais lui, jugeant bien par le nombre et par le peu de discipline de ses troupes, qu'il était de beaucoup inférieur à l'armée royale, il ne crut pas le devoir attendre dans ce poste, et passant la rivière la nuit sur un pont de bateaux, il se retira à la Bergerie, qui n'est qu'à demi-lieue de Tonnay-Charente. Les troupes du roi se contentèrent d'avoir poussé et défait deux escadrons le jour précédent, et lui donnèrent tout le temps nécessaire pour faire sauter la tour de

Tonnay-Charente, et se retirer de là à la Bergerie sans être poussé. Le comte d'Harcourt perdit alors une belle occasion de le combattre dans sa retraite et à demi passé ; il en eut encore ce jour même une plus avantageuse dont il ne sut pas se prévaloir ; car il arriva que M. le Prince se reposa entièrement sur le soin d'un maréchal de camp, à qui il avait ordonné de brûler ou de rompre le pont de bateaux, en sorte qu'il ne pût être rétabli ; et sur cette assurance, il mit ses troupes dans des quartiers séparés, dont quelques-uns étaient éloignés du sien d'une lieue et demie, sans craindre qu'on pût aller à lui, la rivière étant entre deux. Mais l'officier, au lieu de suivre exactement son ordre, se contenta de détacher les bateaux, et les laisser aller au cours de l'eau ; de sorte que les gens du comte d'Harcourt, les ayant repris, refirent le pont dans une heure, et à l'instant même il fit passer trois cents chevaux et quelque infanterie pour garder la tête du pont. Cette nouvelle fut portée à M. le Prince à la Bergerie ; et il crut d'autant plus que le comte d'Harcourt marcherait au milieu de ses quartiers pour les tailler en pièces l'un après l'autre, qu'il jugeait que c'était le parti qu'il avait à prendre. Cela l'obligea de mander à ses troupes de quitter leurs quartiers pour revenir en diligence à la Bergerie ; et à l'instant même il marcha vers Tonnay-Charente avec les ducs de Nemours et de Larochefoucauld, ses gardes, les leurs, et ce qui se trouva d'officiers et de volontaires près de lui, pour voir le dessein des ennemis, et essayer de les amuser pour donner temps à ce qui était le plus éloigné de le venir joindre. Il trouva que l'avis qu'on lui avait donné était véritable, et que ces trois cents chevaux étaient en bataille dans la prairie qui borde la rivière ; mais il vit bien que les ennemis n'avaient pas eu le dessein qu'il avait appréhendé, ou qu'ils avaient perdu le temps de l'exécuter, puisque, n'étant pas passés lorsqu'ils le pouvaient sans empêchement, il n'y avait pas d'apparence qu'ils le fissent en sa présence, et ses troupes commençant déjà de le joindre. On escarmoucha quelque temps sans perte considérable de part ni d'autre ; et l'infanterie de M. le Prince étant arrivée, il fit faire un long retranchement vis-à-vis du pont de bateaux, laissant la prairie et la rivière entre le comte d'Harcourt et lui. Les deux armées demeurèrent plus de trois semaines dans les mêmes logements sans rien entreprendre, et se contentèrent l'une et l'autre de vivre dans un pays fertile, et où toutes choses étaient en abondance. Cependant les longueurs et la conduite du duc de Bouillon firent assez juger à M. le Prince qu'il n'avait plus rien à ménager avec lui, et qu'il essayait de traiter avec la cour, pour lui et pour M. de Turenne : de sorte que, perdant également l'espérance d'engager l'un et l'autre dans son parti, il s'emporta contre eux avec une pareille aigreur, quoique leurs engagements eussent été différents ; car il est vrai que le duc de Bouillon était convenu avec le duc de Larochefoucauld, et ensuite avec M. Lenet, de toutes les conditions que j'ai dites, et qu'il crut s'en pouvoir dégager par les raisons dont j'ai parlé. M. de Turenne, au contraire, qui s'était entièrement séparé des intérêts de M. le Prince, dès qu'il fut sorti de prison, ignorait même, à ce qu'il a dit depuis, les traités et les engagements du duc de Bouillon, son frère.

[1652.] M. le Prince, se voyant donc dans la nécessité d'envoyer promptement un chef pour soutenir le poste qu'il avait destiné à M. de Turenne, jeta les yeux sur le duc de Nemours, dont la naissance et les agréables qualités de la personne, jointes à une extrême valeur, pouvaient suppléer en quelque sorte à la capacité de M. de Turenne. M. de Nemours partit avec toute la diligence possible pour aller en Flandre par mer; mais, n'ayant pu en supporter les incommodités, il fut contraint d'aller par terre avec beaucoup de temps et de péril, à cause des troupes qui ramenaient le cardinal en France. M. le Prince renvoya aussi le duc de Larochefoucauld à Bordeaux pour disposer M. de Conti à s'en aller à Agen affermir les esprits des peuples, qui commençaient à changer de sentiment sur les nouveaux progrès des armes du roi. Il le chargea aussi de proposer au parlement de Bordeaux de consentir que le baron de Bateville et les Espagnols fussent mis en possession de la ville et du château de Bourg, qu'ils offraient de fortifier.

Durant ces choses, Fontrailles vint trouver M. le Prince de la part de M. le duc d'Orléans, pour voir l'état de ses affaires, et pour l'informer aussi que le parlement de Paris était sur le point de se joindre à M. le duc d'Orléans pour chercher toutes sortes de voies afin d'empêcher le retour du cardinal Mazarin, et que M. le duc d'Orléans se disposait à agir de concert avec M. le Prince dans ce même dessein. Fontrailles lui proposa aussi une réconciliation avec le coadjuteur, et lui témoigna que M. le duc d'Orléans la désirait ardemment. M. le Prince ne répondit rien de positif à cet article, soit qu'il ne crût pas pouvoir prendre des mesures certaines avec le coadjuteur, ou soit qu'il crût que celles qu'il prendrait ne seraient pas approuvées de M{^{me}} de Longueville et du duc de Larochefoucauld, à qui il était engagé de ne se réconcilier point avec le coadjuteur sans leur participation et leur consentement. Il promit néanmoins à Fontrailles de suivre le sentiment de M. le duc d'Orléans, quand les choses seraient plus avancées, et lorsque cette réconciliation pourrait être utile au bien commun du parti.

En ce même temps, le comte de Marchin joignit M. le Prince à la Bergerie, et lui amena mille hommes de pied et trois cents chevaux des meilleures troupes de l'armée de Catalogne qu'il commandait. Beaucoup de gens ont blâmé cette action, comme si c'eût été une trahison ; pour moi, je n'entreprendrai point ni de la condamner ni de la défendre.

La cour, comme je l'ai dit, était alors à Poitiers, et M. de Châteauneuf occupait, en apparence, la première place dans les affaires, bien que le cardinal en fût en effet toujours le maître.

Néanmoins la manière d'agir de ce ministre, ferme, décisive, familière, et directement opposée à celle du cardinal, commençait à faire approuver son ministère, et gagner même quelque créance dans l'esprit de la reine. Le cardinal était trop bien averti pour lui laisser prendre de profondes racines; et il y a grande apparence qu'il jugea que son retour était le seul remède au mal qu'il appréhendait pour son particulier, puisque dans tout le reste il s'accordait mal aux intérêts de l'État, et qu'en effet il acheva de fournir de prétexte à M. le duc d'Orléans et au parlement de Paris de se déclarer contre la cour.

Le maréchal d'Hocquincourt eut ordre d'aller recevoir le cardinal Mazarin sur la frontière du Luxembourg avec deux mille chevaux, et de l'escorter jusqu'où serait le roi. Il traversa le royaume sans trouver d'empêchement, et arriva à Poitiers aussi maître de la cour qu'il l'avait jamais été. On affecta de donner peu de part de ce retour à M. de Châteauneuf, sans toutefois rien changer aux apparences dans tout le reste, ni lui donner de marque particulière de défaveur : le cardinal même lui fit quelques avances. Mais lui, craignant de se commettre, et jugeant bien qu'il ne pouvait être ni sûr ni honnête, à un homme de son âge et de son expérience, de demeurer dans les affaires sous son ennemi, et qu'il serait sans cesse exposé à tout ce qu'il lui voudrait faire souffrir de dégoût et de disgrâce, il prit prétexte de se retirer sur ce que la résolution ayant été prise par son avis de faire marcher le roi à Angoulême, on avait changé ce dessein sans le lui communiquer, et résolu en même temps d'aller faire le siége d'Angers, bien qu'il fût d'un sentiment contraire. Ainsi, ayant pris congé du roi, il se retira à Tours.

La cour partit bientôt après pour aller à Angers, où le duc de Rohan avait fait soulever le peuple; et cette ville et la province s'étaient déclarées pour M. le Prince, dans le même temps que M. le duc d'Orléans et le parlement de Paris se joignirent à lui contre les intérêts de la cour. Il semblait que toute la France était en suspens pour attendre l'événement de ce siége, qui pouvait avoir de grandes suites, si sa défense eût été assez vigoureuse ou assez longue pour arrêter le roi. Car, outre que M. le Prince eût pu s'assurer des meilleures places des provinces voisines, il est certain que l'exemple de M. le duc d'Orléans et du parlement aurait été suivi par les plus considérables corps du royaume; et si la cour eût été contrainte de lever ce siége, on peut dire qu'elle se serait trouvée dans de grandes extrémités, et que la personne du roi eût été bien exposée, si ce mauvais succès fût arrivé dans le temps que le duc de Nemours entra en France avec l'armée de Flandre et les vieilles troupes de M. le Prince sans trouver de résistance.

Cette armée passa la Seine à Mantes; le duc de Beaufort, avec les troupes de M. le duc d'Orléans, se joignit au duc de Nemours, et tous deux ensemble marchèrent, avec un corps de sept mille hommes de pied et trois mille chevaux, vers la rivière de Loire, où ils étaient assurés des villes de Blois et d'Orléans ; mais, soit que, par la division des bourgeois, Angers ne fût pas en état de se défendre, ou que le duc de Rohan ne voulût pas hasarder sa vie et sa fortune sur la foi chancelante d'un peuple étonné, il remit la place entre les mains du roi sans beaucoup de résistance, et eut permission de se retirer à Paris auprès de M. le duc d'Orléans.

Les choses étaient en ces termes, lorsque M. le Prince partit de la Bergerie, après y avoir, comme je l'ai dit, demeuré plus de trois semaines sans que le comte d'Harcourt, qui était de l'autre côté de la rivière à Tonnay-Charente, et maître du pont de bateaux, entreprît rien contre lui. Néanmoins, comme il était de beaucoup inférieur à l'armée du roi, en nombre et en bonté de troupes, il voulut éviter les occasions d'être contraint de venir à un combat si inégal. De sorte qu'il alla à Romette, éloigné de trois lieues des troupes du roi, afin d'avoir plus de temps pour prendre son parti, si elles marchaient à lui : il y demeura quelque temps, et dans des quartiers près de là, sans qu'il se passât rien de considérable. Mais, voyant que, bien loin de faire des progrès dans le pays où il était, il ne se trouvait pas seulement en état d'y demeurer en présence du comte d'Harcourt, il tourna ses pensées à conserver la Guienne et à fortifier les villes qui tenaient son parti. Il résolut donc d'y marcher avec son armée, et crut pouvoir maintenir quelque temps la Saintonge, en laissant, d'un côté, le comte de Doignon dans ses places, les Espagnols à Talmont et le prince de Tarente dans Saintes et Taillebourg, pour les pourvoir et pour en hâter les fortifications. Ayant ainsi donné ses ordres, il fit marcher son infanterie et ses bagages à Talmont, pour aller par mer à Bordeaux; et, après avoir fait la première journée une fort grande traite avec toute sa cavalerie, il s'arrêta la seconde à Saint-Andras, à cinq lieues de Bordeaux, croyant être hors de la portée des ennemis. Mais le comte d'Harcourt, qui l'avait suivi avec une diligence extrême, arriva à la vue de son quartier lorsqu'il y songeait le moins, et l'aurait forcé sans doute si les premières troupes eussent entré dedans sans marchander; mais elles se mirent en bataille vis-à-vis de Saint-Andras, pendant que d'autres attaquèrent le quartier de Balthazar, qui les repoussa avec vigueur, et vint joindre M. le Prince, qui était monté à cheval au premier bruit. Ils furent quelque temps en présence; mais la nuit étant obscure, il n'y eut point de combat, et M. le Prince se retira sans rien perdre, étant plus redevable de son salut à la trop grande précaution de ses ennemis qu'à la sienne propre.

Le comte d'Harcourt ne le suivit pas plus avant, et M. le Prince, continuant le dessein qu'il avait d'aller à Bergerac et de le faire fortifier, passa à Libourne, dont le comte de More était gouverneur. Il lui laissa ses ordres pour y continuer quelques dehors. Le maréchal de la Force arriva en même temps que lui à

Bergerac, avec le marquis de Castelnau, son fils, qui commandait dans la place; et le duc de Larochefoucauld, qui était venu de la haute Guienne avec M. le prince de Conti, s'y rendit aussi.

Ce fut en ce même temps que commencèrent à paraître à Bordeaux les factions et les partialités qui ont ruiné le parti de M. le Prince en Guienne, divisé sa maison, séparé de ses intérêts ses plus proches, et l'ont enfin réduit à chercher parmi les Espagnols une retraite dont il les paie tous les jours par tant de grandes actions qui leur ont plus d'une fois sauvé la Flandre (1). Je me réserve de dire, en son lieu, le plus brièvement que je pourrai, les causes d'un si grand changement lorsque j'en rapporterai les effets, et je passerai maintenant au récit de ce que M. le Prince fit durant cet intervalle.

Son principal soin était de réparer promptement les places de Guienne, mais il s'attachait particulièrement à mettre Bergerac en état de se défendre. Il y employa quelques jours avec beaucoup d'application, pendant lesquels il apprit que ses affaires dépérissaient en Saintonge; que le comte de Doignon était renfermé dans ses places, n'osant en sortir par ses défiances ordinaires; que le prince de Tarente avait reçu quelque désavantage dans un combat qui s'était donné auprès de Pons; que Saintes, qu'il croyait en état de

---

(1) Il y eut à Bordeaux une sorte d'essai de la Commune. On voit par là jusqu'où l'esprit de parti fait oublier toute dignité, même dans le style. — Atténuer ainsi de si monstrueux attentats, et faire un mérite à Condé d'avoir conservé la Flandre aux Espagnols!

soutenir un grand siége par les travaux qu'on y avait faits et par une garnison de ses meilleures troupes, s'était rendue sans faire de résistance considérable, et que Taillebourg, qui était assiégé, était prêt de suivre l'exemple de Saintes. M. le Prince fut encore informé que le marquis de Saint-Luc assemblait un corps pour s'opposer à celui de M. le prince de Conti, qui avait pris Caudecoste et quelque autre petite ville peu importante. Cette dernière nouvelle était la seule où il pouvait apporter quelque remède; mais comme il savait que le marquis de Saint-Luc était encore éloigné de M. le prince de Conti, il crut ne devoir pas passer dans la haute Guienne sans être informé plus particulièrement de l'état des affaires de Bordeaux; et, pour cet effet, il manda à Mme la Princesse et à Mme de Longueville de se rendre à Libourne, où il arriva en même temps qu'elles. Il y demeura un jour seulement, et y donna les ordres qui dépendaient de lui pour empêcher le progrès du mal que la division commençait de faire naître dans son parti et dans sa famille.

Il partit ensuite avec le duc de Larochefoucauld pour aller joindre le prince de Conti, qui était avec ses troupes en un lieu nommé Staffort, à quatre lieues au-dessus d'Agen. Mais ayant appris, près de Libourne, par un courrier, que le marquis de Saint-Luc marchait vers Staffort, il crut que sa présence serait d'un grand secours, et fit toute la diligence possible pour joindre M. le prince de Conti, avant que l'un ou l'autre eût rien entrepris. En effet, étant arrivé à Staffort, il trouva que M. le prince de Conti rassemblait ses quartiers, dans la créance que le marquis de Saint-Luc le devait combattre. Il sut de plus qu'il était à Miradoux avec les régiments de Champagne et de Lorraine, et que sa cavalerie était logée séparément dans des fermes et dans des villages proches. Alors, prenant son parti avec sa diligence accoutumée, il résolut de marcher toute la nuit pour enlever les quartiers de cavalerie du marquis de Saint-Luc. Pour exécuter ce dessein, il prit celle qui se trouva à Staffort, où il laissa monsieur son frère, avec ordre de le suivre dès que le reste de ses troupes serait arrivé. Il partit à l'heure même avec le duc de Larochefoucauld ; et, bien que le chemin fût long et mauvais, il arriva devant le jour à un pont où les ennemis avaient un corps de garde de douze ou quinze maîtres. Il les fit pousser d'abord ; ceux qui se sauvèrent donnèrent l'alarme à toutes leurs troupes et les firent monter à cheval. Quelques escadrons firent ferme près de Miradoux ; mais il les chargea et les rompit sans beaucoup de peine. Il y eut six régiments de défaits. On prit beaucoup d'équipages et de prisonniers, et le reste se retira à Miradoux. Cette petite ville est située sur la hauteur d'une montagne dont elle n'occupe que la moitié ; elle n'a pour toutes fortifications qu'un méchant fossé et une simple muraille, où les maisons sont attachées. Dès que le jour fut venu, le marquis de Saint-Luc mit toutes ses troupes en bataille dans l'esplanade qui est devant la porte de la ville ; M. le Prince attendit, au bas de la montagne, celles que M. le prince de Conti lui amenait : elles arrivèrent bientôt après ; mais, comme la montée est assez droite et fort longue, et que les terres y sont grasses en hiver, et divisées par des fossés et par des haies, M. le Prince vit bien qu'il ne pouvait aller en bataille aux ennemis sans se mettre en désordre, et sans se rompre lui-même avant que d'être arrivé à eux. Ainsi il se contenta de faire avancer son infanterie, et de chasser avec beaucoup de feu les ennemis de quelques postes qu'ils avaient occupés. Il y eut aussi deux ou trois escadrons qui combattirent, et toute la journée se passa en de continuelles escarmouches, sans que le marquis de Saint-Luc quittât la hauteur, et sans que M. le Prince entreprît de l'aller attaquer en un lieu si avantageux, n'ayant point de canon et n'en pouvant avoir que le lendemain. Il donna ses ordres pour en faire venir deux pièces ; et cependant, jugeant bien que le bruit de son arrivée étonnerait plus ses ennemis que l'avantage qu'il avait remporté sur eux, il donna la liberté à quelques prisonniers, pour en porter la nouvelle au marquis de Saint-Luc. Elle fit l'effet qu'il avait désiré ; car les soldats en prirent l'épouvante, et elle mit une si grande consternation parmi les officiers, qu'à peine attendirent-ils la nuit pour cacher leur retraite et se sauver à Lectoure. M. le Prince, qui l'avait prévu, mit des corps de garde si près des ennemis, qu'il fut averti dans le moment qu'ils marchèrent ; et on peut dire que son extrême diligence l'empêcha de les défaire entièrement; car, sans attendre que l'infanterie fût engagée dans le chemin, où rien n'aurait pu l'empêcher d'être taillée en pièces, il la chargea sur le bord du fossé de Miradoux, et, entrant l'épée à la main dans les bataillons de Champagne et de Lorraine, il les renversa dans le fossé, demandant quartier et jetant leurs armes; mais, comme on ne pouvait aller à cheval à eux, ils eurent la facilité de rentrer dans Miradoux, moins pour défendre la place que pour sauver leur vie. M. le prince de Conti combattit toujours auprès de monsieur son frère, qui suivit le marquis de Saint-Luc et le reste des fuyards jusqu'auprès de Leitoure, et revint investir Miradoux, où Morins, maréchal de camp, et Couvonges, mestre-de-camp de Lorraine, étaient entrés avec plusieurs officiers. M. le Prince les fit sommer, croyant que des gens battus, qui étaient sans munitions de guerre et sans vivres, n'entreprendraient pas de défendre une si méchante place. En effet, ils offrirent de la rendre et d'aller joindre le marquis de Saint-Luc. Mais M. le Prince, qui ne voulait pas laisser sauver de si bonne infanterie, et qui comptait pour rien d'être maître d'un lieu de nulle considération, s'attacha à les vouloir prendre prisonniers de guerre, ou à les obliger de ne servir de six mois. Ces conditions leur parurent si rudes, qu'ils aimèrent mieux se défendre, et réparer en quelque sorte la honte du jour précédent, que de l'augmenter par une telle capitulation. Ils trouvèrent que les habitants avaient des vivres, et, jugeant bien que M. le Prince n'était pas en état de faire des lignes, ils crurent qu'on pourrait aisément leur faire porter de la poudre, de la mèche et du plomb. En effet, le marquis de Saint-Luc y en fit entrer la nuit suivante, et continua toujours de les rafraîchir des choses les plus nécessaires, tant que le siége dura, quelque soin qu'on pût prendre pour l'empêcher. Cependant M. le Prince renvoya monsieur son frère à Bordeaux, et connut bientôt qu'il eût mieux fait de recevoir Miradoux aux conditions qu'on lui avait offertes, que de s'engager à un siége, manquant, comme il faisait, de toutes choses, et n'étant pas même assuré d'avoir du canon. Néanmoins, comme on est souvent obligé à continuer de sang-froid ce qu'on a commencé en colère, il voulut soutenir son dessein jusqu'au bout, croyant étonner ses ennemis, et qu'il en ferait un exemple. Il tira donc d'Agen deux pièces, l'une de dix-huit livres, et l'autre de douze, avec un très-petit nombre de boulets de calibre; mais il crut qu'il y en aurait assez pour faire brèche et les emporter d'assaut avant que le comte d'Harcourt, qui marchait à lui, pût être arrivé.

En effet, on prit des maisons assez près de la porte, où on mit les deux pièces en batterie. Elles firent d'abord beaucoup d'effet dans la muraille, mais les boulets manquèrent aussi bientôt; de sorte qu'on était contraint de donner de l'argent à des soldats pour aller chercher dans le fossé les boulets qu'on avait tirés. Les assiégés se défendaient assez bien pour le peu de munitions qu'ils avaient, et ils firent deux sorties avec beaucoup de vigueur. Enfin, la brèche commençait de paraître raisonnable, et la muraille étant tombée avec des maisons qui y tenaient, avait fait une fort grande ouverture.

Mais tout ce débris servit d'un nouveau retranchement aux assiégés, car le toit de la maison où se fit la brèche étant tombé dans la cave, ils y mirent le feu et se retranchèrent de l'autre côté, de sorte que cette cave ardente devint un fossé qui ne se pouvait passer. Cet obstacle retint M. le Prince; il ne voulut pas hasarder une attaque qui aurait sans doute rebuté ses troupes et augmenté le courage des ennemis. Il résolut de faire battre un autre endroit où les maisons n'avaient point de caves; et il y avait un jour que l'on commençait d'y tirer, lorsqu'il reçut avis que le comte d'Harcourt marchait à lui et qu'il arriverait le lendemain à Miradoux. Leurs forces étaient trop inégales pour hasarder un combat. Ainsi il résolut de lever le siége et de se retirer à Staffort, où il arriva sans avoir été suivi de ses ennemis.

Cette ville n'est ni plus grande ni meilleure que Miradoux; mais comme le comte d'Harcourt était au-delà de la Garonne, et qu'il ne la pouvait passer qu'à un lieu nommé Auvillars, M. le Prince, ayant l'autre côté du pays libre, sépara ses quartiers, dans la créance d'en mettre quelques-uns près d'Auvillars, et de commander qu'on détachât continuellement des partis de ce côté-là pour être averti de tout ce que les ennemis voudraient entreprendre; mais il ne prévit pas que de nouvelles troupes et de méchants officiers exécutent d'ordinaire ce qui leur est commandé d'une manière bien différente de ce qu'ont accoutumé de faire des gens éprouvés et aguerris ; et cet ordre, qui aurait suffi pour mettre un camp en sûreté, pensa exposer M. le Prince à la honte d'être surpris et défait. Car, de tous les partis commandés, pas un ne suivit son ordre; et au lieu d'apprendre des nouvelles du comte d'Harcourt, ils allèrent piller les villages voisins. Ainsi il passa la rivière, marcha en bataille au milieu des quartiers de M. le Prince, et arriva à un quart de lieue de lui, sans que personne en prît l'alarme ni lui en vînt donner avis. Enfin, des gens poussés lui ayant apporté cette nouvelle avec le trouble ordinaire en semblables occasions, il monta à cheval suivi du duc de Larochefoucauld, du comte de Marchin et du marquis de Montespan, pour voir le dessein des ennemis ; mais il n'eut pas fait cinq cents pas qu'il vit leurs escadrons qui se détachaient pour aller attaquer ses quartiers, et même des gens s'ébranlèrent pour le pousser. Dans cette extrémité, il n'eut point d'autre parti à prendre que d'envoyer faire monter à cheval ses quartiers les plus éloignés, et de revenir joindre ce qu'il avait d'infanterie sous Staffort, qu'il fit marcher à Boüé pour y passer la Garonne en bateau et se retirer à Agen. Il envoya tous les bagages au port Sainte-Marie, et laissa un capitaine à Staffort, et soixante mousquetaires avec une pièce de douze livres qu'il ne put emmener. Le comte d'Harcourt ne se servit pas mieux de cet avantage qu'il avait fait de ceux qu'il pouvait avoir à Tonnay-Charente et à Saint-Andras ; car, au lieu de suivre M. le Prince et de le charger dans le désordre d'une retraite sans cavalerie, et contraint de passer la Garonne pour se mettre à couvert, il s'arrêta pour investir le quartier le plus proche de Staffort, nommé le Pergan, où étaient logés trois ou quatre cents chevaux des gardes de M. le Prince et des généraux. Ainsi, il lui donna douze ou treize heures, dont il passa la plus grande partie à Boüé, à faire passer la rivière à ses troupes, avec un désordre et des difficultés incroyables, et toujours en état d'être taillées en pièces, si on l'eût attaqué.

Quelque temps après que M. le Prince fut arrivé à Agen avec toute son infanterie, on vit paraître quelques escadrons de l'autre côté de la rivière, qui s'étaient avancés pour prendre des bagages qui étaient près de passer l'eau. Mais ils furent repoussés avec vigueur par soixante maîtres du régiment de Montespan, qui donnèrent tout le temps nécessaire à des bateaux chargés de mousquetaires d'arriver et de faire retirer les ennemis. Ce jour même, M. le Prince sut que sa cavalerie était arrivée à Sainte-Marie sans avoir combattu ni rien perdu de son équipage, et que ses gardes se défendaient encore dans le Pergan, sans qu'il y eût toutefois apparence de les pouvoir secourir. En effet, ils se rendirent prisonniers de guerre le lendemain, et ce fut tout l'avantage que tira le comte d'Harcourt d'une occasion où sa fortune et la négligence des troupes de M. le Prince lui avaient offert une entière victoire. Ces mauvais succès furent bientôt suivis de la sédition d'Agen, et obligèrent M. le Prince de tourner ses principales espérances du côté de Paris, et d'y porter la guerre, comme on le verra dans la suite.

M. le Prince ayant donc été contraint de se retirer à Agen, il trouva que les cabales et les divisions de la ville lui faisaient assez connaître qu'elle ne demeurerait dans son parti qu'autant qu'elle y serait retenue par sa présence ou par une forte garnison ; ce fut pour s'en assurer par ce dernier moyen qu'il se résolut d'y faire entrer le régiment d'infanterie de Conti, et de le rendre maître d'une porte de la ville, pour ôter au peuple la liberté de refuser la garnison. Mais comme ce dessein ne fut pas secret, il fut bientôt répandu dans la ville. A l'heure même, les bourgeois prirent les armes et firent des barricades. M. le Prince en étant averti, monta à cheval pour empêcher la sédition par sa présence, et pour demeurer maître de la porte de Grave, jusqu'à ce que le régiment de Conti s'en fût emparé ; mais l'arrivée des troupes augmenta le désordre au lieu de l'apaiser. Elles entrèrent, et firent halte dans la première rue ; et bien que M. le Prince et M. le prince de Conti, et tous les officiers généraux de l'armée, voulussent apaiser le désordre, ils ne purent empêcher que toutes les rues ne fussent barricadées en un instant. Le peuple néanmoins conserva toujours du respect pour M. le Prince et pour les officiers généraux ; mais la rumeur augmentait dans tous les lieux où ils n'étaient point : les choses ne pouvaient plus demeurer en cet état. Les troupes, comme je l'ai dit, tenaient la porte de Grave et la moitié de la rue qui y aboutit. Le peuple était sous les armes, toutes les rues barricadées et des corps de garde partout. La nuit approchait, qui eût augmenté le désordre, et M. le Prince se voyait réduit à sortir honteusement de la ville, ou à la faire piller ou brûler : l'un ou l'autre de ces partis ruinait également le sien ; car s'il quittait Agen, les troupes du roi y allaient être reçues, et s'il le brûlait, ce traitement soulevait contre lui toute la province, dont les plus considérables villes tenaient encore son parti. Ces raisons le portèrent à désirer de trouver quelque accommodement qui sauvât son autorité en apparence, et qui lui servît de prétexte de pardonner au peuple. Le duc de Larochefoucauld parla aux principaux bourgeois, et les disposa d'aller à l'hôtel de ville pour députer quelqu'un d'entre eux vers M. le Prince pour lui demander pardon, et le supplier de venir à l'assemblée leur prescrire les moyens de lui conserver Agen dans la soumission et la fidélité qu'ils lui avaient jurées. M. le Prince y alla, et leur dit que son intention avait toujours été de leur laisser la liberté tout entière, et que les troupes n'étaient entrées que pour soulager les bourgeois dans la ville ; mais que puisqu'ils ne le désiraient pas, il consentait de les faire sortir, pourvu que la ville fît un régiment d'infanterie à ses dépens, dont il nommerait les officiers. On accepta facilement ces conditions : on défit les barricades, les troupes sortirent, et la ville fut tranquille et soumise en apparence comme avant la sédition. Quoique M. le Prince ne pût se fier à une obéissance si suspecte, il fit néanmoins quelque séjour à Agen pour remettre la ville en son état ordinaire.

En ce même temps, il reçut des nouvelles que l'armée de Flandre, commandée par le duc de Nemours, et les troupes de M. le duc d'Orléans, commandées par le duc de Beaufort, s'étaient jointes et marchaient vers la rivière de Loire. Il eut la joie de voir, au milieu de la France, une armée d'Espagne qu'il avait si longtemps attendue (1), et qui pouvait secourir Montrond, ou venir le joindre en Guienne. Mais cette joie fut mêlée d'inquiétude; il sut que la division et l'aigreur des ducs de Nemours et de Beaufort étaient venues à une extrémité très-dangereuse. Ils ne pouvaient compatir ensemble, et leurs forces séparées n'étaient pas suffisantes pour tenir la campagne devant l'armée du roi, commandée par M. de Turenne et le maréchal d'Hocquincourt, fortifiée des troupes que le cardinal avait amenées d'Allemagne, et encore du voisinage de la cour.

Les ordres que M. le Prince avait donnés au duc de Nemours, étaient de passer la rivière de Loire pour secourir Montrond, et de marcher aussitôt vers la Guienne; et le duc de Beaufort en recevait de tout contraires de M. le duc d'Orléans, qui ne pouvait consentir que l'armée s'éloignât de Paris, et appréhendait que les

---

(1) Triste effet des discordes civiles! Les plus beaux esprits écrivent. sans honte, *leur joie de voir l'ennemi, au milieu de la France*, dans un esprit de parti!

peuples ou le parlement ne changeassent de sentiment lorsqu'ils verraient l'armée de M. le duc de Nemours passer en Guienne et celle du roi demeurer dans leur voisinage. Le coadjuteur de Paris, qui avait alors plus de part que nul autre à la confiance de M. le duc d'Orléans, appuyait ce conseil et augmentait encore ses craintes et ses irrésolutions. Cet avis de retenir l'armée au-deçà de la rivière de Loire, la rendait non-seulement inutile à M. le Prince, de qui le coadjuteur était ennemi déclaré, mais le rendait lui-même plus considérable à la cour, en y faisant voir qu'étant maître de la conduite de Monsieur, il pouvait avancer ou retarder le progrès de l'armée, et il avançait, par ce moyen, son dessein d'obtenir le chapeau de cardinal.

D'autre côté, M. de Chavigny écrivit plusieurs fois à M. le Prince pour le presser de quitter la Guienne. Il lui représentait le besoin que l'armée avait de sa présence; que se détruisant, toutes ses ressources étaient perdues, et que, faisant des progrès dans le royaume à la vue du roi, il rétablirait en un moment, non-seulement la Guienne, mais tout le reste de son parti.

Ce n'étaient pas là les seules raisons de M. de Chavigny; il avait des desseins bien plus relevés : il prétendait gouverner Monsieur en lui faisant connaître qu'il gouvernait M. le Prince, et s'assurait aussi de se rendre maître de la conduite de M. le Prince, en lui faisant voir qu'il l'était de celle de Monsieur. Ses projets ne s'arrêtaient pas encore là. Dès le commencement de la guerre, il avait pris des mesures pour être négociateur de la paix des princes, et s'était uni avec le duc de Rohan, croyant qu'il lui pouvait être également utile vers Monsieur et vers M. le [Prince. Il croyait aussi avoir pris toutes les précautions nécessaires vers le cardinal, par le moyen de M. de Fabert, gouverneur de Sedan ; et comme il ne mettait point de bornes à son ambition et à ses espérances, il ne douta point qu'en faisant la paix particulière, il ne fût choisi pour aller avec le cardinal conclure la paix générale. Il crut aussi qu'en se servant de la considération que M. le Prince lui pouvait donner parmi les Espagnols, il aurait tout le mérite des bons succès, et que le cardinal, au contraire, serait chargé de la honte et du blâme des mauvais événements; et qu'ainsi il rentrerait dans les affaires, ou avec la gloire d'avoir fait la paix, ou avec l'avantage d'avoir fait connaître que le cardinal l'aurait rompue.

M. le Prince se laissa persuader facilement à ce voyage par les raisons que lui avait écrites M. de Chavigny; mais le principal motif qui l'y porta fut l'impatience de quitter la Guienne dans un temps où le petit nombre et la faiblesse de ses troupes l'obligeaient sans cesse à lâcher le pied devant le comte d'Harcourt. En effet, la guerre se soutenait alors dans la Guienne par la seule vigilance et la réputation de M. le Prince ; et le comte d'Harcourt avait déjà rétabli, par sa conduite et par sa fortune, tout le désavantage que la défaite du marquis de Saint-Luc à Miradoux avait apporté aux armes du roi. Le siége de Miradoux était levé; les gardes de M. le Prince et trois ou quatre cents chevaux avaient été pris dans leurs quartiers au Pergan; et M. le Prince lui-même, avec le reste de ses troupes, avait été contraint de quitter Staffort, de repasser la Garonne à Boüé, et de se retirer à Agen, comme j'ai dit. Ce fut en ce lieu-là qu'il communiqua le dessein du voyage de Paris au duc de Larochefoucauld et au comte de Marchin. L'un et l'autre lui représentèrent également ce qu'il y avait sujet d'en craindre et d'en espérer : pas un ne lui voulut donner de conseil, mais tous deux lui demandèrent instamment de le suivre. Il choisit le duc de Larochefoucauld pour l'accompagner, et laissa le comte de Marchin auprès du prince de Conti, se reposant entièrement sur lui du soin de maintenir son parti en Guienne, et de conserver Bordeaux parmi les divisions qu'on avait fomentées dans tous les ordres de la ville, où les affaires étaient en l'état que je vais dire.

Le peuple y était divisé en deux cabales. Les riches bourgeois en composaient une dont les sentiments étaient de maintenir l'autorité de leurs magistrats, de se rendre si puissants et si nécessaires que M. le Prince les considérât comme ceux qui pouvaient le plus contribuer à sa conservation. L'autre cabale était formée par les moins riches et les plus séditieux, qui, s'étant assemblés plusieurs fois par hasard en un lieu proche le château du Ha, nommé *l'Ormée,* en retinrent depuis ce nom.

Le parlement, de son côté, n'était pas moins partagé que le peuple. Ceux de ce corps qui étaient contre la cour, s'étaient aussi divisés en deux factions : l'une s'appelait la grande Fronde, et l'autre la petite Fronde; et bien que toutes deux s'accordassent à favoriser les intérêts de M. le Prince, chacune cherchait avec ardeur de s'établir près de lui à l'exclusion de l'autre.

Les choses étant en cet état, M. le Prince se prépara à partir d'Agen pour aller joindre l'armée de M. de Nemours. Ce voyage était fort long et plein de tant de difficultés, qu'on ne pouvait vraisemblablement se promettre de les surmonter. Le comte d'Harcourt était près d'Agen. Il y avait dans la ville trop de gens gagnés de la cour pour ne pas donner avis du départ de M. le Prince : ceux mêmes de son parti avaient soupçonné son voyage, et le bruit en avait couru avant qu'il fût résolu. Le chemin était de près de six-vingts lieues, qu'il fallait faire sur les mêmes chevaux. Le comte d'Harcourt pouvait non-seulement le faire suivre par des partis, mais encore donner en poste avis à la cour de sa marche, et mander aux villes et aux garnisons de s'opposer à son passage. De plus, il ne pouvait confier cette affaire à beaucoup de gens, et un petit nombre n'était pas capable de l'accompagner avec sûreté. Il fallait encore persuader à tout le monde qu'il allait à Bordeaux, et empêcher les officiers de le suivre, sous des prétextes qui ne leur fissent rien imaginer de son dessein. Pour cet effet, il laissa M. le Prince de Conti à Agen, et, feignant de vouloir aller à Bordeaux pour deux ou trois jours seulement, il donna ordre à tous les officiers et à tous les volontaires de demeurer à Agen auprès de monsieur son frère.

M. le Prince partit d'Agen le jour des Rameaux, à midi, avec le duc de Larochefoucauld, le prince de Marsillac, son fils, Chavaignac, le comte de Guitaut, Gourville et un valet de chambre. Le marquis de Levy l'attendait avec des chevaux à Languais, maison du duc de Bouillon, où était Bercelet, capitaine des gardes du duc de Larochefoucauld, qui fut aussi du voyage ; et comme le marquis de Levy avait un passeport du comte d'Harcourt pour se retirer chez lui, en Auvergne, avec son train, M. le Prince et ceux qui l'accompagnaient passèrent à la suite du marquis de Levy pour les mêmes domestiques dont les noms étaient écrits dans son passeport.

Il dépêcha de la Charité Gourville à Paris, pour avertir M. le duc d'Orléans et M. de Chavigny de sa marche. Il passa le jour de Pâques dans Cosne, où l'on faisait garde ; et comme la cour était alors à Gien, il dit partout qu'il allait avec ses compagnons servir son quartier auprès du roi. Néanmoins, jugeant bien qu'il ne pouvait suivre longtemps le grand chemin de la cour sans être reconnu, il résolut de le quitter pour prendre celui de Châtillon-sur-Loing. Il pensa même avoir sujet de se repentir de ne l'avoir pas fait plus tôt, parce qu'ayant rencontré deux courriers qui venaient de la cour, il y en eut un qui reconnut le comte de Guitaut ; et, bien qu'il ne s'arrêtât pas pour lui parler, il parut assez d'émotion en son visage pour faire juger qu'il soupçonnait que M. le Prince était dans la troupe. Il s'en éclaircit bientôt après, car, ayant rencontré le valet de chambre de M. le Prince, qui était demeuré mille pas derrière, il l'arrêta, et faisant semblant de le vouloir tuer, il apprit que son soupçon était bien fondé. Cet accident fit résoudre M. le Prince, non-seulement de quitter le grand chemin à l'heure même, mais encore de laisser Bercelet dans des masures proche d'un pont, sur le chemin que devait tenir ce courrier pour retourner à la cour, afin de le tuer s'il y allait; mais la fortune de cet homme lui fit prendre un autre chemin pour aller porter en diligence, à Gien, la nouvelle de ce qu'il avait vu.

On dépêcha à l'heure même Sainte-Maure avec vingt maîtres choisis, pour aller attendre M. le Prince sur le chemin qui conduisait de Châtillon à l'armée de M. de Nemours, avec ordre de le prendre mort ou vif. Mais comme il jugeait bien que la rencontre que je viens de dire ferait indubitablement découvrir son passage, il marcha en diligence vers Châtillon; et, parce qu'il lui fallait faire ce jour-là trente-cinq lieues sur les mêmes chevaux, la nécessité de repaître le fit retarder quelques heures, et eût donné à Sainte-Maure le temps dont il avait besoin pour le joindre, s'il ne l'eût évité heureusement. Un autre accident pensa encore faire prendre M. le Prince; car, étant arrivé au canal de Briare, il rencontra les maréchaux des logis de deux ou trois régiments de cavalerie qui venaient au logement en ce lieu-là ; et comme les corps y arrivaient par différents côtés, il était encore plus difficile de prendre un chemin assuré. Chavaignac, qui connaissait près de là un gentilhomme nommé la Brûlerie, le voulut aller chercher avec le comte de Guitaut pour prendre dans sa maison quelque chose à manger, et le porter à M. le Prince, qui cependant n'avait pu demeurer au lieu où il l'avait laissé, à cause de l'arrivée des troupes. Il avait déjà envoyé son valet de chambre à Châtillon pour avertir le concierge de tenir la porte du parc ouverte ; et ainsi il n'avait avec lui que le duc de Larochefoucauld et le prince de Marsillac : ils prirent tous trois le chemin de Châtillon. Le Prince de Marsillac marchait cent pas devant M. le Prince, et le duc de Larochefoucauld allait après lui à même distance, afin qu'étant averti par l'un des deux, il pût avoir quelque avantage pour se sauver. Ils n'eurent pas fait grand chemin en cet état, qu'ils entendirent des coups de pistolet du côté où était allé le valet de chambre vers Châtillon, et en même temps ils virent paraître quatre cavaliers sur leur main gauche qui marchaient au trot vers eux. Ils ne doutèrent point alors qu'ils ne fussent suivis ; et, prenant le parti de les charger, ils tournèrent à eux dans le dessein de se faire tuer plutôt que d'être pris. Mais ils reconnurent que c'était le comte de Guitaut et Chavaignac qui les cherchaient, avec deux autres gentilshommes.

Ce voyage de M. le Prince était plein sans doute d'aventures si périlleuses, que les moindres l'exposèrent à être pris par les troupes du roi, ou à être tué ; et ainsi il alla presque toujours de dangers en dangers jusqu'à Châtillon, où il apprit des nouvelles de l'armée qu'il voulait joindre, et sut qu'elle était à huit lieues de là vers Lorris, près de la forêt d'Orléans. Ayant marché avec toute la diligence possible pour la joindre, il rencontra l'avant-garde de son armée, dont quelques cavaliers vinrent au qui-vive avec M. le Prince ; mais, l'ayant reconnu, ce fut une surprise et une joie pour toute l'armée qui ne se peut exprimer.

M. le Prince fit marcher l'armée à Lorris, où elle se reposa un jour. Il s'en passa encore trois ou quatre, durant lesquels on alla à Montargis, qui se rendit sans résistance. L'armée partant de Montargis alla à Château-Renard.

Gourville y arriva en même temps de Paris pour rapporter à M. le Prince les sentiments de ses amis sur sa conduite envers Monsieur et envers le parlement. Ces avis étaient bien différents : car les uns lui conseillaient de demeurer à l'armée, parce que les résolutions de Monsieur et du parlement dépendraient toujours des événements de cette guerre, et que tant qu'il serait à la tête d'une armée victorieuse, la puissance du parti résiderait en ses mains ; au lieu qu'allant à Paris, il ôtait à ses troupes la réputation que sa présence leur avait donnée, et qu'il n'en pouvait laisser le commandement qu'aux mêmes personnes dont la division et la jalousie avaient été sur le point de produire tant de désordres.

En ce même temps, M. le Prince apprit que le corps d'armée commandé par le maréchal d'Hocquincourt était encore dans des quartiers séparés assez proches de Château-Renard, et que le lendemain il se devait joindre aux troupes de M. de Turenne. Cet avis le fit résoudre à marcher dès le soir même avec toute son armée droit aux troupes du maréchal d'Hocquincourt, pour ne point lui laisser le temps de les rassembler et de se retirer vers M. de Turenne. Le succès répondit à son attente : il entra d'abord dans deux quartiers qui donnèrent l'alarme aux autres ; mais cela n'empêcha pas qu'on n'en enlevât cinq tout de suite. Les quatre premiers ne firent presque point de résistance. Le maréchal d'Hocquincourt, s'étant mis en bataille avec huit cents chevaux sur le bord d'un ruisseau qu'on ne pouvait passer qu'un à un sur une digue fort étroite et fort rompue, fit mine de vouloir disputer ce passage, au-delà duquel était le cinquième quartier qu'on allait attaquer. Mais lorsque le duc de Nemours et trois ou quatre autres eurent passé le défilé, le maréchal, qui jugea bien que toute l'armée devait être là, se retira derrière le quartier et laissa piller, se contentant de se mettre en bataille pour essayer de prendre son temps de charger pendant le pillage. Ce quartier ne fit pas plus de résistance que les autres ; mais comme les maisons étaient couvertes de chaume, et qu'on y mit le feu, il fut aisé au maréchal d'Hocquincourt de discerner à la clarté le nombre des troupes qui étaient passées, et voyant qu'il n'y avait pas plus de cent chevaux, il marcha pour les charger avec plus de huit cents. M. le Prince, voyant fondre sur lui cette cavalerie, fit promptement un escadron de ce qu'il avait avec lui, et marcha aux ennemis avec un nombre si inégal. Il semblait que la fortune avait fait trouver en ce lieu tout ce qu'il y avait d'officiers généraux dans son armée pour lui faire voir ce qu'un mauvais événement était capable de lui faire perdre d'un seul coup. Il avait composé le premier rang, où il s'était mis, des ducs de Nemours, de Beaufort et de Larochefoucauld, du prince de Marsillac, du marquis de Clinchant, qui commandait les troupes d'Espagne, du comte de Tavanes, lieutenant général, du comte de Guitaut, de Gaucourt, et de quelques autres officiers. Les deux escadrons firent leur décharge d'assez près, sans que pas un pliât; mais deux autres du maréchal ayant chargé aussitôt après celui de M. le Prince, le duc de Nemours eut un coup de pistolet au travers du corps, et son cheval fut tué. L'escadron de M. le Prince, ne pouvant soutenir deux charges si près à près, se rompit et se retira cent pas en désordre vers le quartier qui était en feu. Mais M. le Prince et les officiers généraux qui étaient avec lui, ayant pris la tête de l'escadron, l'arrêtèrent; les ennemis se contentèrent de l'avoir fait plier sans l'enfoncer, de crainte qu'il ne fût soutenu par l'infanterie dont ils entendaient les tambours.

Il y eut seulement quelques officiers et cavaliers qui avancèrent, et le prince de Marsillac, qui se trouva douze ou quinze pas derrière l'escadron qui pliait, tourna à un officier et le tua d'un coup d'épée entre les deux escadrons. M. le Prince, comme j'ai dit, arrêta le sien, et lui fit tourner tête aux ennemis. Cependant un autre escadron de trente maîtres passa le défilé. Il se mit aussitôt à sa tête avec le duc de Larochefoucauld, et, attaquant le maréchal d'Hocquincourt par le flanc, le fit charger en tête par le premier escadron où il avait laissé le duc de Beaufort : cela acheva de renverser les ennemis. Une partie se jeta dans Bléneau et on poussa le reste trois ou quatres lieues vers Auxerre, sans qu'ils essayassent de se rallier. Ils perdirent tout leur bagage et on prit trois mille chevaux.

Cette déroute eût été plus grande, si l'on n'eût donné avis à M. le Prince que l'armée de M. de Turenne paraissait. Cette nouvelle le fit retourner à son infanterie qui s'était débandée pour piller ; et, après avoir rallié ses troupes, il marcha vers M. de Turenne, qui mit son armée en bataille dans de fort grandes plaines, et plus près que de la portée du mousquet d'un bois de très-grande étendue, par le milieu duquel l'armée de M. le Prince devait passer pour aller à lui. Ce passage était de soi assez large pour y pouvoir faire marcher deux escadrons de front ; mais comme il était fort marécageux, et qu'on y avait fait plusieurs fossés pour le dessécher, on ne pouvait arriver à la plaine qu'en défilant. M. le Prince, la voyant occupée par les ennemis, jeta son infanterie à droite et à gauche dans le bois qui la bordait, pour les en éloigner. Cela fit l'effet qu'il avait désiré ; car M. de Turenne, craignant d'être incommodé par la mousqueterie, quitta son poste pour en aller prendre un qui était un peu plus éloigné et plus élevé que celui de M. le Prince.

Ce mouvement fit croire à M. le Prince qu'il se retirait vers Gien, et qu'on le déferait aisément dans le désordre de sa retraite avant qu'il pût y arriver. Pour cet effet, il fit avancer sa cavalerie, et se hâta de faire passer le défilé à six escadrons pour entrer dans la plaine ; mais M. de Turenne, jugeant bien le désavantage que ce lui serait de combattre dans la plaine M. le Prince, dont les troupes étaient victorieuses et plus fortes que les siennes, prit le parti de retourner, l'épée à la main, sur les six escadrons pour défaire ce qui serait passé, et pour arrêter le reste des troupes au-delà du défilé. M. le Prince qui jugea de son intention, fit repasser sa cavalerie, et ainsi, le défilé les empêchant de pouvoir aller l'un à l'autre sans un très-grand désavantage, on se contenta de faire avancer l'artillerie des deux côtés, et de se canonner longtemps ; mais le succès ne fut pas égal : car, outre que M. de Turenne en avait plus que M. le Prince, et qu'elle était mieux servie, elle avait encore l'avantage de la hauteur sur les troupes de M. le Prince, beaucoup trop serrées dans le passage qui séparait le bois, et elle ne tirait presque point de coup inutile. Ainsi M. le Prince y perdit plus de six-vingts cavaliers et plusieurs officiers, entre lesquels fut Maré, frère du maréchal de Grancei. On passa en cet état le reste du jour, et, au coucher du soleil, M. de Turenne se retira vers Gien. Le maréchal d'Hocquincourt, qui l'avait joint depuis sa défaite, demeura à l'arrière-garde ; et, étant allé avec quelques officiers pour retirer l'escadron le plus près du défilé, il fut reconnu de M. le Prince, qui lui envoya dire qu'il serait bien aise de le voir, et qu'il pouvait avancer sur sa parole. Il le fit, et s'avançant avec quelques officiers, il trouva M. le Prince avec les ducs de Beaufort et de Larochefoucauld, et deux ou trois autres. La conversation se passa en civilités et en railleries du côté de M. le Prince, et en justifications de celui du maréchal d'Hocquincourt sur ce qui lui venait d'arriver, se plaignant de M. de Turenne, bien qu'on puisse dire avec vérité qu'il fit ce jour-là deux actions belles et hardies, dont le succès fut cause du salut de son armée et de celui de la cour ; car, dès qu'il sut que les troupes du maréchal d'Hocquincourt, qui le devaient venir joindre le lendemain, étaient attaquées, il marcha avec très-peu de gens dans le lieu où on le trouva en bataille, et y attendit tout le jour le reste de ses troupes, s'exposant par là à être inévitablement défait, si M. le Prince eût été droit à lui au lieu de suivre deux ou trois lieues, comme il fit, les troupes du maréchal d'Hocquincourt qu'il avait défaites la nuit ; et il sauva encore ce même jour les restes de l'armée du roi avec beaucoup de valeur et de conduite, lorsqu'il retourna sur les six escadrons de M. le Prince qui avaient passé le défilé, et arrêta par cette action une armée qui, sans doute, l'aurait taillé en pièces si elle avait pu se mettre en bataille dans la plaine où il était.

L'armée du roi s'étant retirée, M. le Prince fit prendre à la sienne le chemin de Châtillon, et alla cette nuit loger dans des quartiers sur le canal de Briare, près de la Brûlerie. Il se rendit le lendemain à Châtillon avec toutes ses troupes, dont il laissa deux jours après le commandement à Clinchant et au comte de Tavanes, pour aller à Paris avec les ducs de Beaufort et de Larochefoucauld.

Les affaires demeurèrent quelque temps en ces termes ; mais comme l'armée manquait de fourrage vers Châtillon et Montargis, et qu'on n'osait ni l'éloigner ni l'approcher de Paris, on la fit marcher à Étampes, où l'on crut qu'elle pourrait séjourner un temps considérable avec sûreté et abondance de toutes choses. Le duc de Nemours n'était pas encore guéri de sa blessure, lorsqu'on vint donner avis à M. le Prince que quelques troupes du roi, commandées par M. le comte de Miossens et le marquis de Saint-Mesgrin, lieutenants généraux, marchaient de Saint-Germain à Saint-Cloud avec du canon, à dessein de chasser cent hommes du régiment de Condé qui s'étaient retranchés sur le pont et qui en avaient rompu une arche.

Cette nouvelle fit aussitôt monter à cheval M. le Prince avec ce qu'il rencontra auprès de lui. Mais le bruit s'en étant répandu par la ville, tout ce qu'il y avait de personnes de qualité le vinrent trouver au bois de Boulogne, et furent suivies de huit ou dix mille bourgeois en armes. Les troupes du roi se contentèrent de tirer quelques coups de canon, et se retirèrent sans avoir tenté de se rendre maîtres du pont. Mais M. le Prince, pour profiter de la bonne disposition des bourgeois, leur donna des officiers, et les fit marcher vers Saint-Denis, où il avait appris qu'il y avait une garnison de deux cents Suisses. Ses troupes y arrivèrent à l'entrée de la nuit, et ceux de dedans en ayant pris l'alarme, on peut dire aussi qu'ils la donnèrent bien chaude aux assiégeants; car M. le Prince, étant au milieu de trois cents chevaux, composés de tout ce qu'il y avait de personnes de qualité dans le parti, s'en vit abandonné dès qu'on eut tiré trois mousquetades; et il demeura, lui septième, le reste s'étant renversé en désordre sur l'infanterie des bourgeois qui s'ébranla, et qui eût sans doute suivi cet exemple, si M. le Prince et ce qui était demeuré auprès de lui ne les eussent arrêtés, et fait entrer dans Saint-Denis par de vieilles brèches qui n'étaient point défendues. Alors tout ce qui l'avait abandonné le vint retrouver, chacun alléguant une raison particulière pour s'excuser, bien que la honte dût leur être commune: Les Suisses voulurent défendre quelques barricades dans la ville; mais, étant pressés, ils se retirèrent dans l'Abbaye, où deux heures après ils se rendirent prisonniers de guerre. On ne fit aucun désordre aux habitants ni au couvent, et M. le Prince se retira à Paris, laissant Deslandes, capitaine de Condé, avec deux cents hommes dans Saint-Denis. La ville fut reprise dès le soir même par les troupes du roi; mais Deslandes se retira dans l'église, où il tint trois jours.

Cependant le duc de Rohan et M. de Chavigny voulurent suivre leur premier dessein, et profiter d'une conjoncture si favorable pour faire des propositions d'accommodement. Ils croyaient que la cour accomplirait de bonne foi tout ce dont M. de Fabert ne leur avait peut-être fait des ouvertures que pour les engager avec le cardinal, qui se voulait servir d'eux pour entraîner M. le duc d'Orléans et M. le Prince dans cet abîme de négociations dont on n'a jamais vu le fond, et qui a toujours été son salut et la perte de ses ennemis. En effet, dès que les premiers jours de l'arrivée de M. le Prince furent passés, les intrigues et les cabales se renouvelèrent de tous côtés; et, soit qu'il fût las de soutenir une guerre si pénible, ou que le séjour de Paris lui donnât l'envie et l'espérance de la paix, il quitta enfin pour un temps toute autre pensée pour chercher les moyens de la faire aussi avantageuse qu'il l'avait projetée. M. de Rohan et M. de Chavigny lui en donnèrent de grandes espérances, pour l'obliger à se reposer sur eux du soin de cette négociation, et à les laisser aller seuls avec Goulas, secrétaire des commandements de Mgr le duc d'Orléans, à Saint-Germain, chargés des intérêts de ces deux princes.

On proposa aussi d'y envoyer le duc de Larochefoucauld, et M. le Prince le souhaitait pour beaucoup de raisons; mais il s'en excusa, croyant de deux choses l'une : ou que la paix était déjà conclue entre Monsieur et la cour par l'entremise secrète de M. de Chavigny, sans la participation de M. le Prince ; ou, si cela n'était pas, qu'elle ne se conclurait point alors, non-seulement parce que les prétentions de M. le Prince étaient trop grandes, mais encore parce que M. de Rohan et M. de Chavigny voulaient préférablement à tout assurer les leurs propres. Ainsi ces messieurs allèrent avec Goulas à Saint-Germain, avec charge expresse, en apparence, de ne point voir le cardinal Mazarin, et de ne rien traiter avec lui. Les demandes de Monsieur consistaient principalement en l'éloignement du cardinal ; mais celles de M. le Prince étaient plus étendues, parce qu'ayant engagé dans son parti la ville et le parlement de Bordeaux, et un grand nombre de personnes de qualité, il avait fait des traités particuliers avec chacun d'eux, où il s'engageait de n'en point faire avec la cour sans les y comprendre en la manière que je dirai ci-après. Peu de gens doutaient du succès du voyage de ces messieurs, parce qu'il n'y avait point d'apparence qu'un homme habile comme M. de Chavigny, et qui connaissait la cour et le cardinal Mazarin par tant d'expériences, se fût engagé à une négociation d'un tel poids, après l'avoir ménagée trois mois, sans être assuré de l'événement. Cette opinion ne dura pas longtemps : on apprit par le retour de ces députés que non-seulement ils avaient traité avec le cardinal contre les ordres publics qu'ils en avaient, mais même qu'au lieu de demander pour M. le Prince ce qui était porté dans leur instruction, ils n'avaient insisté principalement que sur l'établissement d'un conseil nécessaire, presque en la même forme de celui que le feu roi avait ordonné en mourant; moyennant quoi ils devaient porter M. le Prince à consentir que le cardinal Mazarin, suivi de M. de Chavigny, allât traiter de la paix générale au lieu de M. le Prince, et qu'il pût revenir en France après sa conclusion. Comme ces propositions étaient fort éloignées des intérêts et des sentiments de M. le Prince, il les reçut avec aigreur contre M. de Chavigny, et se résolut de ne lui donner plus aucune connaissance de ce qu'il traiterait secrètement avec la cour.

Le cardinal écouta les propositions de Gourville, et y parut très-facile, soit qu'il eût véritablement l'intention de les accorder, ou qu'il voulût découvrir les sentiments du duc de Bouillon sur ce qu'on lui proposait, particulièrement sur l'article de sa sortie hors du royaume, et juger par là si le duc de Bouillon essayerait de se prévaloir de son absence, ou s'il demeurerait ferme dans ses intérêts. Mais le duc de Bouillon, qui pénétra son intention, et qui craignait de plus que la paix se fît sans qu'il eût pour lui le duché d'Albret qu'on devait retirer de M. le Prince pour faire une partie de la récompense de Sedan, dit au cardinal que, puisqu'il trouvait juste de faire des grâces à tous les amis de M. le Prince, qui étaient ses ennemis déclarés, il croyait qu'il était encore plus raisonnable de faire justice à ses amis qui l'avaient assisté et maintenu contre M. le Prince; qu'il ne trouvait rien à dire à ce qu'on voulait faire pour les ducs de Nemours et de Larochefoucauld, Marchin et les autres ; mais qu'il pensait aussi qu'ayant un intérêt aussi considérable que le duché d'Albret, on ne devait rien conclure sans obliger M. le Prince à le satisfaire là-dessus.

De quelque esprit que partissent les raisons du duc de Bouillon, elles empêchèrent le cardinal de passer outre, et il renvoya Gourville vers M. le Prince pour lever cette difficulté. Mais comme dans toutes les grandes affaires les retardements sont d'ordinaire très-considérables, ils le devaient être particulièrement dans celle-ci, qui était composée, non-seulement de tant d'intérêts différents, et regardées par tant de cabales opposées qui la voulaient rompre, mais encore qui était conduite par M. le Prince d'une part, et par le cardinal Mazarin de l'autre; lesquels, pour avoir tant de qualités directement opposées, ne laissaient pas, dans la conjoncture présente, de convenir en la manière de traiter cette affaire l'un et l'autre sans y avoir de prétention limitée ; ce qui fait que lorsqu'on leur a accordé ce qu'ils demandent, ils croient toujours en pouvoir obtenir davantage, et se persuadent tellement que tout est dû à leur bonne fortune, que la balance ne peut jamais être assez égale, ni demeurer assez longtemps en cet état pour leur donner loisir de résoudre un traité et de le conclure.

D'autres obstacles se joignirent encore à ceux-ci. L'intérêt du cardinal de Retz était d'empêcher la paix, parce qu'étant faite sans sa participation, et M. le duc d'Orléans et M. le Prince étant unis avec la cour, il demeurait exposé et sans protection. D'ailleurs, M. de Chavigny, ensuite du mauvais succès de sa négociation, et piqué contre la cour et contre M. le Prince, aimait mieux que la paix se rompît que de la voir faire par d'autres voies que la sienne. Je ne puis dire si cette conformité d'intérêts qui se rencontra alors entre le cardinal de Retz et M. de Chavigny, les fit agir de concert pour empêcher le traité de M. le Prince, ou si l'un des deux fit agir M. le duc d'Orléans; mais j'ai su depuis, par une personne que je dois croire, que, dans le temps que Gourville était à Saint-Germain, Monsieur manda au cardinal Mazarin par le duc d'Anville qu'il ne conclût rien avec M. le Prince; que Monsieur voulait avoir, vers la cour, le mérite de la paix, et qu'il était prêt à aller trouver le roi, et à donner par là un exemple qui serait suivi du peuple et du parlement de Paris. Il y avait apparence qu'une proposition comme celle-là serait écoutée préférablement à toutes les autres; et en effet, soit par cette raison, soit par celles que j'ai dites de la disposition où étaient M. le Prince et M. le cardinal Mazarin, ou soit, comme j'ai toujours cru, que le cardinal n'ait jamais voulu cette paix, et qu'il s'est seulement servi des négociations comme d'un piége pour surprendre ses ennemis, enfin les choses furent si brouillées et si éloignées en peu de temps, que le duc de Larochefoucauld ne voulut plus que ses gens eussent part à des négociations qui ruinaient son parti, et ordonna à Gourville de tirer une réponse positive du cardinal, la seconde fois qu'il alla à Saint-Germain, sans y plus retourner.

Cependant, outre que l'esprit de M. le Prince n'était pas toujours constamment arrêté à vouloir la paix, il était combattu sans cesse par les divers intérêts de ceux qui l'en voulaient détourner. Les ennemis du cardinal Mazarin ne se croyaient pas vengés s'ils demeurait en France, et le cardinal de Retz jugeait bien que l'accommodement de M. le Prince lui ôtait toute sa considération, et l'exposait à ses ennemis ; au lieu que la guerre ne pouvait durer sans perdre ou sans éloigner M. le Prince, et qu'ainsi demeurant seul auprès de M. le duc d'Orléans, il pourrait se rendre considérable à la cour pour en tirer ses avantages. D'autre part, les Espagnols offraient à M. le Prince tout ce qui était le plus capable de le tenter, et mettaient tout en usage pour faire durer la guerre civile. Ses plus proches parents, ses amis et ses domestiques même appuyaient ce sentiment pour leur intérêt particulier.

Mais le cardinal gagnait du temps, augmentait le soupçon des cabales opposées, et amusait M. le Prince à Paris, sous l'espérance d'un traité, pendant qu'on lui ôtait la Guienne, qu'on prenait ses places, que l'armée du roi, commandée par MM. de Turenne et d'Hocquincourt, tenait la campagne, lorsque la sienne était retirée dans Etampes. Elle ne put même y demeurer longtemps sans recevoir une perte considérable ; car M. de Turenne ayant avis que Mademoiselle, revenant d'Orléans, et passant par Etampes, avait voulu voir l'armée en bataille, il fit marcher ses troupes et arriva au faubourg d'Etampes avant que celles de l'armée des princes, qui y avaient leur quartier, y fussent rentrées et en état de le défendre. Il fut forcé et pillé; et M. de Turenne et le maréchal d'Hocquincourt se retirèrent en leur quartier après avoir tué mille ou douze cents hommes des meilleures troupes de M. le Prince, et emmené plusieurs prisonniers.

Le siége d'Etampes continuait toujours, et quoique les progrès de l'armée du roi ne fussent pas considérables, les bruits qui se répandaient dans le royaume lui étaient avantageux, et Paris attendait le secours de M. de Lorraine comme le salut du parti. Il arriva enfin ensuite de plusieurs remises : et, après avoir donné beaucoup de soupçons de son accommodement avec le roi, sa présence dissipa pour un temps cette opinion, et on le reçut avec une extrême joie. Ses troupes campèrent près de Paris, et on en souffrit les désordres sans s'en plaindre. Il y eut d'abord quelque froideur entre M. le Prince et lui pour le rang; mais, voyant que M. le Prince tenait ferme, il relâcha de ses prétentions d'autant plus facilement, qu'il n'avait fait ces difficultés que pour gagner le temps de faire un traité secret avec la cour pour la levée du siége d'Etampes sans hasarder un combat. Néanmoins, comme on n'est jamais si facile à être surpris que quand on songe trop à tromper les autres, M. de Lorraine, qui croyait rencontrer tous ses avantages et toutes ses sûretés dans les négociations continuelles qu'il ménageait avec la cour avec beaucoup de mauvaise foi pour elle et pour le parti des princes, vit tout d'un coup marcher M. de Turenne à lui avec toute l'armée, et il fut surpris, lorsqu'il lui manda qu'il le chargerait à l'heure même, s'il ne décampait et ne se retirait en Flandre. Les troupes de M. de Lorraine n'étaient pas inférieures à celles du roi, et un homme qui n'eût eu soin que de sa réputation, eût pu raisonnablement hasarder un combat; mais, quelles que fussent les raisons de M. de Lorraine, elles lui firent préférer le parti de se retirer avec honte, et de subir ainsi le joug que M. de Turenne lui voulut imposer. Il ne donna aucun avis de ce qui se passait à M. le duc d'Orléans ni à M. le Prince, et les premières nouvelles qu'ils en eurent, leur apprirent confusément que leurs troupes étaient sorties d'Etampes, que l'armée du roi s'en était éloignée, et que M. de Lorraine s'en retournait en Flandre, prétendant avoir pleinement satisfait aux ordres des Espagnols et à la parole qu'il avait donnée à M. le duc d'Orléans de faire lever le siége d'Etampes. Cette nouvelle surprit tout le monde, et fit résoudre M. le Prince d'aller joindre ses troupes, craignant que celles du roi ne les chargeassent en chemin. Il sortit de Paris avec dix ou quinze chevaux, et, s'exposant ainsi à être rencontré par les partis des ennemis, il joignit son armée à Linas, et l'amena loger vers Villejuif. Elle passa ensuite à Saint-Cloud, où elle fit un long séjour, pendant lequel non-seulement la moisson fut toute perdue, mais presque toutes les maisons de la campagne furent brûlées ou pillées, ce qui commença d'aigrir les Parisiens, et M. le Prince fut près d'en recevoir de funestes marques en la journée de Saint-Antoine, dont nous allons parler.

Cependant Gaucourt avait des conférences secrètes avec le cardinal, qui lui témoignait toujours une grande ardeur pour la paix. Il était convenu des principales conditions ; mais plus il insistait sur les moindres, et plus on devait croire qu'il ne voulait pas traiter. Ces irrésolutions donnaient de nouvelles forces à toutes les cabales et de la vraisemblance à tous les divers bruits qu'on voulait semer. Jamais Paris n'a été plus agité, et jamais l'esprit de M. le Prince n'a été plus partagé pour se résoudre à la paix ou à la guerre. Les Espagnols le voulaient éloigner de Paris pour empêcher la paix, et les amis de Mme de Longueville contribuaient à ce dessein pour l'éloigner de Mme de Châtillon. D'ailleurs Mademoiselle avait tout ensemble le même dessein qu'avaient les Espagnols et celui qu'avait Mme de Longueville ; car, d'un côté, elle voulait la guerre comme les Espagnols, afin de se venger de la reine et du cardinal, qui ne voulaient pas qu'elle épousât le roi, et, de l'autre, elle désirait, comme Mme de Longueville, rompre la liaison de M. le Prince avec Mme de Châtillon, et avoir plus de part qu'elle à sa confiance et à son estime. Pour y parvenir par ce qui était le plus sensible à M. le Prince, elle leva des troupes en son nom, et lui promit de fournir de l'argent pour en lever d'autres. Ces promesses, jointes à celles des Espagnols et aux artifices des amis de Mme de Longueville, firent perdre à M. le Prince les pensées qu'il avait pour la paix. Ce qui l'en éloigna encore davantage, fut non-seulement le peu de confiance qu'il crut pouvoir prendre en la cour, mais il se persuada encore que, puisque M. de Lorraine, dépouillé de ses Etats, et avec des qualités beaucoup au-dessous des siennes, s'était rendu si considérable par son armée et par son argent, il ferait aussi des progrès à proportion plus avantageux, et serait cependant entièrement maître de sa conduite. C'est ce qu'on a cru être le véritable motif qui a entraîné M. le Prince avec les Espagnols, et pour lequel il a bien voulu exposer tout ce que sa naissance et ses services lui avaient acquis dans le royaume.

Il cacha ce sentiment autant qu'il lui fut possible, et fit paraître le même désir de la paix, qu'on traitait toujours inutilement. La cour était alors à Saint-Denis, et le maréchal de la Ferté avait joint l'armée du roi avec des troupes qu'il avait amenées de Lorraine. Celles de M. le Prince étaient plus faibles que le moindre de ces deux corps qui lui étaient opposés, et elles avaient tenu jusque-là le poste de Saint-Cloud, afin de se servir du pont pour éviter un combat inégal ; mais l'arrivée du maréchal de la Ferté, donnant moyen aux troupes du roi de se séparer et d'attaquer Saint-Cloud par les deux côtés en faisant un pont de bateaux vers Saint-Denis, fit résoudre M. le Prince à partir de Saint-Cloud dans le dessein de gagner Charenton, et de se poster dans cette langue de terre où se fait la jonction de la rivière de Marne avec la Seine. Il eût pris sans doute un autre parti s'il eût eu la liberté de choisir ; et il lui eût été bien plus sûr et plus facile de laisser la rivière de Seine à sa main gauche, et d'aller par Meudon et par Vaugirard se poster sous le faubourg Saint-Germain, où on ne l'eût peut-être pas attaqué, de peur d'engager par là les Parisiens à le défendre ; mais M. le duc d'Orléans ne voulut point y consentir, par la crainte qu'on lui donna de l'événement d'un combat qu'il pouvait voir des fenêtres du Luxembourg, et parce qu'on lui fit croire que l'artillerie du roi ferait de continuelles décharges pour l'en chasser. Ainsi, par l'opinion d'un péril imaginaire, M. le duc d'Orléans exposa la vie et la fortune de M. le Prince à l'un des plus grands dangers qu'il courut jamais.

Il fit donc marcher ses troupes à l'entrée de la nuit, le 1er de juillet 1652, pour arriver à Charenton auparavant que celles du roi le pussent joindre. Elles passèrent par le Cours de la Reine, et par le dehors de Paris, depuis la porte Saint-Honoré jusqu'à celle de Saint-Antoine, pour prendre de là le chemin de Charenton. Il voulut éviter de demander passage dans la ville, craignant de ne le pas obtenir, et qu'un refus dans une telle conjoncture ne fit paraître le mauvais état de ses affaires. Il craignait aussi que, s'il l'obtenait, ses troupes ne se dissipassent dans la ville, et qu'il ne pût les en faire sortir s'il en était besoin.

La cour fut aussitôt avertie de la marche de M. le

Prince, et M. de Turenne partit à l'heure même avec ce qu'il avait de troupes, pour le suivre et l'arrêter jusqu'à ce que le maréchal de la Ferté, qui avait eu ordre de repasser le pont et de marcher avec les siennes, eût le temps de le joindre.

On fit cependant aller le roi à Charonne, afin d'y voir, comme de dessus un théâtre, une action qui, selon les apparences, devait être la perte inévitable de M. le Prince, et la fin de la guerre civile, et qui fut en effet l'une des plus hardies et des plus périlleuses occasions de toute cette guerre, et celle où les grandes et extraordinaires qualités de M. le Prince parurent avec le plus d'éclat. La fortune sembla même se réconcilier avec lui en cette rencontre, pour avoir part à un succès dont l'un et l'autre parti ont donné la gloire à sa valeur et à sa conduite; car il fut attaqué dans le faubourg Saint-Antoine, où il eut moyen de se servir des retranchements que les bourgeois y avaient faits, quelques jours auparavant, pour se garantir d'être pillés des troupes de M. de Lorraine, et il n'y avait que ce seul lieu dans toute la marche qu'il voulait faire qui fût retranché, et où il pût éviter d'être entièrement défait. Quelques escadrons de son arrière-garde furent chargés dans le faubourg Saint-Martin par des gens que M. de Turenne avait détachés pour l'amuser, et se retirèrent en désordre dans le retranchement du faubourg Saint-Antoine, où il s'était mis en bataille. Il n'eut que le temps qui lui était nécessaire pour cela, et pour garnir d'infanterie et de cavalerie tous les postes par lesquels il pouvait être attaqué. Il fut contraint de mettre le bagage de son armée sur le bord du fossé de Saint-Antoine, parce qu'on avait refusé de le laisser entrer dans Paris. On avait même pillé quelques chariots, et les partisans de la cour avaient ménagé qu'on y verrait de là comme d'un lieu neutre l'événement de cette affaire.

M. de Turenne disposa de ses attaques avec une extrême diligence et toute la confiance que peut avoir un homme qui se croit assuré de la victoire. Mais lorsque ses gens détachés furent à trente pas du retranchement, M. le Prince sortit avec l'escadron que j'ai dit, et, se mêlant l'épée à la main, défit entièrement le bataillon qui était commandé, prit des officiers prisonniers, emporta les drapeaux et se retira dans son retranchement. D'un autre côté, le marquis de Saint-Mesgrin attaqua le poste qui était défendu par le comte de Tavanes, lieutenant général, et par l'Enques, maréchal de camp. La résistance y fut si grande, que le marquis de Saint-Mesgrin, voyant que toute son infanterie mollissait, emporté de chaleur et de colère, avança avec la compagnie de chevau-légers du roi, dans une rue étroite, fermée d'une barricade, où il fut tué avec le marquis de Nantouillet, le Fouilloux, et quelques autres. Mancini, neveu du cardinal Mazarin, y fut blessé, et mourut peu de jours après.

On continuait de toutes parts les attaques avec une extrême vigueur, et M. le Prince chargea une seconde fois avec même succès qu'à la première. Il se trouvait partout, et, dans le milieu du feu et du combat, il donnait les ordres avec une netteté d'esprit qui est si rare et si nécessaire en ces rencontres. Enfin, les troupes du roi avaient forcé la dernière barricade de la rue qui va de celle du Cours à Charenton, et qui était quarante pas au-delà d'une fort grande place qui aboutit à cette même rue. Le marquis de Navailles s'en était rendu maître, et avait, pour la mieux garder, fait percer les maisons proches, et mis des mousquetaires partout. M. le Prince avait dessein de les déloger avec de l'infanterie, et de faire percer d'autres maisons pour les chasser par un plus grand feu, comme c'était en effet le parti qu'on devait prendre. Mais le duc de Beaufort, qui ne s'était pas rencontré auprès de M. le Prince au commencement de l'attaque, et qui sentait quelque dépit de ce que le duc de Nemours y avait toujours été, pressa M. le Prince de faire attaquer la barricade par l'infanterie, et comme cette infanterie était déjà lassée et rebutée, au lieu d'aller aux ennemis, elle se mit en haie le long des maisons sans vouloir avancer. Dans ce temps, un escadron des troupes de Flandre, posté dans une rue qui aboutissait au coin de cette place du côté des troupes du roi, ne pouvant y demeurer davantage de peur d'être coupé, quand on aurait gagné les maisons voisines, revint dans la place. Le duc de Beaufort, croyant que c'étaient les ennemis, proposa aux ducs de Nemours et de Larochefoucauld, qui arrivaient en ce lieu-là, de les charger. Ainsi étant suivis de ce qu'il y avait de gens de qualité et de volontaires, on poussa à eux, et on s'exposa inutilement à tout le feu de la barricade et des maisons de la place, s'étant trouvé, en abordant cet escadron, qu'il était de même parti. Mais, voyant en même temps quelque étonnement parmi ceux qui gardaient la barricade, les ducs de Nemours, de Beaufort, de Larochefoucauld et le prince de Marsillac y poussèrent et la firent quitter aux troupes du roi. Ils mirent ensuite pied à terre, et la gardèrent eux seuls, sans que l'infanterie qui était commandée voulût les soutenir. M. le Prince fit ferme dans la rue avec ce qui s'était rallié auprès de lui de ceux qui les avaient suivis. Cependant les ennemis qui tenaient toutes les maisons de la rue, voyant la barricade gardée seulement par quatre hommes, l'eussent sans doute reprise, si l'escadron de M. le Prince ne les eût arrêtés ; mais, n'y ayant point d'infanterie qui les empêchât de tirer par les fenêtres, ils recommencèrent à faire feu de tous côtés, et voyaient en revers depuis les pieds jusqu'à la tête de ceux qui tenaient la barricade. Le duc de Nemours reçut treize coups sur lui ou dans ses armes, et le duc de Larochefoucauld une mousquetade qui, lui perçant le visage au-dessous des yeux, lui fit à l'instant perdre la vue ; ce qui obligea le duc de Beaufort et le prince de Marsillac à se retirer pour emmener les deux blessés. Les ennemis avancèrent pour les prendre, mais M. le Prince s'avança aussi pour les dégager, et leur donna le temps de monter à cheval ; ainsi ils laissèrent aux ennemis le poste qu'ils venaient de leur faire quitter, et presque tout ce qui avait été avec eux dans la place fut tué ou blessé. M. le Prince perdit en cette journée les marquis de Flammareins et de la Rochegiffart, le comte de Castres, le comte de Bossu, Desfourneaux, la Martinière, la Motheguyonnet, Bercenet, capitaine des gardes du duc de Larochefoucauld, de l'Huilière, qui était aussi à lui, et beaucoup d'autres, dont on ne peut mettre ici les noms. Enfin, le nombre des officiers morts ou blessés fut si grand de part et d'autre, qu'il semblait que chaque parti songeât plus à réparer ses pertes qu'à attaquer ses ennemis.

La porte Saint-Antoine était gardée par une colonnelle de bourgeois, dont les officiers, qui étaient gagnés de la cour, empêchaient presque également de sortir de la ville et d'y entrer : enfin tout y était mal disposé pour y recevoir M. le Prince et ses troupes, lorsque Mademoiselle, faisant un effort sur l'esprit de monsieur son père, le tira de la léthargie où le tenait le cardinal de Retz. Elle alla porter ses ordres à la maison de ville pour faire prendre les armes aux bourgeois. En même temps, elle commanda au gouverneur de la Bastille de faire tirer le canon sur les troupes du roi, et, revenant à la porte Saint-Antoine, elle disposa tous les bourgeois, non-seulement à recevoir M. le Prince et son armée, mais même à sortir et à escarmoucher pendant que ses troupes rentreraient. Ce qui acheva encore d'émouvoir le peuple en faveur de M. le Prince, fut de voir emporter tant de gens de qualité morts ou blessés. Le duc de Larochefoucauld voulut profiter de cette conjoncture pour son parti, et, quoique sa blessure lui fît presque sortir les deux yeux hors de la tête, il alla à cheval du lieu où il fut blessé jusqu'à l'hôtel de Liancourt, au faubourg Saint-Germain, exhortant le peuple à secourir M. le Prince, et à mieux connaître à l'avenir l'intention de ceux qui l'avaient accusé d'avoir traité avec la cour. Cela fit, pour un temps, l'effet qu'on désirait, et jamais Paris n'a été mieux intentionné pour M. le Prince qu'il le fut alors. Cependant le bruit du canon de la Bastille produisit deux sentiments bien différents dans l'esprit du cardinal Mazarin : car d'abord il crut que Paris se déclarait contre M. le Prince, et qu'il allait triompher de cette ville et de son ennemi ; mais, voyant qu'au contraire on tirait sur les troupes du roi, il envoya des ordres aux maréchaux de France pour retirer l'armée et retourner à Saint-Denis. Cette journée peut passer comme l'une des plus glorieuses de la vie de M. le Prince (1). Jamais sa valeur et sa conduite n'ont eu plus de part à la victoire, et l'on peut dire aussi que jamais tant de gens de qualité n'ont fait combattre un plus petit nombre de troupes. On fit porter les drapeaux des régiments des gardes, de la marine et de Turenne, à Notre-Dame, et on laissa aller sur leur parole tous les officiers prisonniers.

Néanmoins, dans cette rencontre, il fut d'avis, comme tous les autres, de profiter de la bonne disposition du

---

(1) Triste gloire de combattre contre son roi, de Bordeaux à Paris !

peuple, et de proposer une assemblée à l'hôtel de ville pour résoudre que Monsieur serait reconnu lieutenant général de l'État et couronne de France ; qu'on s'unirait inséparablement pour procurer l'éloignement du cardinal ; qu'on pourvoirait le duc de Beaufort du gouvernement de Paris en la place du maréchal de l'Hôpital, et qu'on établirait Broussel en la charge de prévôt des marchands, au lieu de le Febure. Mais cette assemblée, où l'on croyait trouver la sûreté du parti, fut une des principales causes de sa ruine, par une violence qui pensa faire périr tout ce qui se rencontra à l'hôtel de ville, et fit perdre à M. le Prince tous les avantages que la journée de Saint-Antoine lui avait donnés. Je ne puis dire qu'il fut l'auteur d'un si pernicieux dessein, car tous l'ont également désavoué ; mais enfin, lorsque l'assemblée se tenait, on suscita des gens armés qui vinrent crier à la porte de la maison de ville qu'il fallait non-seulement que tout s'y passât selon l'intention de Monsieur et de M. le Prince, mais qu'on livrât dès l'heure même tout ce qui était attaché au cardinal Mazarin. On crut d'abord que ce bruit n'était qu'un effet ordinaire de l'impatience du menu peuple ; mais, voyant que la foule et le tumulte augmentaient, que les soldats et même les officiers avaient part à la sédition, et qu'en même temps on mit le feu aux portes et l'on tira aux fenêtres, alors tout ce qui était dans l'assemblée se crut perdu. Plusieurs, pour éviter le feu, s'exposèrent à la fureur du peuple. Il y eut beaucoup de gens tués de toutes les conditions et de tous les partis; et on crut très-injustement que M. le Prince avait sacrifié ses amis, afin de n'être pas soupçonné d'avoir fait périr ses ennemis. On n'attribua rien de cette action à M. le duc d'Orléans : toute la haine en fut rejetée sur M. le Prince (1).

Ils apaisèrent promptement le désordre; mais ils n'effacèrent pas l'impression qu'il avait faite dans tous les esprits. On proposa ensuite de créer un conseil, composé de Monsieur, de M. le Prince, du chancelier de France, des princes, des ducs et pairs, maréchaux de France et officiers généraux du parti qui se trouvaient à Paris; deux présidents à mortier devaient aussi y assister de la part du parlement, et le prévôt des marchands de la part de la ville, pour juger définitivement de tout ce qui concernait la guerre et la police.

Ce conseil augmenta le désordre au lieu de le diminuer, à cause des prétentions du rang qu'on y devait tenir, et il eut, comme avait eu l'assemblée de l'hôtel de ville, des suites funestes; car les ducs de Nemours et de Beaufort, aigris par leurs différends passés et par l'intérêt de quelques dames, se querellèrent pour la préséance au conseil et se battirent ensuite à coups de pistolet, et le duc de Nemours fut tué dans ce combat par le duc de Beaufort, son beau-frère. Cette mort

---

(1) En effet, selon d'autres *Mémoires* du temps, ce sac de l'hôtel de ville pèse lourdement sur le nom de Condé, et la manière timide dont Larochefoucauld l'en défend, n'est guère faite pour le justifier de cette horrible accusation. — C'était déjà, plus de deux cents ans d'avance, préluder aux incendies de la Commune, et le pétrole n'était pas connu!

donna de la compassion et de la douleur à tous ceux qui connaissaient ce prince. Le public même eut sujet de le regretter ; car, outre ses belles et agréables qualités, il contribuait à la paix de tout son pouvoir, et lui et le duc de Larochefoucauld avaient, pour apporter plus de facilité à la conclure, renoncé aux avantages que M. le Prince leur devait faire obtenir par son traité. Mais la mort de l'un et la blessure de l'autre laissèrent aux Espagnols et aux amis de Mme de Longueville toute la liberté qu'ils désiraient pour entraîner M. le Prince. Ils n'appréhendèrent plus que les propositions de l'emmener en Flandre fussent contestées. Cependant il ne rejeta pas d'abord les propositions de paix ; mais, voulant prendre aussi ses mesures pour faire la guerre, il offrit au duc de Larochefoucauld le même emploi qu'avait le duc de Nemours, et, comme il ne le put accepter à cause de sa blessure (1), il le donna ensuite au prince de Tarente.

Le corps que commandait le comte de Palluau joignit ensuite l'armée du roi, après avoir pris Montrond. Il y avait bloqué, avec assez peu de troupes, le marquis de Persan dès le commencement de la guerre; mais lorsque la garnison fut affaiblie par la faim et par les maladies, on l'attaqua de force, et on le prit avec moins de résistance qu'on n'en devait attendre

---

(1) Une pareille excuse n'est qu'une circonstance aggravante, surtout quand, quelques lignes plus bas, Larochefoucauld décrit l'état de Paris et les manœuvres des Espagnols.

de si braves gens dans une des meilleures places du monde (1), si on n'y eût manqué de rien. Cette perte dut être d'autant plus sensible à M. le Prince, qu'elle était arrivée en partie pour n'y avoir pas apporté les remèdes qui étaient en son pouvoir, puisque, dans le temps que l'armée du roi était vers Compiègne, il lui fut souvent assez facile de secourir Montrond, au lieu que ses troupes, en ruinant les environs de Paris, augmentèrent la haine qu'on lui portait.

Il ne fut pas plus heureux ni mieux servi en Guienne. La division de M. le prince de Conti et de Mme de Longueville, en faisant accroître les partialités dans Bordeaux, servit de prétexte à tout ce qui voulut quitter son parti. Plusieurs villes, à l'exemple d'Agen, avaient ouvert les portes aux troupes du roi, et le peuple de Périgueux avait poignardé Chanlost, son gouverneur, et chassé la garnison. Villeneuve d'Agénois, où le marquis de Téobon s'était jeté, fut la seule qui résolut de se défendre, et elle le fit avec tant de vigueur, que le comte d'Harcourt fut contraint d'en lever le siège.

Cependant la maladie de M. le Prince augmentait, et bien qu'elle fût très-violente, elle ne lui fut pas si funeste qu'à M. de Chavigny; car, dans un éclaircissement fort aigre qu'il eut avec M. le Prince, il en sortit avec la fièvre qu'il prit de lui, et mourut peu de jours après. Son malheur ne finit pas avec sa vie, et la mort, qui doit terminer toutes les haines, sembla avoir

---

(1) C'est beaucoup exagérer la position de Montrond.

réveillé celle de ses ennemis. On lui imputa presque toutes sortes de crimes, et M. le Prince, pour se justifier des soupçons que les Espagnols et les frondeurs conçurent d'un traité secret avec la cour par l'entremise de l'abbé Fouquet, accusa M. de Chavigny d'avoir écouté des propositions sans sa participation, et d'avoir promis de le faire relâcher sur des articles dont il ne se pouvait départir. Il le crut ainsi peut-être, sur ce qu'on fit courir des copies d'une lettre interceptée de l'abbé Fouquet, dont j'ai vu l'original, par laquelle il mandait à la cour que Goulas porterait M. le duc d'Orléans à se détacher de M. le Prince, s'il n'acceptait les conditions de paix qu'on lui offrait. Mais, dans les copies qu'on en vit, on avait mis le nom de M. de Chavigny en la place de celui de Goulas, et ainsi on l'accusait de trahir en même temps M. le Prince, tant à l'égard de la cour qu'à l'égard de M. le duc d'Orléans, quoiqu'il soit véritable que M. le Prince traitait lui-même avec l'abbé Fouquet, et qu'il en rendait compte à M. de Chavigny : ce qui fait que je ne puis attribuer la cause de ce procédé qu'à d'autres mécontentements particuliers que M. le Prince avait de M. de Chavigny, et à l'envie qu'il avait alors de faire la guerre, qui, étant combattue par ses amis, lui fit changer de conduite avec eux et avec M. de Chavigny, et donner toute sa confiance aux Espagnols, auxquels il lui importait de cacher ses conférences avec l'abbé Fouquet. Dans le même temps que M. de Chavigny mourut à Paris, M. le duc de Bouillon mourut à Pontoise. On peut dire que ce fut pour le malheur de la France, parce qu'apparemment il eût fait la paix; car M. le Prince l'avait demandé pour garant des conditions du traité que Langlade négociait, et il n'y avait que lui qui pût le rassurer contre la défiance qu'il avait du cardinal.

Les Espagnols se vengeaient par une longue et rude prison de l'entreprise que le duc de Guise avait faite sur le royaume de Naples, et se montraient depuis longtemps inexorables à toutes les instances qu'on leur faisait pour sa liberté. Ils l'accordèrent néanmoins à la première instance que leur en fit M. le Prince, et renoncèrent en cette rencontre à l'une de leurs principales maximes, pour le lier encore plus étroitement à leur parti par une déférence qui leur est si peu ordinaire. Le duc de Guise se vit donc en liberté, lorsqu'il l'espérait le moins, et il sortit de prison, engagé par sa parole et par un bienfait si extraordinaire dans les intérêts de M. le Prince. Il le vint trouver à Paris, et, croyant peut-être s'être acquitté par quelques compliments et quelques visites de ce qu'il lui devait, il s'en alla bientôt après au-devant de la cour, pour offrir au roi ce qu'une si grande obligation lui faisait devoir à M. le Prince.

Cependant M. le Prince commença dès lors à prendre toutes ses mesures pour partir avec M. de Lorraine, et il est vrai que l'état de ses affaires avait rendu ce conseil si nécessaire, qu'il ne lui restait plus de parti à prendre que celui-là; car la paix était trop généralement désirée à Paris pour y pouvoir demeurer en sûreté avec dessein de l'empêcher, et M. le duc d'Orléans, qui l'avait toujours désirée et qui craignait le mal que la présence de M. le Prince lui pouvait attirer, contribua d'autant plus volontiers à son éloignement, qu'il se voyait par là en liberté de faire son traité particulier. Mais encore que les choses fussent en ces termes, la négociation ne laissait pas de continuer; car, dans le temps que le cardinal Mazarin sortit pour la seconde fois du royaume, afin de faire cesser le prétexte de la guerre civile (1), et faire connaître que M. le Prince avait d'autres intérêts que son éloignement, il envoya Langlade, secrétaire du cabinet, vers le duc de Larochefoucauld, soit qu'il eût véritablement dessein de traiter pour faciliter son retour, ou qu'il prétendît tirer quelque avantage, en faisant paraître qu'il désirait la paix. Les conditions qu'apporta Langlade étaient beaucoup plus amples que toutes celles que l'on avait proposées jusqu'alors, et conformes à ce que M. le Prince avait demandé. Mais elles ne laissèrent pas d'être refusées, et sa destinée, qui l'entraînait en Flandre, ne lui a permis de connaître le précipice que lorsqu'il n'a plus été dans son pouvoir de s'en retirer (2). Il partit donc enfin avec M. de Lorraine, après

(1) Larochefoucauld convient donc enfin lui-même que Mazarin n'était qu'un *prétexte* pour les Frondeurs. C'est donc bien contre l'autorité royale qu'était dirigée cette misérable guerre de la Fronde, dans le temps même où le Parlement anglais condamnait à l'échafaud l'oncle du roi de France, l'infortuné Charles Ier.

(2) On comprend bien que Larochefoucauld cherche à s'excuser en excusant Condé, mais il faut être bien à court de bonnes raisons pour invoquer l'ignorance en faveur d'une aussi indigne trahison.

avoir pris de vaines mesures avec M. le duc d'Orléans pour empêcher que le roi ne fût reçu à Paris ; mais le crédit de Son Altesse Royale n'était pas alors capable de balancer celui de la cour : il eut ordre lui-même de sortir de Paris le jour que le roi y devait arriver, et il obéit aussitôt pour n'être pas témoin de la joie publique et du triomphe de ses ennemis.

ARTICLES ET CONDITIONS

Dont Son Altesse Royale et M. le Prince sont convenus pour l'expulsion du cardinal Mazarin, en conséquence des déclarations du roi et des arrêts des parlements de France.

I. Premièrement, que Son Altesse Royale et M. le Prince sont prêts à poser les armes, de se rapprocher de la personne de Sa Majesté, de rentrer dans les conseils, et de contribuer en ce qui dépendra d'eux pour procurer la paix générale, remettre les affaires, et rétablir l'autorité du roi s'il plaît à Sa Majesté de commander de bonne foi au cardinal Mazarin de sortir du royaume, et des places de son obéissance, et d'éloigner de ses conseils et d'auprès de sa personne, ses proches et ses adhérents, et d'exécuter finalement les déclarations qu'elle a données sur ce sujet, en sorte que Sadite Altesse Royale et M. le Prince aient lieu d'être persuadés qu'on ne violera plus la foi publique.

II. Que si, au contraire, le cardinal Mazarin prévaut par ses artifices sur l'esprit du roi, et que, contre les vœux et les sentiments de toute la France, et au préjudice des déclarations, l'on persévère à le maintenir, la qualité d'oncle de Sadite Majesté qu'a Son Altesse Royale l'obligeant à veiller au bien du royaume, et à s'opposer à ce qui peut le troubler pendant le bas âge de Sadite Majesté ; et M. le Prince ne pouvant se dispenser d'avoir les mêmes sentiments pour l'honneur qu'il a d'être du sang royal, et considérant aussi qu'ils ne peuvent trouver aucune sûreté pour leurs personnes, pendant que le cardinal Mazarin sera maître des affaires, ont promis et se sont réciproquement obligés, et s'obligent tant pour eux que pour M. le prince de Conti son frère, et Mme la duchesse de Longueville, sa sœur, auxquels ils promettent et s'obligent de faire ratifier le présent traité au même temps que lui, comme aussi pour ceux qui sont dans leurs intérêts et union, de joindre leurs forces, employer leur crédit et leurs amis pour procurer l'exclusion du cardinal Mazarin hors du royaume, et l'éloignement de ses proches et de ses adhérents, qui se sont déclarés tels par le continuel commerce qu'ils ont eu avec lui hors de la cour et des affaires.

III. Ils promettent de ne point poser les armes jusqu'à ce qu'ils aient obtenu l'effet ci-dessus, et de n'entendre directement ou indirectement à aucun accommodement qu'à cette condition et d'un commun consentement.

IV. Ils maintiendront et augmenteront les troupes qu'ils ont sur pied autant qu'il leur sera possible, et les feront agir conjointement ou séparément, ainsi qu'ils trouveront pour le mieux, promettant en outre d'apporter tous leurs soins pour les faire subsister avec le moins d'incommodité qu'il se pourra pour les peuples.

V. Ils promettent d'accepter volontiers tous les expédients raisonnables qui leur seront proposés pour la pacification du royaume, aux conditions de l'exclusion du cardinal Mazarin portées sur le second article, et de travailler incessamment pour l'établissement de la paix générale, qui est une des principales fins du présent traité, à laquelle sans doute il n'y aura plus d'obstacles, quand celui qui a voulu la continuation de la guerre sera éloigné, et que la réunion de la maison royale qu'il a empêchée si longtemps sera rétablie.

VI. Son Altesse Royale et M. le Prince promettent de maintenir les parlements, les compagnies souveraines du royaume, les principaux officiers de l'État, la noblesse, et toutes les personnes de condition dans tous leurs priviléges, et de leur faire raison sur les prétentions légitimes qu'ils pourraient avoir; de ne faire aucun traité sans leur participation, et qu'on ne leur ait réparé les torts et les pertes qu'ils pourraient avoir soufferts en conséquence de celui-ci, et particulièrement empêcher qu'il ne soit donné atteinte à l'observation de la déclaration du 22 octobre 1648, et pour ce qu'ils sont conviés d'entrer en la présente union, et de concourir aux fins pour lesquelles elle est établie.

VII. Le cardinal Mazarin, qui a toujours gouverné en effet, quoiqu'il fût banni en apparence, ayant empêché l'assemblée des états généraux, dont le roi avait promis la convocation au 8 septembre dernier, et ayant obligé les députés qui s'étaient rendus à Tours au jour préfixe de s'en retirer avec honte et confusion, et sachant d'ailleurs qu'il ne changera pas la conduite qu'il a tenue, et qu'il empêchera par tous les moyens l'effet que l'on attend de leurs délibérations, ou que, s'il est capable de consentir qu'ils s'assemblent, ce ne sera que pour les mettre dans un lieu où il sera le maître; Son Altesse Royale et M. le Prince, pour obvier à ces deux inconvénients, promettent et s'obligent de travailler incessamment, afin de les convoquer à Paris ou dans la ville la plus proche et la plus commode, en sorte qu'ils puissent agir avec une pleine liberté; auquel cas ils déclarent qu'ils y soumettent de très-bon cœur ce qu'ils ont d'intérêt, qu'ils promettent n'être autres que ceux du roi et de l'État, à leur décision, dont il sera dressé un édit perpétuel et irrévocable, pour être vérifié dans le parlement de Paris, et dans tous ceux qui seront entrés en la présente union.

VIII. Son Altesse Royale et M. le Prince ne pouvant tenir pour légitime ni reconnaître le conseil qui a été établi par le cardinal Mazarin, un de ceux qui le composent ayant acheté son emploi avec une notable somme d'argent qu'il a donnée audit cardinal Mazarin; et étant obligés, chacun selon le degré du sang dont ils ont l'honneur de toucher Sa Majesté, d'avoir soin de faire ses affaires, et de faire en sorte qu'elles soient bien gouvernées, promettent de n'entendre à aucun accommodement que les créatures et les adhérents publics du cardinal Mazarin ne soient exclus du conseil d'État et qu'à condition qu'il ne sera composé que de ceux dudit conseil et autres qui ne pourront être soupçonnés d'avoir aucune part avec lui.

IX. Et d'autant que les ennemis de M. le Prince sont capables de vouloir décrier sa conduite, en publiant qu'il a des liaisons avec les étrangers, Son Altesse Royale et mondit sieur le Prince déclarent qu'ils n'auront jamais aucun commerce ni correspondance avec eux, que pour l'établissement de la paix générale, et qu'ils n'en prendront à l'avenir avec aucun prince étranger, qu'elles n'aient été jugées avantageuses au service du roi et de l'État par le parlement et les personnes principales qui entreront dans la présente union.

X. Et afin que les malintentionnés et les personnes les plus attachées à la personne du cardinal Mazarin ne puissent douter avec raison des bonnes intentions de Son Altesse Royale et de M. le Prince, ils ont estimé à propos de déclarer expressément, par cet article particulier, qu'ils n'ont autre intérêt que celui de l'entière sûreté de leurs personnes ; et soit qu'ils fassent des progrès, pendant que le malheur de l'État les obligera d'employer leurs armes pour l'expulsion dudit cardinal Mazarin, ou que les affaires s'accommodent par son exclusion, ainsi qu'il a été ci-dessus expliqué, de ne prétendre aucuns nouveaux établissements, et de trouver leur entière satisfaction dans celle qu'aura la France de voir la fin des troubles et la tranquillité publique assurée.

XI. Son Altesse Royale et M. le Prince ont estimé

néanmoins à propos, pour bonnes considérations, de convenir qu'ils contribueront de tout leur pouvoir dans l'accommodement qui se pourra faire pour les satisfactions justes et raisonnables de tous ceux qui sont présentement engagés dans la cause commune ou qui s'y joindront ci-après, en sorte qu'ils reçoivent des marques effectives de leur protection tout autant qu'il leur sera possible.

Ce présent traité a été signé double par Son Altesse Royale et par les sieurs comtes de Fiesque et de Gaucourt, pour et au nom de M. le Prince, M. le prince de Conti et Mme la duchesse de Longueville, en vertu du pouvoir qu'en a donné M. le Prince, et qui a été présentement remis ès mains de Son Altesse Royale par ledit sieur comte de Fiesque, lesquels se sont obligés et s'obligent de fournir à Sadite Altesse Royale leurs ratifications dans un mois au plus tard.

Fait à Paris ce 24ᵉ jour de janvier 1652.

Signé : GASTON. — CHARLES-LÉON DE FIESQUE. — JOSEPH DE GAUCOURT.

FIN DES MÉMOIRES DE LAROCHEFOUCAULD.

PORTRAIT[1]

DE

PAUL DE GONDY, CARDINAL DE RETZ

PAR LE DUC DE LAROCHEFOUCAULD.

Le cardinal de Retz a beaucoup d'élévation, d'étendue d'esprit, et plus d'ostentation que de vraie grandeur. Il a une mémoire extraordinaire, plus de force que de politesse dans ses paroles, l'humeur facile, de la docilité et de la faiblesse à souffrir les plaintes et les reproches de ses amis, peu de piété, quelques apparences de religion.

Il paraît ambitieux sans l'être. La vanité et ceux qui l'ont conduit, lui ont fait entreprendre de grandes choses, presque toutes opposées à sa profession. Il a suscité les plus grands désordres de l'État, sans avoir un dessein formé de s'en prévaloir ; et, bien loin de se déclarer ennemi du cardinal Mazarin pour occuper sa

---

[1] Nous croyons devoir joindre à la suite des *Mémoires* le portrait du cardinal de Retz, à cause du rôle qu'il joua dans la Fronde.

place, il n'a pensé qu'à lui paraître redoutable et à se flatter de la fausse vanité de lui être opposé. Il a su néanmoins profiter avec habileté des malheurs publics pour se faire cardinal. Il a souffert sa prison avec fermeté, et n'a dû sa liberté qu'à sa hardiesse. La paresse l'a soutenu avec gloire durant plusieurs années dans l'obscurité d'une vie errante et cachée. Il a conservé l'archevêché de Paris contre la puissance du cardinal Mazarin ; mais, après la mort de ce ministre, il s'en est démis sans connaître ce qu'il faisait, et sans prendre cette conjoncture pour ménager les intérêts de ses amis et les siens propres. Il est entré dans divers conclaves, et sa conduite a toujours augmenté sa réputation.

Sa pente naturelle est l'oisiveté ; il travaille néanmoins avec activité dans les affaires qui le pressent, et il se repose avec nonchalance quand elles sont finies. Il a une grande présence d'esprit, et sait tellement tourner à son avantage les occasions que la fortune lui offre, qu'il semble qu'il les ait prévues et désirées. Il aime à raconter : il veut éblouir indifféremment tous ceux qui l'écoutent, par des aventures extraordinaires, et souvent son imagination lui fournit plus que sa mémoire.

Il est faux dans la plupart de ses qualités, et ce qui a le plus contribué à sa réputation, est de savoir donner un beau jour à ses défauts. Il est insensible à la haine et à l'amitié, quelque soin qu'il ait pris de paraître occupé de l'une et de l'autre. Il est incapable d'envie et d'avarice, soit par vertu, soit par inapplication. Il a plus emprunté de ses amis qu'un particulier ne pouvait espérer de pouvoir rendre. Il n'a point de goût ni de délicatesse. Il s'amuse à tout et ne se plaît à rien. Il évite avec adresse de laisser pénétrer qu'il n'a qu'une légère connaissance de toutes choses. La retraite qu'il vient de faire est la plus éclatante et la plus fausse action de sa vie ; c'est un sacrifice qu'il fait à son orgueil, sous prétexte de dévotion : il quitte la cour où il ne peut s'attacher, et il s'éloigne du monde qui s'éloigne de lui.

LETTRES

A L'ABBÉ DE THOU.

Monsieur,

J'ai une extrême honte de vous donner de si faibles marques de la part que je prends en votre déplaisir, et de ce qu'étant obligé de tant de façons à monsieur votre frère (1), je ne puis vous témoigner que par des paroles la douleur que j'ai de sa perte, et la passion que je conserverai toute ma vie de servir ce qu'il a aimé. C'est un sentiment que je dois à sa mémoire et à l'estime que je fais de votre personne. Je vous serai extraordinairement obligé si vous me faites l'honneur de croire que j'aurai toujours beaucoup de respect pour l'un et pour l'autre, et que je suis, Monsieur, votre très-humble et très-affectionné serviteur.

MARSILLAC.

(1) L'infortuné de Thou, impliqué dans le complot de Cinq-Mars et exécuté avec lui à Lyon, en 1642.

A MONSIEUR DE LIANCOURT (1).

Septembre 1638.

Mon très-cher oncle,

Comme vous êtes un des hommes du monde de qui j'ai toujours le plus passionnément souhaité les bonnes grâces, je veux aussi, en vous rendant compte de mes actions, vous faire voir que je n'en ai jamais fait aucune qui vous puisse empêcher de me les continuer, et je confesserais moi-même en être indigne si j'avais manqué au respect que je dois à Mgr le cardinal, après que notre maison en a reçu tant de grâces, et moi tant de protection dans ma prison et dans plusieurs autres rencontres dont vous-même avez été témoin d'une grande partie. Je prétends donc ici vous faire voir le sujet que mes ennemis ont pris de me nuire, et vous supplier, si vous trouvez que je ne sois pas en effet si coupable qu'ils ont publié, d'essayer de me justifier auprès de Son Eminence, et de lui protester que je n'ai jamais eu la pensée de m'éloigner du service que je suis obligé de lui rendre, et que l'entrevue que j'ai eue avec un appelé Tartereau a été sans nulle circonstance que j'aie cru qui lui pût déplaire, comme vous apprendrez par ce que je vais vous en dire.

---

(1) Cette lettre a été publiée pour la première fois par M. Cousin, dans son livre sur *la Jeunesse de Mme de Longueville*.

Lorsque je fus la dernière fois à Paris pour donner quelque ordre aux affaires que Mme de Mirebeau nous avait laissées en mourant, un gentilhomme que je ne connaissais point me vint trouver, et, après quelques civilités, me dit qu'il en avait à me faire d'une personne qui avait beaucoup de déplaisir d'être cause de tous ceux que j'avais reçus depuis un an; qu'il avait eu ordre de Mme de Chevreuse de me voir et de m'assurer qu'elle avait été bien fâchée de la peine que j'avais soufferte, et bien aise de ce qu'elle était finie. Ensuite de cela, il me dit que ce n'était pas là le seul objet de sa visite, et que Mme de Chevreuse me priait de lui remettre entre les mains des pierreries qu'elle m'avait confiées lorsqu'elle me renvoya mon carrosse. Je lui témoignai que ce discours me surprenait extrêmement, et que je n'avais jamais ouï parler des pierreries qu'il me demandait. Il me répondit que je faisais paraître d'avoir beaucoup de méfiance de lui, et que, puisque je ne me contentais pas de la particularité qu'il me disait, il allait me faire voir une marque qui m'ôterait le soupçon, en me donnant une lettre que Mme de Chevreuse m'écrivait sur ce sujet. Je lui dis que bien que je fusse son très-humble serviteur, néanmoins je pensais qu'elle ne dût pas trouver étrange si, après les obligations que j'ai à Mgr le cardinal (1), je refusais de recevoir de ses lettres, de peur qu'il ne le trouvât mauvais, et que je ne voulais pas me mettre en ce

---

(1) Le cardinal de Richelieu.

hasard-là pour quoi que ce soit au monde. Il me dit que je ne devais pas appréhender en cela de lui déplaire pour ce qu'il m'engageait sa foi et son honneur qu'il n'y avait rien dedans qui fût directement ni indirectement contre les intérêts de Son Eminence, et que c'était seulement pour me redemander son bien qu'elle m'avait donné à garder. Je vous avoue que, voyant qu'il me parlait ainsi, je crus être obligé de prendre sa lettre, où après avoir vu qu'elle me priait de remettre ses pierreries entre les mains de ce Tartereau, je vis aussi qu'il m'en devait donner une pour une personne qu'elle ne me nommait point. Je lui dis que ce n'était pas là observer ponctuellement la promesse qu'il m'avait faite, et qu'il savait bien que Mme de Chevreuse ne se contentait pas de me redemander ses pierreries, mais qu'elle me chargeait aussi de faire tenir une lettre à une personne sans me la nommer, et que je trouvais bien étrange qu'il m'eût pressé de lire celle qu'il m'avait donnée après la déclaration que je lui avais faite dès le commencement. Il me répondit là-dessus que, quoiqu'il y eût quelque chose de plus qu'il ne m'avait dit, il n'avait pas toutefois manqué à sa parole, parce qu'il avait eu ordre, s'il me trouvait à la cour, de me dire que cette seconde lettre était pour la reine, et de savoir si je m'en voulais charger, sinon de la faire présenter à la reine sans qu'elle se pût douter de rien, si elle faisait difficulté d'en recevoir de particulières de Mme de Chevreuse; mais qu'ayant témoigné fort nettement qu'elle trouverait seulement bien étrange qu'on eût eu cette pensée-là en l'état où sont les choses, il avait aussitôt jeté cette lettre au feu, selon l'ordre qu'il en avait, et qu'ainsi je ne me devais mettre en peine de quoi que ce soit que de lui remettre les pierreries qu'on me demandait, et que ce fût si secrètement que M. de Chevreuse et ses domestiques n'en sussent rien : de sorte que je crus n'y devoir plus apporter de retardement, et lui dis qu'il fallait que je partisse bientôt pour m'en retourner chez mon père, que je ferais quelque séjour à Amboise, et, s'il voulait s'y rendre dans ce même temps, que j'y ferais trouver les pierreries. Nous prîmes donc jour ensemble, et le lieu devait être en une hôtellerie qui se nomme le *Cheval bardé*, où il ne se rendit que deux jours après celui qu'il m'avait promis, et si tard que je n'eus de ses nouvelles que le lendemain où je le fus trouver au lit, et si incommodé d'avoir couru la poste, qu'il fut longtemps sans se pouvoir lever, ce qui l'obligea de me prier de sortir jusqu'à ce qu'il fût en état de me voir. J'allai cependant dans un petit jardin où je me promenai plus d'une heure, et même il m'y envoya faire des excuses de ce qu'il ne m'y venait pas trouver, mais qu'il avait été si mal depuis que je l'avais quitté, qu'il avait pensé s'évanouir ; néanmoins qu'il se portait mieux, et que, si je voulais monter dans sa chambre, je l'y trouverais habillé. J'y fus, et lui fis voir des étuis et des boîtes cachetées. Nous résolûmes de les ouvrir et de mettre en ordre ce que nous trouverions dedans, afin de le compter plus aisément. Tout était enveloppé dans de petits paquets de papier et de coton séparés, de sorte qu'il fallut beaucoup de temps pour les défaire sans rien rompre, et beaucoup plus encore pour compter séparément les diamants, tant des boutonnières que des bijoux, des bagues et des autres pièces, outre les émeraudes, les perles, les rubis et les turquoises, dont il a mis le nombre, la forme et la grosseur dans l'inventaire qu'il me laissa, que je vous enverrai, ou une copie, aussitôt que ma maladie me donnera la force de pouvoir regagner Verteuil. Il me pria ensuite de cela de lui aider à remettre les choses au même état qu'elles étaient, et, après avoir tout arrangé le mieux que nous pûmes, je le priai de faire mes très-humbles compliments à Mme de Chevreuse, et de l'assurer qu'elle n'avait point de serviteur en France qui souhaitât plus passionnément que moi qu'elle y revînt avec les bonnes grâces du roi et de Mgr le cardinal.

Je peux vous assurer, mon oncle, que voilà quelle a été notre entrevue, et que je n'ai jamais cru me pouvoir empêcher de rendre un bien qu'on m'avait confié. Si je suis toutefois si malheureux que cela ait déplu à Son Eminence, j'en suis au désespoir, et vous supplie d'essayer de me justifier autant que vous le pourrez, et de me témoigner en cette rencontre ici que vous me faites toujours l'honneur de m'aimer et de me croire, mon cher oncle,

Votre très-humble et très-obéissant neveu et serviteur, MARSILLAC.

A MONSIEUR DE CHAVIGNY (1).

A Poitiers, ce 7 décembre.

Monsieur,

C'est avec un des plus sensibles déplaisirs du monde que je suis contraint de partir de ce pays-là, sans avoir l'honneur de vous voir, comme je l'avais espéré. Mais étant sur le point de vous aller rendre mes devoirs, j'ai appris la distribution qu'on a faite de tous les tabourets dont vous avez entendu parler; et comme je n'ai aucune part à cette grâce-là, quoiqu'on eût eu agréable de me la promettre positivement et par préférence à qui que ce soit, je suis obligé d'aller à Paris pour voir si on me refusera aussi librement dans cette conjoncture qu'on a faite après tant de promesses.

Je ne vous dis point qu'en quelque lieu et en quelque état que je sois, rien n'empêchera jamais les sentiments de reconnaissance et d'estime que j'aurai toute ma vie pour vous, et je les dois conserver par trop de raisons pour y manquer jamais. Je me persuade que j'ai assez l'honneur d'être connu de vous, pour croire que vous ne pouvez douter de cette vérité, et que je ne sois plus véritablement que personne du monde,

Votre très-humble et très-obéissant serviteur,

MARSILLAC.

(1) Ecrite en 1648, publiée pour la première fois par M. Cousin.

A LENET.

Ce 21 juin 1652.

Je ne vous remercierai point, ni des civilités que vous me mandez, ni des obligations que ma femme et moi nous vous avons, parce que cette régularité-là n'est pas trop en usage entre nous ; je vous assurerai seulement que je ne manquerai jamais à ce que je vous ai promis, et que je ne fais de fondement sur l'amitié de personne du monde plus entièrement que sur la vôtre. Je voudrais bien que nous pussions nous entretenir sur bien des chapitres, et cela serait même assez nécessaire, car, comme vous savez, il se passe bien des choses ici et ailleurs. Au reste, on m'a dit que M. de Saint-Agoulin est retourné en Espagne ; si cela est, je vous supplie de lui mander que, s'il lui est possible, sur l'argent qui me peut appartenir, de m'acheter quatre ou cinq petits chevaux de taille de coureurs, comme on m'a dit qu'étaient ceux qu'il a amenés pour lui, il me fera un très-grand plaisir. Je ne veux point de chevaux de grand prix, mais seulement pour servir à courre. S'il y avait quelque belle haquenée, il m'obligerait de me l'acheter, mais le tout en cas que nous ayons de l'argent de ce côté-là ; même si M. de Vateville s'en pouvait accommoder, en cas que M. de Saint-Agoulin ne le puisse, et qu'il ait quelque beau et bon cheval à me donner sur sa parole, il pourrait se payer par ses mains et m'envoyer le cheval au prix qu'il voudrait. Enfin, je vous laisse cette importante négociation à ménager. Nous sommes ici dans les mêmes incertitudes qui nous suivent en tous lieux, et personne ne peut parler certainement de la paix ni de la guerre; nous en saurons peut-être quelque chose de plus assuré devant que le courrier parte : si cela est, je vous le manderai. Adieu, je suis plus à vous que personne du monde.

(Écrit après coup.)

Les choses sont toujours de même et j'enrage de voir qu'on périt par des longueurs et des irrésolutions qu'on ne peut surmonter. Je n'écris point à M. de Marchin, je vous supplie seulement de lui dire que j'ai vu M. le président de Grieus, et que je ferai tout ce qu'il me mande. Je lui écrirai dès qu'il y aura quelque nouvelle.

A LA MARQUISE DE SABLÉ.

(1662 ?)

Les deux tiers de l'écrit qu'on m'a montré, et que l'on dit qui court sous mon nom (1), ne sont point de

(1) Les *Mémoires* parurent, dit-on, à l'insu de Larochefoucauld qui les désavoua d'abord à cause du bruit que firent ses appréciations sur la plupart des personnages de la Fronde, sur Condé en particulier et Mme de Longueville. Mais les bruits se calmèrent bientôt, et l'auteur ne désavoua plus rien.

moi ; et je n'y ai nulle part. L'autre tiers, qui est vers la fin, est tellement changé et falsifié dans toutes les parties et dans le sens, l'ordre et les termes, qu'il n'y a presque rien qui soit conforme à ce que j'ai écrit sur ce sujet-là ; c'est pourquoi je le désavoue comme une chose qui a été supposée par mes ennemis, ou par la friponnerie de ceux qui vendent toutes sortes de manuscrits sous quelque nom que ce puisse être.

Mme la marquise de Sablé, M. de Liancourt et M. Esprit ont vu ce que j'ai écrit pour moi seul. Ils savent qu'il est entièrement différent de celui qui a couru, et qu'il n'y a rien dedans qui ne soit comme il doit être dans ce qui regarde M. le Prince. M. de Liancourt le lui a témoigné, et il en a paru persuadé ; ainsi il n'est pas nécessaire d'entrer davantage en matière, et je suis d'avis non-seulement qu'on ne dise plus rien là-dessus, mais qu'on ne réponde même autre chose que ce que je viens de dire, à quelque objection que l'on puisse faire.

Il faut aussi dire la même chose pour ce qui regarde Mme de Longueville.

Pour ce qui est de l'article qui parle de l'affaire de l'hôtel de ville, il ne me paraît pas qu'il y ait rien dans ce que j'ai vu qui puisse déplaire à M. le Prince, puisque après avoir dit l'impression que cette affaire-là fit dans le monde, on me fait dire ensuite que je crois que M. le duc d'Orléans et lui n'y eurent aucune part. C'est en effet tout ce que je puis dire de cette action dont je n'ai jamais eu de connaissance bien particulière, étant arrivée deux jours après celle de Saint-Antoine, qui est un temps où je n'étais pas en état d'entendre parler d'aucune affaire.

A LA MÊME.

A Verteuil, 27 août (1662 ?)

Je suis bien fâché d'avoir appris par M. Esprit que vous continuez de faire les choses du monde les plus obligeantes pour moi ; car je voulais être en colère contre vous de ne me faire jamais réponse, et de dire tous les jours mille maux de moi à la Plante (1) ; j'ai quelquefois envie de croire que c'est par malice que vous me faites tant de bien et pour m'ôter le plaisir d'avoir sujet de me plaindre de vous. Au reste, M. Esprit me mande qu'il est ravi de quelque chose que vous avez écrit. Je vous demande en conscience s'il est juste que vous écriviez de ces choses-là sans me les montrer : vous savez avec combien de bonne foi j'en ai usé avec vous, et que les sentences ne sont sentences qu'après que vous les avez approuvées. Il me parle aussi d'un laquais qui a dansé les tricotets sur l'échafaud où il allait être roué. Il me semble que voilà jusqu'où la philosophie d'un laquais méritait d'aller. Je crois que toute gaieté en cet état-là vous est bien suspecte. Je pensais avoir bientôt l'honneur de vous voir, mais mon voyage est un peu retardé. Je vous baise très-humblement les mains.

(1) Homme d'affaires du duc de Larochefoucauld.

A LA MÊME.
(1660)

Je ne pensais pas vous pouvoir faire des reproches dans un temps où vous me faites tant de bien ; mais enfin je trouve que vos soins et vos bontés demandent toute autre chose de moi que de souffrir patiemment votre silence. Je viens d'en faire mes plaintes à Gourville, qui va passer en Languedoc, en Provence et en Dauphiné, et qui sera cependant dans trois semaines à Paris. Il me parle si douteusement du jour du mariage (2) que je ne vous en puis rien dire d'assuré. Je suis même fâché qu'il n'ait rien remarqué de vos bons amis les Espagnols, qui les fasse juger dignes de l'estime que je vous en ai vu faire. On ne parle que de la magnificence des habits de notre cour ; il me semble que c'est mauvais signe pour ceux qui les portent, et qu'ils devraient souhaiter qu'on parlât d'eux aussi. Continuez-moi l'honneur de vos bonnes grâces, et croyez, s'il vous plaît, que personne du monde ne les souhaite et ne les estime tant que moi.

A LA MÊME.
(1662)

C'est ce que vous m'avez envoyé qui me rend capable d'être gouverneur de M. le Dauphin, depuis l'avoir lu,

---

(2) Le mariage du roi.

et non pas ces sentences que j'ai faites. Je n'ai en ma vie rien vu de si beau ni de si judicieusement écrit. Si cet ouvrage-là était publié, je crois que chacun serait obligé en conscience de le lire, car rien au monde ne serait si utile : il est vrai que ce serait faire le procès à bien des gouverneurs que je connais. Tout ce que j'apprends de cette morte (1) dont vous me parlez me donne une curiosité extrême de vous en entretenir ; vous savez que je ne crois que vous sur certains chapitres, et surtout sur les replis du cœur. Ce n'est pas que je ne croie tout ce qu'on dit là-dessus, mais enfin je croirai l'avoir vu quand vous me l'aurez dit vous-même. J'ai envoyé des sentences à M. Esprit pour vous les montrer, mais il ne m'a point encore fait réponse, et il me semble que c'est mauvais signe pour les sentences. Je vous baise très-humblement les mains, et je vous assure, Madame, que personne du monde n'a tant de respect pour vous que moi.

A M. ESPRIT.

Le 9 septembre (1662?)

Vous allez voir que vous vous fussiez bien passé de me demander des nouvelles de ma femme, car sans cela je manquais de prétexte de vous accabler encore de sentences. Je vous dirai donc que ma femme a toujours la fièvre,

(1) Mme de Longueville.

et que je crains qu'elle ne se tourne en quarte : le reste des malades se porte mieux; mais, pour retourner à nos moutons, il ne serait pas juste que vous fussiez paix et aise à Paris avec Platon, pendant que je suis à la merci des sentences que vous avez suscitées pour troubler mon repos. Voici ce que vous aurez par le courrier.

« Il faut avouer que la vertu, par qui nous nous vantons de faire tout ce que nous faisons de bien, n'aurait pas toujours la force de nous retenir dans les règles de notre devoir, si la paresse, la timidité ou la honte ne nous faisaient voir les inconvénients qu'il y a d'en sortir. »

« L'amour de la justice n'est que la crainte de souffrir l'injustice. »

« Il n'y a pas moins d'éloquence dans le ton de la voix que dans le choix des paroles. »

« On ne donne des louanges que pour en profiter. »

« La souveraine habileté consiste à bien connaître le prix de chaque chose. »

« Si on était assez habile, on ne ferait jamais de finesses ni de trahisons. »

« Il n'y a que Dieu qui sache si un procédé net, sincère et honnête, est plutôt un effet de probité que d'habileté. »

« La plupart des hommes s'exposent assez à la guerre pour sauver leur honneur, mais peu se veulent toujours exposer autant qu'il est nécessaire pour faire réussir le dessein pour lequel on s'expose. »

Je ne sais si vous l'entendrez mieux ainsi, mais je

veux dire qu'il est assez ordinaire de hasarder sa vie pour s'empêcher d'être déshonoré ; mais quand cela est fait, on en est assez content pour ne se mettre pas d'ordinaire fort en peine du succès de la chose que l'on veut faire réussir, et il est certain que ceux qui s'exposent tout autant qu'il est nécessaire pour prendre une place que l'on attaque, ou pour conquérir une province, ont plus de mérite, sont meilleurs officiers, et ont de plus grandes et de plus utiles vues que ceux qui s'exposent seulement pour mettre leur honneur à couvert, et il est fort commun de trouver des gens de la dernière espèce que je viens de dire, et fort rare d'en trouver de l'autre. Pour moi, si c'est ici de la glose d'Orléans, si vous avez encore la dernière lettre que je vous ai écrite, je vous prie de mettre sur le ton de sentences ce que je vous ai mandé de ce mouchoir et des tricotets ; sinon, renvoyez-la-moi pour voir ce que j'en pourrai faire. Mais faites-le vous-même, je vous en conjure, si vous le pouvez. Je vous prie de savoir de Mme de Sablé si c'est un des effets de l'amitié tendre, de ne faire jamais réponse aux gens qu'elle aime, et qui écrivent dix fois de suite.

Je me dédis de tout ce que je vous mande contre Mme de Sablé ; car je viens de recevoir ce que je lui avais demandé, avec la lettre la plus tendre et la meilleure du monde. Depuis vous avoir écrit tantôt, la fièvre a pris à ma femme, et elle l'a double quarte. Je souhaite que madame votre femme et vous soyez en meilleure santé.

A MADAME DE SABLÉ.

J'envoie savoir de vos nouvelles, et si vous vous êtes souvenue de ce que vous m'aviez promis. Je vous ai cherché un écrivain qui fera mieux que l'autre. Je vous renvoie l'écrit de M. Esprit que j'emportai dernièrement avec ce que vous m'avez donné. et je vous envoie aussi ce qui est ajouté aux sentences que vous n'avez point vues. Comme c'est tout ce que j'ai, je vous supplie très-humblement qu'il ne se perde pas, et de me mander quand je pourrai avoir l'honneur de vous voir, pour prendre congé de vous.

A LA MÊME.

Je vous envoie un placet que je vous supplie très-humblement de vouloir recommander à M. de Marillac, si vous avez du crédit vers lui, ou de faire que Mme la comtesse de Maure le donne avec une recommandation digne d'elle. Je n'ai pu refuser cet office à une personne à qui je dois bien plus que cela, et, afin que vous n'ayez point de scrupule, cette personne est Mme de Linières. J'aurai l'honneur de vous voir dès que je serai de retour d'un voyage de cinq ou six jours que je vais faire en Normandie. Je n'ai pas vu de maximes il y a longtemps ; je crois pourtant qu'en voici une :

« Il n'appartient qu'aux grands hommes d'avoir de grands défauts. »

A MADEMOISELLE D'AUMALE.

Verteuil, 4 décembre.

Hélas ! je croyais que vous étiez au milieu des pompes et des félicités de la cour, et je n'ai rien su de l'état où vous avez été ; personne assurément n'a osé me l'apprendre : cette excuse est bonne pour me justifier auprès de vous, mais elle ne me justifie pas auprès de moi ; et mon cœur, qui me dit tant de belles choses de vous, devrait bien aussi me dire quand vous êtes malade. Pour moi, Mademoiselle, je n'ai pas eu la goutte depuis que vous m'avez défendu de l'avoir, et le respect que j'ai pour vous a plus de vertu que Baréges : je ne sais si le remède n'est point pire que le mal, et si je ne vous prierai point à la fin de me laisser ma goutte. Après tout je serai dans trois semaines à l'Isle ; vous ne vous aviserez jamais de m'écrire avant que je parte, mais tout au moins mandez-y l'état de votre santé. J'espère que je vous porterai assez de nouvelles de ce lieu-là pour faire ma cour auprès de vous, et pour faire peur à vos voisins. Grand Dieu ! qu'ai-je pensé faire ! J'allais finir ma lettre sans mettre :

Votre très-humble, très-obéissant et très-fidèle serviteur,

L. R.

A LA MARQUISE DE SABLÉ.

Après tout ce que vous avez fait pour moi, il me semble qu'il serait plus juste de vous en rendre de très-humbles grâces, que de vous donner de nouvelles peines. Cependant je vous supplie, Madame, de trouver bon qu'un de mes amis vous rende compte de l'affaire que vous avez si bien soutenue, et de vouloir me mander vos sentiments sur ce qu'il vous dira. Je n'ose vous demander pardon, comme je devrais, d'en user si librement, parce qu'un compliment est une marque de reconnaissance dont je crois que vous me dispenserez aisément.

A LA MÊME.

Vous croirez sans doute que j'arrive de Poitou; mais la vérité est qu'il y a un mois que j'ai la goutte, et qu'ainsi je n'ai pu vous rendre mes devoirs. Au reste, Madame, je vous supplie très-humblement de vouloir bien témoigner à M. le commandeur de Souvré que vous lui savez gré de m'avoir rendu auprès de M. le cardinal mille offices dont je l'avais prié en partant, et de s'en être acquitté avec tout le soin et toute l'adresse imaginables. Il a fait cela le plus obligeamment du monde pour moi, et j'espère que vous me ferez l'honneur d'y prendre part. Je partirai dans deux jours, bien que je ne marche point encore : cela m'empêchera d'aller prendre congé de vous, et de savoir l'état de votre santé, dont je vous demande des nouvelles, et de me croire plus avant que personne du monde, etc.

A LA MÊME.

Ce lundi au soir.

Je sais qu'on dîne chez vous sans moi, et que vous faites voir des sentences que je n'ai pas faites, dont on ne me veut rien dire : tout cela est assez désobligeant pour vous demander permission de vous en aller faire mes plaintes demain. Tout de bon, que la honte de m'avoir offensé ne vous empêche pas de souffrir ma présence : car ce serait encore augmenter mon juste ressentiment. Prenez donc, s'il vous plaît, le parti de le faire finir ; car je vous assure que je suis fort disposé à oublier le passé, pour peu que vous vouliez le réparer.

A LA MARQUISE DE SABLÉ.

Verteuil, 5 décembre.

Ce que vous me faites l'honneur de me mander me confirme dans l'opinion que j'ai toujours eue, que l'on ne saurait jamais mieux faire que de suivre vos sentiments, et que rien n'est si avantageux que d'être de votre parti. Le père Esprit me mande néanmoins que monsieur son frère n'en est pas, et qu'il nous veut détromper. Je souhaite bien plus qu'il en vienne à bout, que je ne crois qu'il le puisse faire. Je vous rends mille très humbles grâces de ce que vous avez eu la bonté de dire à M. le commandeur Souvré. J'espère suivre bientôt son conseil, et avoir l'honneur de vous voir à Noël. J'avais toujours bien cru que Mme la comtesse de Maure condamnerait l'intention des *sentences*, et qu'elle se déclarerait pour la vérité des vertus (1). C'est à vous, Madame, à me justifier, s'il vous plaît, puisque j'en crois tout ce que vous en croyez. Je trouve la sentence de M. Esprit la plus belle du monde : je ne l'aurais pas entendue sans secours, mais à cette heure elle me paraît admirable. Je ne sais si vous avez remarqué que l'envie de faire des sentences se gagne comme le rhume : il y a ici des disciples de M. de Balzac qui en ont eu le vent, et qui ne veulent plus faire autre chose.

A LA MÊME.

Ce 2 août

Je vous envoie, Madame, les *Maximes*, que vous voulez avoir. Je n'en ai pas assez bonne opinion pour croire que vous les demandiez par une autre raison

(1) C'est elle qui disait de Larochefoucauld *qu'il avait fait à l'homme une âme trop laide.*

que par cette politesse qu'on ne trouve plus que chez vous. Je sais bien que le bon sens et le bon esprit convient à tous les âges ; mais les goûts n'y conviennent pas toujours, et ce qui sied bien en un temps ne sied pas bien en un autre. C'est ce qui me fait croire que peu de gens savent être vieux. Je vous supplie très-humblement de me mander ce qu'il faut changer à ce que je vous envoie. Mme de Fontevraux m'a promis de m'avertir quand elle irait chez vous. Je me suis tellement paré devant elle de l'honneur que vous me faites de m'aimer, qu'elle en a bonne opinion de moi. Ne détruisez pas votre ouvrage, et laissez-lui croire là-dessus tout ce qui flatte le plus ma vanité.

A M*** (1).

Verteuil, 24 octobre.

Je vous envoie l'opéra dont je vous ai parlé ; je vous supplie que Mme la marquise de Sablé le voie, car j'espère au moins qu'elle approuvera mon sentiment, et qu'elle sera de mon côté. Vous m'avez fait un très-grand plaisir d'avoir rectifié les sentences. Je prétends que vous en userez de même de l'opéra (2), et de quelque chose que vous verrez que l'on pourrait ajouter, ce me semble, à l'*Éducation des enfants*, que

(1) Peut-être M. Esprit ?
(2) Il ne nous reste rien de cet opéra, non plus que des autres poésies de Larochefoucauld.

Mme la marquise de Sablé m'a envoyée. Voilà écrire en vrai auteur, que de commencer par parler de ses ouvrages. Je vous dirai pourtant, comme si je ne l'étais pas, que je suis très-véritablement fâché du retranchement de vos rentes, et que si vous croyez que pour en écrire à Gourville comme pour moi-même cela vous fût bon à quelque chose, je le ferai assurément comme il faut. Ma femme a toujours la fièvre double quarte ; il y a pourtant deux ou trois jours qu'elle n'en a point eu. Je lui ai dit le soin que vous avez d'elle, dont elle vous rend mille grâces. Je pourrai bien vous voir cet hiver à Paris. Je vous donne le bonsoir.

Au reste, je vous confesse à ma honte que je n'entends pas ce que veut dire *la vérité est le fondement et la raison de la beauté*. Vous me ferez un extrême plaisir de me l'expliquer quand vos rentes vous le permettront. Car enfin quelque mérite qu'aient les sentences, je crois qu'elles perdent bien de leur lustre dans un retranchement de l'hôtel de ville, et il y a longtemps que j'ai éprouvé que la philosophie ne fait des merveilles que contre les maux passés, ou contre ceux qui ne sont pas près d'arriver, mais qu'elle n'a pas grande vertu contre les maux présents. Je vous déclare donc que j'attendrai votre réponse tant que vous voudrez, mais je vous la demande aussi sur l'état de vos affaires. La honte me prend de vous envoyer des ouvrages. Tout de bon, si vous les trouvez ridicules, renvoyez-les moi, sans les montrer à Mme de Sablé.

A MADAME DE SABLÉ.

(1665.)

Je pensais avoir l'honneur de vous voir aujourd'hui et vous présenter moi-même mes ouvrages, comme tout auteur doit faire (1), mais j'ai mille affaires qui m'en empêchent. Je vous envoie donc ce que vous m'avez ordonné de vous faire voir, et je vous supplie très-humblement que personne ne le voie que vous. Je n'ose vous demander à dîner devant que d'aller à Liancourt, car je sais bien qu'il ne vous faut pas engager de si loin, mais j'espère pourtant que vous me manderez vendredi au matin que je puis aller dîner chez vous. J'y mènerai M. Esprit si vous voulez. Enfin j'apporterai de mon côté toutes les facilités pour vous y faire consentir.

A LA MÊME.

Vous vous moquez de M. Mazarin et de moi, je n'ai que cela à vous dire. Il faudrait qu'il eût perdu l'esprit de prétendre ce que vous me demandez, et je crois que je me plaindrai de vous de m'avoir dit sérieusement ce qui est dans votre lettre. Quand il serait pape, vous vous moqueriez de lui de le traiter si honorablement.

(1) Les *Maximes* venaient de paraître.

A LA MÊME.

Si vous pouviez me devoir des excuses, ce seraient de celles que vous venez de me faire, et de la méchante opinion qu'il me semble que vous avez de moi. J'irai bientôt vous en faire mes plaintes, et vous demander la continuation de mes anciens droits, qui sont d'être chassé de chez vous sans façon. Sans cela je ne serais jamais en repos, et je sais trop bien qu'on incommode souvent quand on est persuadé de n'incommoder jamais. Il me parut que vous fûtes bien contente de Mme de Montespan; j'en ferai ma cour auprès d'elle. Je l'ai déjà faite auprès de M. le grand prieur, sur tout ce qu'il a fait pour M. le Bailly de Valençay. J'aurai l'honneur de vous voir et de vous entretenir sur cela dès que je serai revenu de Saint-Germain.

FIN DES LETTRES.

TABLE DES MATIÈRES

ACCENTS du pays.	298
ACCIDENTS malheureux, heureux.	57
ACTIONS éclatantes	6
— Grandes.	55
— Louables ou blâmables.	56
— Action qui n'est pas l'effet d'un grand dessein	149
— Rapport des actions aux desseins.	150
— Elles sont comme les bouts-rimés	320
— Belles actions.	342
AFFAIRES	380
AFFECTATION	124
AFFLICTIONS, hypocrisie dans vos afflictions.	213
— Affliction comparée au regret.	305
AGES de de la vie.	339
AGRÉMENT séparé de la beauté.	220
— En quoi consiste l'agrément.	231
AIR d'élévation.	334
— Bourgeois	330
AMBITION, à quoi on la reconnaît dans les grands hommes.	23
— Cachée.	83
— Déguisée en générosité.	225
— Plus forte que l'amour.	410
AME, ses qualités sont difficiles à connaître	73
— Faiblesse de la santé de l'âme	174
— Rechutes dans les maladies de l'âme.	177
— Ses défauts sont comme les blessures du corps.	178
AMIS, il est honteux de se défier de ses amis.	77
— Manière dont nous jugeons leur mérite.	80
— Légèreté de nos plaintes contre nos amis.	165
— Disgrâce de nos amis	215
— Exagération de la tendresse de nos amis	249
— Des amis qui nous ont trompés.	372
— Rareté d'un véritable ami.	396
AMITIÉ, cause de son inconstance.	73
— Vraie et parfaite.	74
— Définition de l'amitié	76
— Amitié produite par l'intérêt.	78
— De la trahison en amitié	105
— On n'aime pas deux fois ceux qu'on a cessé d'aimer.	256
— Rapport de l'admiration à l'amitié.	264
— Et à l'estime.	266
— De ceux qui aiment trop.	297
— Le plus grand effort de l'amitié.	343
— Ignorance heureuse en amitié	368

Amour pur.		66
— L'amour est difficile à cacher et à feindre.		67
— Amour de ceux qui ne s'aiment plus.		68
— Rareté du véritable amour.		69
— L'amour n'est souvent qu'un masque.		70
— Amour moins rare que l'amitié.		396
Amour-propre, le plus grand de tous les flatteurs.		2
— Il est encore inconnu.		3
— Son habileté.		4
— Attachement ou indifférence qu'il donne pour la vie.		44
— Il se satisfait même en exagérant le mérite des autres.		132
— Comment il se distingue de l'orgueil.		208
— La bonté n'est qu'un déguisement de l'amour-propre.		216
— L'amour-propre éclaire quelquefois ceux qui ont tort.		414
Application aux petites choses.		41
— Elle manque plus que les moyens.		222
Approbation, elle n'est que passagère.		49
— Elle vient souvent de l'envie.		250
Avarice, opposée à l'économie.		156
— Erreurs de cette passion.		411
— Ses effets contraires.		412
Avidité.		64

B

Beauté séparée de l'agrément.		220
Belles actions.		342
Bien, du bien que l'on dit de nous.		381
— Excès de biens.		390
Bienfaits produisent la haine.		13
Bienséance.		374
Bon gout.		234
Bonheur, grossi ou diminué par l'imagination.		47
— Il dépend de votre humeur.		59
Bon sens, ressemble à la bonne grâce.		65
— Quels sont les gens de bon sens.		302
Bonne grace.		65
Bonté, produite par l'amour-propre.		216
— Ce n'est souvent que paresse.		217
— Un sot ne peut être bon.		324
— Rareté de la bonté véritable.		402
Bouts-rimés.		320
Bravoure, voyez *valeur*.		

C

Civilité.		235
Clémence des princes.		14
— Principe de la clémence.		15
Cœur, il entraîne loin du but.		42
— On dit du bien de son cœur.		90
— L'esprit est la dupe du cœur.		94

TABLE.

Cœur. On connaît difficilement son cœur.	95
— Il ne peut être suppléé par l'esprit.	100
— Contrariétés du cœur humain.	399
Compassion envers nos ennemis, effet de l'orgueil.	389
Conduite, n'est quelquefois ridicule qu'en apparence.	152
— Elle est quelquefois corrigée par la fortune	207
Confiance des grands.	219
— Elle fournit à la conversation	352
— Principe de notre confiance.	397
Connaissances, pourquoi elles sont superficielles	98
— Nous ne connaissons pas même nos volontés.	265
— Connaissance de l'homme.	365
— D'où viennent les bornes de nos connaissances.	403
Conseils, se donnent libéralement	102
— Manière de les demander ou de les donner.	107
— Combien on est habile de profiter d'un bon conseil.	253
— Les conseils ne dirigent la conduite de personne.	318
Consolation.	291
Constance, pour les maux d'autrui très-facile.	18
— Qu'est-ce que la constance des sages	19
— De la constance de ceux qui marchent au supplice.	20
— De la constance dans le malheur.	351
Conter.	279
Contrariétés.	399
Conversation, moyen de la rendre agréable.	128
— Ce qui y fournit le plus.	352
Coquetterie, espèce de coquetterie.	99
Corps.	202
Courage, voyez *valeur*.	
Crimes, source de nos plus grands malheurs.	169
— Le crime trouve plus de protection que l'innocence	391
Croire le mal.	180
— Sans trop de promptitude.	239
Curiosité de diverses sortes.	162

D

Défauts, d'où vient que nous les remarquons si bien chez les autres.	30
— Nous plaisons par nos défauts	82
— Défauts de l'esprit	103
— On plaît avec des défauts.	144
— Pourquoi les avouons-nous.	170
— En quoi les grands défauts sont-ils excusables ?	175
— Défauts de l'âme.	178
— De ceux qui les déguisent.	184
— Pourquoi nous convenons de petits défauts.	292
— Nous nous croyons sans défauts.	332
— Le plus grand tort est de les cacher.	344
— Nous les déguisons.	355
— Défauts que nous pardonnons	358
— Défauts dont nous nous faisons honneur.	369
— Nous nous les rendons naturels.	413
— De ceux qui ne peuvent avoir de vrais défauts	416

DÉFIANCE, effet de celle que nous avons de nous-mêmes. . 281
— Elle n'empêche pas que nous ne soyons trompés. 312
DÉGOUT, se trouve quelquefois auprès du mérite. 144
DÉGUISEMENT, nous nous déguisons quelquefois à nous-
mêmes 110
— L'ambition déguisée sous le masque de la généro-
sité. 225
— Faussetés déguisées. 252
DÉLICATESSE 119
DÉSIRS, seraient plus modérés sans notre ignorance . . . 367
— Désirs inspirés par la raison. 393
DESSEINS, l'action n'est rien sans un grand dessein. . . . 149
— Proportions entre les actions et les desseins. . . 150
DOUCEUR. 400
DROITURE. 417
DUPES. 79

E

ÉLÉVATION 334
— Il n'y en a point sans mérite. 335
— Comparée à la parure. 336
— Causée quelquefois par la fortune. 337
ÉLOQUENCE des passions 7
— Du geste. 227
— Véritable éloquence. 228
EMPLOIS, comment on en paraît digne. 153
— Quand y semblons-nous grands ou petits. . . . 350
— Il est quelquefois impossible de s'y soutenir . . . 377
ENNEMIS 389
ENNUI, nous nous vantons de ne pas nous ennuyer. . . . 130
— Effet de l'ennui 161
— Nous ne pardonnons point à ceux que nous en-
nuyons. 273
— Avec qui s'ennuie-t-on presque toujours ? . . . 304
ENVIE, passion timide. 26
— Distinguée de la jalousie. 27
— Envie secrète. 250
— Effet de l'orgueil sur l'envie. 251
— L'envie est irréconciliable 293
— De celui qui est né sans envie 361
— Durée de l'envie. 398
— Rareté de ceux qui n'en ont point. 406
ESPÉRANCE, produit presque tous nos plaisirs. 114
— Elle nous sert en nous trompant 157
— Sacrifices faits à nos espérances 412
ESPRIT, est entraîné par le cœur 42
— Il est facile de reconnaître les qualités de l'esprit. 73
— Différence de l'esprit et du jugement. 89
— Personne ne dit du bien de son esprit 90
— Politesse de l'esprit. 91
— Sa galanterie. 92
— Son effet naturel. 93
— Il est la dupe du cœur. 94
— Il est plus facile à connaître que le cœur. . . . 95

TABLE. 439

Esprit. Il ne peut suppléer le cœur.	100
— Des défauts de l'esprit.	103
— L'homme d'esprit.	129
— Des grands et des petits esprits.	131
— Bon usage de notre esprit.	163
— Petitesse d'esprit.	237
— Fertilité de l'esprit.	257
— Défauts dans l'esprit.	260
— Différence des grands et des petits esprits.	307
— Esprits médiocres.	316
— Effet des passions sur notre esprit.	338
— De ceux qui n'ont qu'une sorte d'esprit.	346
— A quoi sert quelquefois l'esprit.	348
— Il fournit moins que la confiance à la conversation.	352
— Esprit droit.	375
— On est quelquefois sot avec de l'esprit.	383
— Paresse de l'esprit	403
— Plus grande que celle du corps.	407
— Quand l'esprit ennuie.	417
Estime.	379
Établir, moyens de s'établir dans le monde.	54
Étonnement	322
Exemple.	210
Expédients.	257

F

Faussetés déguisées.	252
Fautes, pourquoi nous les reprenons dans les autres.	36
— Quand nous oublions les nôtres.	179
— Nous les connaissons fort bien.	414
Favoris.	53
Félicité.	46
Fermeté, la douceur ne se trouve point sans fermeté.	400
Finesse la plus subtile.	108
— Finesse des habiles gens.	115
— Usage ordinaire de la finesse.	116
— Ce qu'annoncent les finesses.	117
— Qu'arrive-t-il à celui qui se croit plus fin que les autres ?	118
— Cause de notre aigreur contre les finesses des autres.	303
— On n'est pas plus fin que tout le monde.	331
— Du ridicule attaché à ceux qui se laissent attraper par des finesses.	340
Flatterie, il faut se flatter pour avoir du plaisir.	114
— Flatterie habile.	133
— Ce qui rend la flatterie nuisible.	141
— Ce que c'est que flatter les princes.	286
— Ce que l'on hait dans la flatterie.	294
Faiblesse, cause fréquente des trahisons.	111
— Est incorrigible.	121
— Se joint à la fausseté.	282
— Est opposée à la vertu.	372
— Prend quelquefois le nom de bonté.	402

440 TABLE.

Folie, elle nous suit toujours. 188
— Folie de celui qui n'en a point. 190
— Folie des vieillards. 191
— Folie d'être sage tout seul. 211
— Folies contagieuses. 269
— Folie utile. 277
— La folie peut se guérir. 284
Force, plus grande que la volonté. 29
— Moindre que notre raison. 41
— Point de bonté sans la force d'être méchant. . . 217
Fortune, arrange nos vertus. 1
— La bonne fortune fait notre modération. . . . 16
— Compensation de nos fortunes. 50
— La fortune jointe à la nature fait les héros. . . 51
— Sort de ses favoris. 58
— Jointe à l'humeur, elle fait notre bonheur. . . 59
— Elle corrige mieux que la raison. 143
— Nous sommes jugés par notre fortune. 193
— Notre sagesse est à la merci de la fortune. . . 289
— Il faut savoir profiter de sa fortune. 299
— La fortune comparée à la lumière. 319
— A qui elle paraît aveugle. 328
— Il faut la gouverner. 329
— Élévation indépendante de la fortune. 334
— La fortune nous élève quelquefois par nos défauts. 337
— Elle gouverne le monde. 363

G

Galanterie de l'esprit. 92
Générosité, n'est souvent qu'une ambition déguisée. . . 225
Gloire des grands hommes. 146
— Pourquoi nous élevons la gloire de quelques hommes. 181
— Le souci de la gloire n'ôte pas celui de la vie. . . 201
— Notre bizarrerie sur la gloire. 240
Glorieux. 276
Gout, nous ne voulons point que le nôtre soit condamné. . 12
— On est heureux quand il est satisfait. 46
— Goûts dans les divers âges. 101
— Leur inconstance. 229
— Le bon goût. 234
— On ne renonce point à son goût. 327
— Si ce n'est par vanité. 392
Gouverner. 140
Grands. 219
Grands hommes, moyen d'être un grand homme. . . . 299
— Mort des grands hommes, comparée à celle des gens du commun. 419
Gravité. 233
Grossier, avantage de l'être. 120
— Défaut des jeunes gens. 314

H

HABILE, ne peut tromper l'homme grossier.	120
— Ceux qui se croient plus habiles que nous nous déplaisent.	350
HABILETÉ, tire parti de tout.	57
— Elle doit se cacher.	182
— Déguisée par la niaiserie.	189
— La souveraine habileté.	223
— Il faut savoir la cacher.	224
— Celle que n'a personne.	241
— Habileté relative aux conseils.	253
— En quoi consiste la grande habileté.	258
— Elle est développée par les passions.	338
HABITUDE, effet de la longue habitude.	357
— Habitude qui rend notre esprit paresseux.	403
HAINE.	293
HASARD.	55
HÉROS, faits comme les autres hommes.	23
— La fortune jointe à la nature les fait.	51
— Ce qu'eux seuls peuvent avoir.	175
HOMME, erreur qui lui est naturelle.	42
— Il est dupe en société.	79
— Il a son point de perspective.	96
— Difficulté de le connaître.	364
— Moyen de juger son mérite.	365
HONNÊTE HOMME, distinction des honnêtes gens faux ou vrais.	184
— Vrai honnête homme.	185
— Il veut être exposé à la vue des honnêtes gens.	187
HONNEUR.	242
HONTE, elle peut toujours s'effacer.	345
— Ce qui rend ses douleurs aiguës.	373
HUMEUR, ses effets.	6
— Principe de la modération.	16
— Sans caprice.	43
— Elle met le prix à tout.	45
— Elle fait notre bonheur ou notre malheur.	59
— Ses défauts.	260
— Ce qu'on en peut dire.	262
— Qui sont ceux qui voient par leur humeur.	347
— Elle gouverne le monde.	363
— Ce qui la calme ou l'agite.	408
HUMILITÉ chrétienne.	308
— Ce qui doit le plus humilier les hommes de mérite.	244
HYPOCRISIE, sa définition.	199
— Diverses sortes d'hypocrisie dans nos afflictions.	213

I

ILLUSION.	114
IMITATION naturelle à l'homme.	210
INCOMMODE, moyen assuré de l'être.	221
— Les gens incommodes arrachent quelquefois des récompenses.	337

INCONSTANCE, ce qui la cause.	73
— Deux sortes d'inconstance.	167
INFIDÉLITÉ, quelle est celle qui décrie le plus ?	309
INFORTUNES.	163
INGRATITUDE, est accompagnée de haine.	13
— Souvent causée par le bienfaiteur.	88
— Espèce d'ingratitude.	206
— Quand n'y est-on point exposé ?	275
— Quand peut-on la désirer ?	283
INJURES.	13
INNOCENCE.	391
INTÉRÊT, prend toutes les formes.	38
— Il éclaire et aveugle.	39
— L'homme habile sait régler ses intérêts.	64
— Comment l'intérêt produit l'amitié.	78
— Les vertus se perdent dans l'intérêt.	160
— L'intérêt comparé à l'ennui.	161
— Le nom de la vertu sert l'intérêt.	173
— Il est le principe de nos afflictions.	212
— Il met tout en œuvre.	230
— Il étouffe le bon naturel.	246
— Il est souvent la cause de nos bonnes actions.	274
— Il est moins fréquent que l'envie.	406
INTRÉPIDITÉ, sa définition.	198

J

JALOUSIE, est plus juste que l'envie.	87
— Ce qu'elle devient par la certitude.	31
— Son principe.	290
— Ce qui rend ses douleurs aiguës.	373
— Bizarrerie de l'orgueil sur la jalousie	395
— La jalousie est le plus grand de tous les maux.	418
JEUNESSE, change ses goûts.	101
— C'est une ivresse.	243
— Ses passions.	297
JEUNES GENS, leur défaut ordinaire.	314
JUGEMENT, personne ne se plaint du sien.	81
— Sa définition.	89
— Notre bizarrerie sur le jugement des hommes.	240
— On n'est jamais sot avec du jugement.	383
JUSTICE, jugement de nos ennemis.	385
— Qu'est-ce que l'amour de la justice ?	71

L

LARMES, ce qui les cause.	213
— De certaines larmes.	315
LÉGÈRETÉ, comment nous la justifions quelquefois.	165
— Extrême légèreté.	416
LIBÉRALITÉ, moins opposée à l'économie que l'avarice.	156
— Ce qu'est le plus souvent la libéralité.	236
LOUANGES, nous en donnons pour en recevoir.	132
— C'est une flatterie habile.	133

TABLE. 443

LOUANGES empoisonnées	134
— Pourquoi loue-t-on ?	135
— Le blâme doit quelquefois être préféré à la louange.	136
— Louange qui médit.	137
— Refus des louanges.	138
— Effet des louanges.	139
— On loue pour blâmer.	181
— Seule bonté louable.	217
— De ceux qui ont mérité de grandes louanges. . .	244
— Louanges des princes.	286
— Qui louons-nous de bon cœur ?	306
— Louange utile.	370

M

MAGNANIMITÉ, pourquoi elle méprise tout.	226
— Sa définition.	255
MAL, il ne doit surprendre chez personne.	180
— Le mal qu'on nous fait doit être balancé par le bien.	209
— Mal le plus dangereux.	218
— Pourquoi l'on croit aisément le mal.	239
— On ne connaît pas tout le mal qu'on fait. . . .	241
— Mal que l'on dit de nous.	381
MALHEUR, est toujours trop grand dans l'imagination. . .	47
— Pourquoi l'on s'en fait honneur.	48
— De quoi il dépend.	59
— Quel est le plus grand de tous ?	169
MARIAGE.	104
MAUX d'autrui.	18
— Maux présents.	21
— Maux aigris par les remèdes.	258
— Ce qui nous console de nos maux.	291
— Excès de maux.	390
MÉCHANTS.	254
MÉDISANCE.	404
MÉMOIRE, différence entre la mémoire et le jugement. . .	81
— Défaut essentiel de notre mémoire.	279
MENSONGE.	61
MÉPRIS, ceux qui en sont l'objet.	172
— De ceux qui le craignent.	288
MÉPRIS DE LA MORT.	420
MÉRITE, de ceux qui s'en croient.	48
— Il ne faut pas les détromper.	84
— Marque du vrai mérite.	87
— Quel est son sort ?	142
— Il ne plaît pas toujours.	144
— Mérite singulier.	145
— Il donne quelquefois moins de réputation que l'art de se faire valoir.	151
— Effet du mérite.	154
— Il est moins bien récompensé que ses apparences.	155
— Mérite de certaines gens.	245
— Moyen que nous prenons pour le faire valoir. .	249

MÉRITE. Il a sa saison. 261
— Mérite que ne peut avoir la modération. . . 263
— Rapport de l'élévation au mérite. 335
— Mérite comparé à la parure. 336
— Rapport du mérite aux emplois. 350
— Comment le mérite doit être jugé. 365
— Du faux mérite. 382
MINES, elles composent le monde. 232
MODÉRATION, d'où vient celle des personnes heureuses. . 16
— Sa définition. 17
MORT, de ceux qui vont au supplice. 20
— Peu de gens la connaissent. 22
— On ne peut la regarder fixement. 25
— Mépris de la mort. 420

N

NATUREL bon. 246
— Confondu avec la grossièreté. 314
— Ce qui l'empêche le plus. 359
NIAIS. 189
NOMS ILLUSTRES. 86
NOUVEAUTÉ, son effet en amitié. 357

O

OBLIGATIONS. 283
OCCASIONS, leur effet. 301
— Dans les grandes affaires. 380
— Occasion très-rare. 381
— Toutes nos qualités à la merci des occasions. . 394
OPINIATRETÉ, sa cause 214
— Son origine. 237
OPINIONS, leur condamnation 12
— Pourquoi on leur résiste. 214
ORGUEIL, ne perd jamais rien. 32
— Pourquoi se plaint-on de celui des autres. . . 33
— Son égalité dans tous les hommes. 34
— Pourquoi la nature nous l'a donné. 35
— Il est le principe de nos remontrances. . . . 36
— Comparé à l'amour-propre. 208
— Il est le principe de l'opiniâtreté. 214
— Ce qui le flatte le plus. 219
— Son effet. 239
— Son attrait sur l'envie. 251
— De quoi s'augmente-t-il souvent ? 277
— Ce qu'il nous fait blâmer et mépriser. . . . 388
— Il est souvent le principe de la compassion. . 389
— Ses bizarreries. 395

P

PARESSE prise pour la vertu. 158
— Son pouvoir sur nous. 238
— Son effet. 239
— Nous en convenons aisément. 333

TABLE.

Paresse de notre esprit.	403
— Plus grande que celle de notre corps.	407
Parler, quand parle-t-on peu ?	126
— Combien on aime à parler de soi.	127
— Manière de parler à propos.	128
— Comment parlent les grands et les petits esprits.	131
— Effet du plaisir que l'on prend à parler de soi.	280
— Pourquoi nous ne parlons pas à cœur ouvert à nos amis.	281
— De qui faut-il le moins parler ?	311
— Envie de parler de nous.	321
Passions, leurs effets.	5
— Ces effets sont pris pour ceux d'un grand dessein.	6
— Elles persuadent toujours.	7
— Leur injustice.	8
— Leur génération perpétuelle.	9
— Elles produisent leurs contraires.	10
— On peut toujours les distinguer.	11
— Comment nous leur résistons.	113
— Leur danger.	174
— Quelle est la plus forte ?	238
— Effet de l'absence sur les passions.	247
— Les passions de la jeunesse.	297
— Les passions développent nos talents.	338
— Celle qui nous rend le plus ridicule.	353
— Celle qui nous agite le plus.	370
— Nous ne connaissons pas toute leur force.	386
— Quand est-on plus près de prendre une nouvelle passion.	405
Pénétration, son plus grand défaut.	317
— Elle flatte notre vanité.	356
Perspective.	96
Persuasion.	7
Peur.	313
Philosophes, leur attachement ou leur indifférence pour la vie.	44
— Leur mépris des richesses.	52
— Leur mépris de la mort.	420
Philosophie.	21
Plaire.	346
Plaisir.	114
Politesse de l'esprit.	91
— Elle manque aux jeunes gens.	314
Poltronnerie complète, très-rare.	196
— Se méconnaît elle-même.	313
Préoccupation.	84
Princes, leur clémence.	14
— Un flatteur les injurie.	286
Procédé.	159
Professions.	232
Promesses.	37
Propriétés des hommes.	300
Prudence, son insuffisance.	63

Q

QUALITÉS, inconvénients des bonnes qualités.	29
— Faciles ou difficiles à connaître.	73
— Comment nous estimons celles de nos amis.	80
— Il en faut l'économie.	148
— Art de les mettre en œuvre.	151
— Celles que nous ne pouvons apercevoir.	295
— De nos ennemis.	332
— Celle qui nous place au-dessus des autres.	334
— Marque des grandes qualités.	361
— Leur usage décide du vrai mérite.	365
— Les nôtres nous semblent les meilleures.	379
— Qualités que nous méprisons.	388
— Toutes sont incertaines.	394
— Qualités singulières.	413
— Qualités solides.	417
QUERELLES.	415

R

RAISON, nous ne la suivons pas.	41
— Quel est l'homme raisonnable?	97
— Notre faiblesse supplée à notre raison.	291
— La vanité nous domine plus que la raison.	392
— Souhaits que l'on fait par raison.	393
RÉCONCILIATION.	75
RECONNAISSANCE, son principe.	203
— Elle n'est que dans le cœur.	204
— Cause du mécompte qui s'y trouve.	205
— Trop empressée.	206
— Ce qu'elle est dans la plupart des hommes.	267
— Qui paye plus qu'elle ne doit.	366
REGRETS, ne supposent pas toujours l'affliction.	303
REMONTRANCES.	36
REPENTIR.	166
REPOS, pourquoi nous l'exposons.	240
REPROCHES.	137
RÉPUTATION, de qui nous la faisons dépendre.	240
— Nous pouvons toujours la rétablir.	345
RICHESSES (mépris des).	52
RIDICULE.	123
— Ce qui en donne le plus.	124
— Tout le monde en a.	278

S

SAGESSE, aisée pour les autres.	122
— Augmente et diminue avec l'âge.	191
— Quand la sagesse est folie.	211
— Elle est à la merci de la fortune.	289
SENSIBILITÉ, apparente.	246
— Elle est due aux malheurs de nos amis.	361
— Ce qui la passe.	390

TABLE.

SENTIMENTS, ont chacun un extérieur qui leur est propre.	231
— Comment on peut les conserver.	285
SILENCE.	72
SIMPLICITÉ.	259
SINCÉRITÉ, sa définition.	60
— Ne peut s'allier avec la faiblesse.	282
— La défiance que nous en avons ne nous empêche pas d'en être dupe.	312
— Ce qui la compose en grande partie.	321
— Son utilité.	384
SOCIÉTÉ, ce qui la fait durer.	79
— De la société des autres.	183
SOTS, utilité de leur compagnie.	129
— Un sot n'est jamais bon.	324
— Sots les plus incommodes.	378
— On n'est point sot avec du jugement.	383
SOUHAITS.	393
SUBTILITÉ.	119

T

TEMPÉRAMENT, s'annonce de bonne heure.	202
TIÉDEUR.	297
TIMIDITÉ, métamorphosée en vertu.	158
— Il est dangereux d'en faire le reproche.	401
TORT.	323
TRAHISONS, pourquoi elles se font.	111
— D'où elles viennent.	117
TRAVERS.	284
TROMPERIES, celle dont on ne se console point, et celle dont on est satisfait.	105
— Facile ou difficile.	106
— Ordinaire à ceux qui demandent des conseils.	107
— Le trompeur est aisément trompé.	108
— Celui qui se croit le plus fin est le mieux trompé.	118
— L'homme habile trompe difficilement l'homme grossier.	120
— Celui qui se trompe le plus.	183

V

VALEUR, ses causes.	194
— Valeur des soldats.	195
— Parfaite valeur.	196
— Ce que c'est.	197
— Quand devient-elle intrépidité.	198
— La valeur ordinaire.	200
— Quel en est le principe?	201
— Adresse des gens braves.	202
— D'où vient l'inégalité de courage.	419
VANITÉ nous fait parler.	126
— Effet de notre vanité.	130
— Vanité de celui qui se croit nécessaire.	183
— Elle cause souvent nos afflictions.	212
— Elle ébranle toutes les vertus.	325

VANITÉ. Pourquoi celle des autres est insupportable.	326
— Elle nous agite toujours.	370
— Son pouvoir sur nous.	392
— Cause ordinaire de la médisance.	404
VAUDEVILLES comparés à certaines gens.	192
VÉRITÉ, fait moins de bien que ses apparences ne font de mal.	62
— Elle se trouve dans les jugements de nos ennemis.	385
VERTUS, souvent fausses.	1
— Où faut-il les plus grandes ?	24
— Paresse prise pour la vertu.	158
— Où se perdent les vertus.	160
— Les vices entrent dans leur composition.	168
— De ceux qui n'en ont point.	172
— Le nom de la vertu.	173
— Le vice lui rend hommage.	199
— L'intérêt la met en œuvre.	230
— La fortune fait paraître les vertus.	319
— La vanité les ébranle ou les renverse.	325
— La faiblesse est opposée à la vertu.	372
— Les méchants n'osent paraître ses ennemis.	409
VICES, entrent dans la composition des vertus.	168
— Tous ceux qui en ont ne sont pas méprisés.	172
— Ils ne servent pas mieux l'intérêt que la vertu.	173
— Ce sont eux qui nous quittent.	176
— Hommage rendu par le vice à la vertu.	199
— L'intérêt met tous les vices en œuvre.	230
— Ils font le mérite de certaines gens.	245
— La fortune les fait paraître.	319
— Le vice est moins opposé à la vertu que la faiblesse.	372
VIEILLESSE, pourquoi aime-t-elle à conseiller.	85
— Pourquoi elle conserve ses goûts.	101
— Elle augmente les défauts de l'esprit.	103
— Elle rend plus fou et plus sage.	191
— On peut savoir d'avance par où elle doit défaillir.	202
— Tiédeur de la vieillesse.	297
— Ridicule des vieilles personnes.	341
— Vivacité qui augmente en vieillissant.	349
— Peu savent être vieux.	354
— Tyrannie de la vieillesse.	387
VIEUX fous.	371
VIOLENCE, celle qui fait le plus de peine.	310
VIVACITÉ.	349
VOGUE.	193
VOLONTÉ moins grande que la force.	29
— Nous ne connaissons pas toutes nos volontés.	265

FIN DE LA TABLE DES MATIÈRES.

Tours. — Imp. E. Mazereau.

BIBLIOTHÈQUE UNIVERSELLE DES FAMILLES

Beaux volumes in-8° cavalier, d'environ 500 pages chacun, parmi les meilleurs ouvrages anciens et modernes, sur papier vélin glacé.

Prix : 4 fr.

Bossuet. — Discours sur l'Histoire universelle ; Vie de l'auteur et son éloge, par M. Saint-Marc Girardin.	1 vol.
Bossuet. — Oraisons funèbres.	1 vol.
Bossuet. — Sermons.	3 vol.
Bourdaloue. — Avent, précédé d'une étude sur l'auteur.	1 vol.
Fénelon. — Traité de l'Existence de Dieu et Lettres sur la religion.	1 vol.
Fléchier. — Oraisons funèbres, Choix des principaux Sermons.	1 vol.
Montesquieu. — Grandeur et décadence des Romains, avec des notes philosophiques et littéraires.	1 vol.
Lamennais. — Imitation de Jésus-Christ.	1 vol.
Racine (J.). — Œuvres complètes, Mémoires sur la vie et les ouvrages de l'auteur.	4 vol.
Pascal. — Pensées.	1 vol.
Boileau. — Œuvres complètes.	2 vol.
Nouveau Testament. — Les Évangiles, traduction annotée.	1 vol.
Larochefoucauld. — Maximes, Mémoires et Lettres.	1 vol.
La Bruyère. — Caractères.	1 vol.
Malherbe. — Poésies et Correspondance.	1 vol.
Gabourd. — Histoire de la Révolution, du Consulat et de l'Empire.	10 vol.
Follioley. — Histoire de la Littérature française au XVIIe siècle.	3 vol.
Frayssinous. — Défense du Christianisme.	2 vol.
St-Cyprien. — Œuvres, traduction française, par M. l'abbé Thibaut, docteur en théologie.	2 vol.

Tours. — Imp. Mazereau.

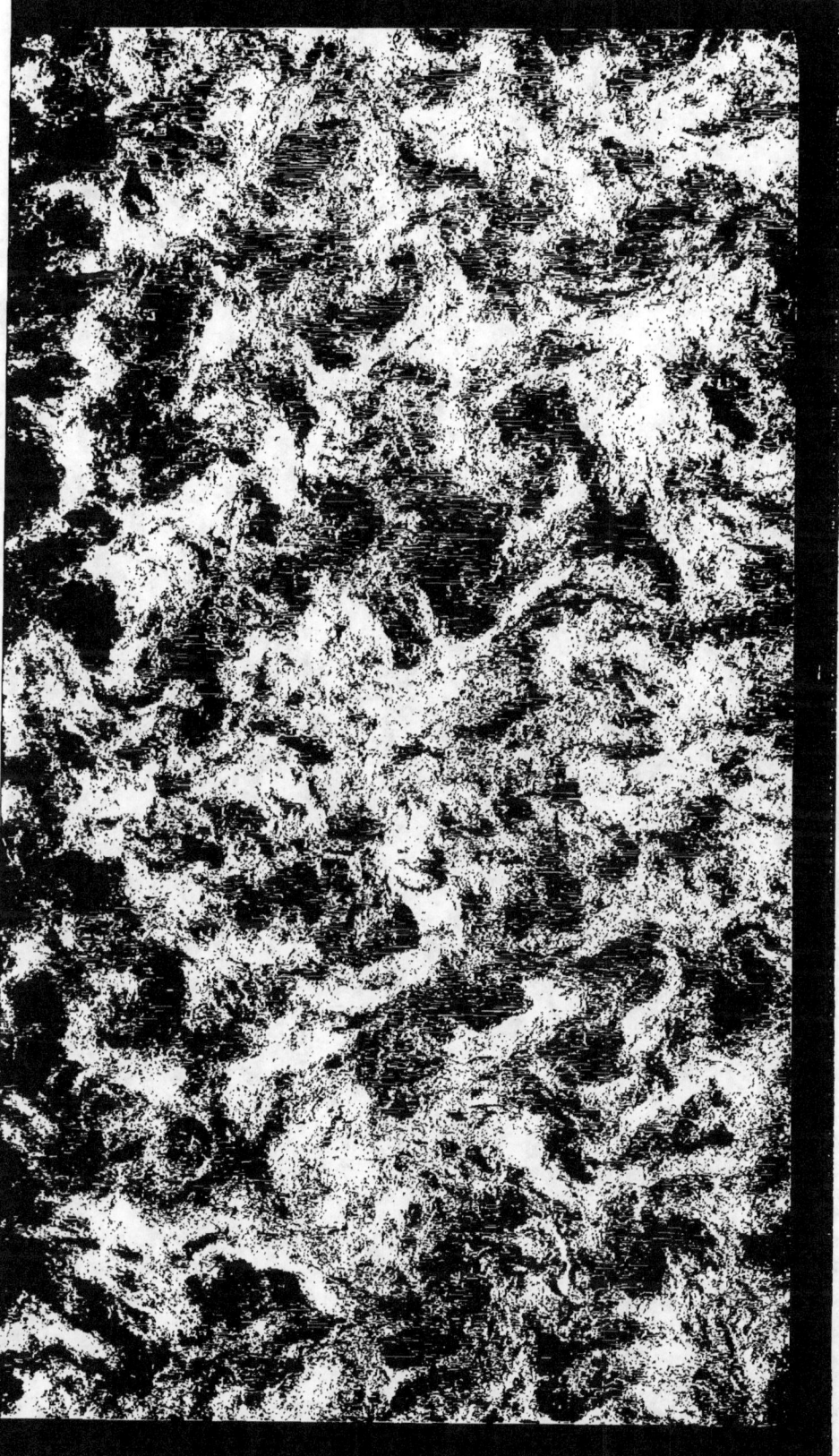

www.ingramcontent.com/pod-product-compliance
Lightning Source LLC
Chambersburg PA
CBHW060515230426
43665CB00013B/1528